"十二五"职业教育国家规划教材
经全国职业教育教材审定委员会审定
全国职业教育规划教材·国际商务系列

报关实务

（第二版）

席岩　张力珂　编著

内 容 简 介

本教材根据应用型高等院校的培养目标和生源特点进行编写,结合我国加入 WTO 的大背景,从用人单位的实际需要出发,结合编者多年的教学实践,以学生为主体确定报关理论和实务操作的广度和深度,体现"实用、够用"的原则。 本教材的编写结合我国最新有关法律法规以及外贸政策的变化,突出以下特点: 内容简练、简明;易教、易学;具有前沿性、通俗性和应用性。 全书共分七章,包括海关概述、报关概述、我国对外贸易管制制度、进出口货物报关程序、进出口税费、进出口货物报关单填制以及进出口商品归类。

本书既可作为大中专院校、成人教育或继续教育国际经济与贸易、国际商务、报关与国际货运等专业的教材,也可以作为报关从业人员在工作中的参考书或者报关能力测试考试的培训参考书。

图书在版编目(CIP)数据

报关实务/席岩,张力珂编著. —2 版. —北京:北京大学出版社,2015.10
(全国职业教育规划教材·国际商务系列)
ISBN 978-7-301-26395-2

Ⅰ.①报… Ⅱ.①席…②张… Ⅲ.①进出口贸易–海关手续–中国–高等职业教育–教材
Ⅳ.①F752.5

中国版本图书馆 CIP 数据核字(2015)第 244146 号

书　　　名	报关实务(第二版)
著作责任者	席　岩　张力珂　编著
策 划 编 辑	周　伟
责 任 编 辑	周　伟
标 准 书 号	ISBN 978-7-301-26395-2
出 版 发 行	北京大学出版社
地　　　址	北京市海淀区成府路 205 号　100871
网　　　址	http://www.pup.cn　　新浪微博:@北京大学出版社
电 子 信 箱	zyjy@pup.cn
电　　　话	邮购部 62752015　发行部 62750672　编辑部 62754934
印 刷 者	北京大学印刷厂
经 销 者	新华书店
	787 毫米×1092 毫米　16 开本　16.75 印张　407 千字
	2008 年 7 月第 1 版
	2015 年 10 月第 2 版　2017 年 5 月第 2 次印刷(总第 5 次印刷)
定　　　价	37.00 元

未经许可,不得以任何方式复制或抄袭本书之部分或全部内容。
版权所有,侵权必究
举报电话:010-62752024　电子信箱:fd@pup.pku.edu.cn
图书如有印装质量问题,请与出版部联系,电话:010-62756370

第二版前言

自我国加入世界贸易组织后,对外贸易以年均增长20%的速度快速发展,取得了令人瞩目的成绩。2013年,中国超过美国,成为世界最大货物贸易国。快速发展的对外贸易急需大批熟悉对外贸易法律、法规和海关制度的相关人才,因此培养更多优秀的报关人才不仅是经济发展的需要,也是应用型高等院校教育的责任所在。

本书主要根据应用型高等院校的培养目标和生源特点,结合我国加入WTO的大背景,从用人单位的实际需要出发,结合编者多年的教学实践,以学生为主体确定海关报关理论和实务操作的广度和深度,体现"实用、够用"的原则。本书的编写结合我国最新有关法律法规以及外贸政策的变化,突出以下特点。

1. 理论与实践结合,突出"新"

本书将海关与报关实务的最新概念、前沿理论、政策法规与具体的操作流程都尽可能完善地结合在一起,让学生比较全面地掌握相关知识,以符合社会对报关人才的培养要求。

2. 图文并茂,内容新颖,体现"活"

根据应用型高等院校学生的特点和培养要求,运用大量的图文表格对复杂而烦琐的内容进行概括和说明,使本书形式上生动活泼、清晰明了,易于学生把握。

3. 知识框架清晰,实训习题够用,体现"专"

本书每一章均附有知识结构图和大量的课后习题,便于学生清晰地了解知识结构和重点难点,通过课后的实训练习使学生对所学知识能够融会贯通,有利于培养其专业能力和动手能力。

本书共分七章,由山东青年政治学院席岩副教授拟订编写提纲和编写体例。各章的编写分工如下:席岩(第一章至第四章);张力珂(第五章至第七章);全书由席岩负责修订和统稿。

在本书的编写过程中,我们参考了有关专家、学者的论著、相关教材和报刊资料以及一些相关的研究成果,大部分参考书目已经在本书后面列出。个别引用因无法查实,恕未一一注明,特致歉意。在此,谨向本书所有参考文献的原作者表示衷心的感谢。

本书是在山东省优秀教材《报关实务》的基础上修订而成,其既可作为大中专院校、成人教育或继续教育国际经济与贸易、国际商务、报关与国际货运等专业的教材,也可以作为报关从业人员在工作中的参考书或者报关能力测试考试的培训参考书。由于编者水平有限,书中疏漏、错误和不妥之处在所难免,恳请广大读者批评指正。

编 者
2015年6月

目　　录

第一章　海关概述 ·· (1)
　　第一节　海关的产生与任务 ·· (1)
　　第二节　我国海关的管理体制 ·· (4)
　　第三节　我国海关的权力 ·· (6)
第二章　报关概述 ·· (14)
　　第一节　报关 ·· (14)
　　第二节　报关单位 ·· (19)
　　第三节　报关行业协会 ·· (29)
第三章　我国对外贸易管制制度 ·· (37)
　　第一节　我国对外贸易管制概述 ·· (37)
　　第二节　我国货物、技术进出口许可管理制度 ·································· (40)
　　第三节　其他贸易管制制度 ·· (45)
　　第四节　我国贸易管制的主要管理措施及报关规范 ······························ (49)
第四章　进出口货物报关程序 ·· (70)
　　第一节　报关程序概述 ·· (70)
　　第二节　一般进出口货物的报关程序 ·· (73)
　　第三节　保税进出口货物的报关程序 ·· (81)
　　第四节　特定减免税货物的报关程序 ·· (112)
　　第五节　暂准进出境货物的报关程序 ·· (117)
　　第六节　其他进出境货物的报关程序 ·· (125)
第五章　进出口税费 ·· (149)
　　第一节　进出口税费概述 ·· (149)
　　第二节　进出口货物完税价格的确定 ·· (159)
　　第三节　进口货物原产地的确定及税率适用 ···································· (169)
　　第四节　进出口税费的减征与免征 ·· (180)
　　第五节　进出口税费的缴纳与退补 ·· (182)
第六章　进出口货物报关单填制 ·· (195)
　　第一节　进出口货物报关单概述 ·· (195)
　　第二节　进出口货物报关单填制涉及的主要单证 ································ (197)
　　第三节　进口货物报关单的填制 ·· (200)
　　第四节　出口货物报关单的填制 ·· (220)

第七章　进出口商品归类 …………………………………………………（238）
　　第一节　商品名称及编码协调制度概述 ……………………………（238）
　　第二节　商品名称及编码协调制度归类总规则 ……………………（241）
附录一　进出口商品编码目录 …………………………………………（254）
附录二　习题答案 ………………………………………………………（258）
参考文献 …………………………………………………………………（261）

第一章 海关概述

◎ **本章学习目的**
　　1. 了解海关的产生。
　　2. 掌握海关的性质、任务、权力、管理体制与组织机构。
　　3. 熟悉海关的权力特点与权力内容。

◎ **本章要点**
　　1. 海关的性质与任务。
　　2.《海关法》与海关管理体制。
　　3. 海关的权力。

第一节　海关的产生与任务

一、海关的产生与性质

（一）海关的产生

海关的历史由来已久。在我国，早在西周时期已有"关"的设置。当时的诸侯国都邑的城门都有人把守，货物通过城门需要纳税，而且出现了专管贸易的"贾正"。周朝王室与诸侯国之间的通商贸易，规定要有"玺节"证明，该证明需经"司关"检验后方能放行。当时的"关"及其管理机构，虽然也有征税和防卫重要物资流失的任务，但更为重要的则是防止奴隶外逃和外敌入侵。这就是海关的雏形。随着各国家机器和政治制度的不断完善、对外经济交往的日益增多，海关的职能和作用不断变化。进入资本主义时期各国通过征收高额关税来保护本国工业和市场，海关成了实行保护贸易政策的工具，第二次世界大战后海关管理的主要作用转向促进本国经济和对外贸易的发展。

1951年4月18日，中央人民政府制定了新中国历史上第一个海关基本大法——《中华人民共和国暂行海关法》。经多次修订，第六届全国人大常委会第十九次会议于1987年1月22日批准通过了《中华人民共和国海关法》（以下简称《海关法》），并于同年7月1日起正式实施。随着改革开放的深化和社会主义现代化建设的进一步发展，为了适应形势的需要，2000年7月8日第九届全国人大常委会第十六次会议修改并重新发布了《海关法》，修订后的《海关法》于2001年1月1日起实施。2013年6月29日第十二届全国人民代表大会常务委员会第三次会议通过对《海关法》作出修改，将第二十八条第二款修改为"海关在特殊情况下对进出口货物予以免验，具体办法由海关总署制定"。

（二）海关的性质

《海关法》第二条规定："中华人民共和国海关是国家进出关境的监督管理机关。海关依照本法和其他有关法律、行政法规，监管进出境的运输工具、货物、行李物品、邮递物品和其他物品，征收关税和其他税、费，查缉走私，并编制海关统计和办理其他海关业务"。这一规定也表明了我国海关的性质。

1. 海关是国家行政机关

海关是国务院直属机构，从属于国家行政管理体制。海关对内、对外代表国家依法独立行使行政管理权。

2. 海关是国家进出境监督管理机关

海关履行国家行政制度的监督职能，是国家宏观管理的一个重要组成部分。海关依照有关法律、行政法规并通过法律赋予的权力，制定具体的行政规章和行政措施，对特定领域的活动开展监督管理，以保证其按国家的法律规范进行。

海关实施监督管理的范围是进出关境及与其有关的活动，监督管理的对象是所有进出关境的运输工具、货物和物品。

3. 海关的监督管理是国家行政执法活动

海关通过法律赋予的权力，对特定范围内的社会经济活动进行监督管理，并对违法行为依法实施行政处罚，以保证这些社会经济活动按照国家的法律规范进行。因此，海关的监督管理是保证国家有关法律、行政法规实施的行政执法活动。

海关的执法依据主要包括以下六个方面。

（1）《海关法》，该法是管理海关事务的基本法律规范。

（2）其他相关法律，是指由全国人民代表大会或全国人民代表大会常务委员会制定的与海关监督管理相关的法律规范，主要包括《中华人民共和国宪法》（以下简称《宪法》）、《中华人民共和国刑法》《中华人民共和国行政诉讼法》《中华人民共和国行政复议法》《中华人民共和国行政处罚法》《中华人民共和国行政许可法》《中华人民共和国对外贸易法》（以下简称《对外贸易法》）、《中华人民共和国进出口商品检验法》（以下简称《进出口商品检验法》）等。

（3）行政法规，是指由国务院制定的法律规范，包括专门适用于海关执法活动的行政法规和其他与海关管理相关的行政法规，如《中华人民共和国货物进出口管理条例》等。

（4）海关规章，是指由中华人民共和国海关总署（以下简称海关总署）单独或会同有关部门制定的，是海关日常工作中引用数量最多、内容最广、操作性最强的法律依据，其效力低于法律和行政法规，如《货物自动进口许可管理办法》《中华人民共和国海关总署令》等。

（5）其他规范性文件，是指海关总署及各直属海关按照规定程序制定的涉及行政管理相对人权利、义务，具有普遍约束力的文件，如《海关总署公告2013年第21号》等。

（6）我国签订或缔结的海关国际公约或海关行政互助协议，如《京都公约》《伊斯坦布尔公约》、WTO有关公约等。

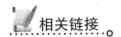 相关链接

关境与国境的区别

关境是世界各国海关通用的概念,是指适用于同一《海关法》或实行同一关税制度的领域。在一般情况下,关境的范围等于国境,但对于关税同盟而言,其成员国之间货物进出国境不征收关税,只对来自运往非同盟国的货物在进出共同关境时征收关税,因而对于每个成员国来说,其关境大于国境,如欧盟。若在国内设立自由港、自由贸易区等特定区域,因进出这些特定区域的货物都是免税的,因而该国的关境小于国境。关境同国境一样,包括其领域内的领水、领域和领空,是一个立体的概念。

我国的关境范围是除了享有单独关境地位的地区以外的中华人民共和国的全部领域,包括领水、领域和领空。目前,我国的单独关境有香港特别行政区、澳门特别行政区和台、澎、金、马单独关税区。在单独关境内,各自实行单独的海关制度。因此,我国的关境小于国境。

二、海关的任务

根据《海关法》第二条的规定,海关有监管进出关境的运输工具、货物、行李物品、邮递物品和其他物品(以下简称监管),征收关税和其他税、费(以下简称征税),查缉走私(以下简称缉私)和编制海关统计(以下简称统计)四项基本任务。

(一)监管

海关监管,是指海关运用国家赋予的权力,通过一系列管理制度与管理程序,依法对进出境运输工具、货物、物品及相关人员的进出境活动,使用不同管理制度而采取的一种行政管理行为。海关监管是一项国家职能,其目的在于保证一切进出境活动符合国家政策和法律的规范,维护国家主权和利益。海关监管不是海关监督管理的简称,海关监督管理是海关全部行政执法活动的统称。

根据监管对象的不同,海关监管分为货物监管、物品监管和运输工具监管三大体系,每个体系都有一整套规范的管理程序与管理方法。

(二)征税

海关的另一项重要任务是代表国家征收关税和进口环节海关代征税。

其中,关税是指由海关代表国家,按照《海关法》和《中华人民共和国进出口关税条例》(以下简称《关税条例》),对准许进出口的货物、进出境的物品征收的一种间接税。

进口环节海关代征税,是指海关在货物进出口环节,依法征收的有关国内税费,目前由海关代征的进口环节税主要有增值税和消费税。

(三)缉私

走私,是指违反《海关法》及有关法律、行政法规,逃避海关监管,偷逃应纳税款、逃避国家有关进出境的禁止性或者限制性管理,非法运输、携带、邮寄国家禁止、限制进出口或者依法应当缴纳税款的货物、物品进出境,或者未经海关许可并且未缴应纳税款、交验有关许可

证件,擅自将保税货物、特定减免税货物以及其他海关监管货物、物品、进境的境外运输工具在境内销售的行为。走私是伴随着进出关境活动的发展和国家管理上的限制而产生的一种非法行为。由于我国的社会、经济、文化、道德等方面的原因,走私的形势严峻,查缉走私成为当前海关的主要任务之一。

根据《海关法》第五条的规定,国家实行联合缉私、统一处理、综合治理的缉私体制。海关负责组织、协调、管理查缉走私工作。这从法律上明确了海关在打击走私中的主导地位以及在打击走私工作中不同部门的地位和作用。在我国,除了海关以外,公安、工商、税务、烟草专卖等部门也有查缉走私的权力,但这些部门查获的走私案件,必须按照法律规定移交海关统一处理。

(四)统计

海关统计是《海关法》赋予海关的重要任务之一,更是国民经济统计的重要组成部分。凡能引起我国境内物质资源储备增加或减少的进出口货物,均列入海关统计。不列入海关统计的货物和物品,实施单项统计。因此,海关统计是以实际进出口货物作为统计和分析的对象,通过收集、整理、加工处理进出口货物报关单或经海关核准的其他申报单证,对进出口货物的不同指标分别进行统计和分析,全面准确地反映对外贸易的运行态势,及时提供统计信息和咨询,实施有效的统计监督并开展国际贸易统计的交流和合作,为国家制定对外经济贸易政策和进行宏观调控提供重要的依据。海关总署按月向社会发布我国对外贸易基本统计数据,定期向联合国统计局、国际货币基金组织、世界贸易组织(WTO)及其他有关国际机构报送中国对外贸易的月度和年度统计数据。目前,我国海关总署数据发布的及时性居世界领先地位。

海关的四项基本任务是统一的、有机联系的整体。监管工作通过监管进出境运输工具、货物、物品的合法进出,保证国家有关进出口政策、法律、行政法规的贯彻实施,是海关四项基本任务的基础。征税工作所需的数据、资料等是在海关监管的基础上获取的,征税和监管有着十分密切的关系。缉私工作则是监管、征税两项基本任务的延伸和保障,监管、征税工作中发现的逃避监管和偷漏税费的行为,必须运用法律手段进行制止和打击。编制海关统计是在监管、征税工作的基础上完成的,它为国家宏观经济调控提供了准确、及时的信息,同时又对监管、征税等业务环节的质量起到检验把关的作用。

除了以上四项基本任务以外,近年来国家通过有关法律、行政法规赋予了海关一些新的职责,如知识产权海关保护、海关对反倾销和反补贴的调查等,这些新的职责也是海关的任务。

第二节 我国海关的管理体制

一、我国海关的领导体制

1987年1月,第六届全国人民代表大会常务委员会第十九次会议审议通过的《海关法》规定,"国务院设立海关总署,统一管理全国海关""海关依法独立行使职权,向海关总署负责""海关的隶属关系,不受行政区划的限制",明确了海关总署作为国务院直属部门的地位,进一步明确了海关机构的隶属关系,把海关集中统一的垂直领导体制以法律的形式确立下来。

二、我国海关的设关原则

《海关法》以法律形式明确了海关的设关原则:"国家在对外开放的口岸和海关监管业务集中的地点设立海关。海关的隶属关系不受行政区划的限制。"

对外开放的口岸,是指由国务院批准,允许运输工具及所载人员、货物、物品直接出入国(关)境的港口、机场、车站以及允许运输工具、人员、货物、物品出入国(关)境的边境通道。国家规定,在对外开放的口岸必须设置海关、出入境检验检疫机构。

海关监管业务集中的地点,是指虽非国务院批准对外开放的口岸,但是海关某类或者某几类业务比较集中的地方,如转关运输监管、保税加工监管等。这些设关原则为海关管理从口岸向内地、进而向全关境转化奠定了基础,同时也为海关业务制度的发展预留了空间。

"海关的隶属关系不受行政区划的限制",表明海关管理体制与一般性的行政管理体制的区域划分无必然联系,如果海关监督管理需要,国家可以在现有的行政区划之外考虑和安排海关的上下级关系和海关的相互关系。

三、我国海关的组织机构

我国海关的组织机构设置为海关总署、直属海关和隶属海关三级。隶属海关由直属海关领导,向直属海关负责;直属海关由海关总署领导,向海关总署负责。

(一) 海关总署

海关总署是国务院的直属机构,在国务院领导下统一管理全国海关机构、人员编制、经费物资和各项海关业务,是海关系统的最高领导部门。海关总署下设广东分署,在上海和天津设立特派员办事处,作为其派出机构。海关总署的基本任务是在国务院的领导下,领导和组织全国海关正确贯彻实施《海关法》和国家的有关政策、行政法规,积极发挥依法行政、为国把关的职能,服务、促进和保护社会主义现代化建设。

1998年,根据党中央、国务院决定,海关总署的机构、职能和人员编制作了重大调整,增加了统一负责打击走私及反走私综合治理工作、口岸规划、出口商品原产地规则的协调管理、关税立法调研、税法起草和执行过程中的一般性解释工作等职能。设立走私犯罪侦查机构,组建海关缉私警察队伍。按照精简、统一、效能的原则,并充分吸收现代海关制度建设及通关作业改革、口岸体制改革、缉私体制改革的成果,实施了机构改革。

(二) 直属海关

直属海关,是指直接由海关总署领导,负责管理一定区域范围内海关业务的海关。目前,直属海关单位有46个,包括广东分署,天津、上海2个特派员办事处,42个直属海关和2所海关学校(上海海关学院和秦皇岛海关学校)。42个直属海关,除了香港、澳门、台湾地区以外,分布在全国31个省、自治区、直辖市。直属海关就本关区内的海关事务独立行使职责,向海关总署负责。直属海关承担着在关区内组织开展海关各项业务和关区集中审单作业、全面有效地贯彻执行海关各项政策、法律、法规、管理制度和作业规范的重要职责,在海关三级业务职能管理中发挥着承上启下的作用。

(三) 隶属海关

隶属海关,是指由直属海关领导,负责办理具体海关业务的海关,是海关进出境监督管理职能的基本执行单位,一般都设在口岸和海关监管业务集中的地点。隶属海关根据海关业务情况设立若干业务科室,其人员从十几人到两三百人不等。

(四) 海关缉私警察机构

海关缉私警察是专门打击走私犯罪活动的警察队伍。1998年,根据党中央、国务院的决定,由海关总署、公安部联合组建走私犯罪侦查局。走私犯罪侦查局既是海关总署的一个内设局,又是公安部的一个序列局,实行海关总署和公安部双重领导,以海关领导为主的体制。走私犯罪侦查局在广东分署和全国各直属海关设立走私犯罪侦查分局,隶属海关设立走私犯罪侦查支局。各级走私犯罪侦查机关负责其所在海关业务管辖区域内的走私犯罪案件的侦查工作。

为了更好地适应反走私斗争新形势的要求,充分发挥海关打击走私的整体效能,从2003年起,海关对部分打私办案职能进行了内部调整,走私犯罪侦查机构增加了行政执法职能。从2003年1月1日开始,各级海关走私犯罪侦查部门统一更名,其中,海关总署走私犯罪侦查局更名为海关总署缉私局;海关总署走私犯罪侦查局广东分局更名为海关总署广东分署缉私局;各直属海关走私犯罪侦查分局更名为各直属海关缉私局;各隶属海关走私犯罪侦查支局更名为各隶属海关缉私分局。

第三节 我国海关的权力

海关的权力,是指国家为保证海关依法履行职责,通过《海关法》和其他法律、行政法规赋予海关的对进出境运输工具、货物、物品的监督管理权能。海关权力属于公共行政职权,其行使受一定范围和条件的限制,并应当接受执法监督。

一、海关权力的特点

海关权力作为一种行政权力,除了具有一般行政权力的单方性、强制性、无偿性等基本特征以外,还具有以下特点。

(一) 特定性

海关权力的特定性有两个方面的意义:其一是行使主体特定,只有海关具有进出关境监督管理权,其他任何机关、团体、个人都不具备行使海关权力的资格,不拥有这种权力;其二是适用范围特定,海关的权力只能作用于进出关境监督管理领域,不能作用于其他场合。

(二) 独立性

《海关法》第三条第一款规定:"海关依法独立行使职权,向海关总署负责。"这不仅明确了我国海关的垂直领导管理体制,也表明海关行使职权只对法律和上级海关负责,不受地方政府、其他机关、企事业单位或个人的干预。

（三）效力先定性

效力先定性体现在海关行政行为一经作出，就应推定其合法而必须遵照执行，对海关本身和海关管理相对人都具有约束力。即在没有被其他国家权力机关宣布为违法和无效之前，即使海关管理相对人认为海关的行政行为侵犯了其合法权益，也必须选择遵守和服从。

（四）优益性

海关在行使行政职权时，依法享有一定的行政优先权和行政受益权。行政优先权是国家为保障海关有效地行使职权而赋予海关的职务上的优先条件。如海关在执行职务时受到抗拒，执行有关任务的公安机关、人民武装警察部队应予以协助和配合。

二、海关权力的内容

根据《海关法》及有关法律、行政法规的规定，海关权力的内容主要包括以下三个方面。

（一）行政检查权

行政检查权是海关保证其行政管理职能得到履行的基本权力，主要包括检查权、查阅复制权、查问权、查验权、查询权、稽查权等。行政检查权的行使，根据权力对象、行权区域的不同，都有其不同的行使限制。

1. 检查权

海关有权检查进出境运输工具，检查有走私嫌疑的运输工具和有藏匿走私货物、物品嫌疑的场所，检查走私嫌疑人的身体。表1-1描述了检查权的行使情况。

表1-1　检查权的行使

对象	限制区域	授权限制
进出境运输工具	"两区"内	海关有关部门可以直接行使
	"两区"外	海关有关部门可以直接行使
有走私嫌疑的运输工具	"两区"内	海关有关部门可以直接行使
	"两区"外	须经直属海关关长或者其授权的隶属海关关长批准
有藏匿走私货物、物品嫌疑的场所	"两区"内	海关有关部门可以直接行使
	"两区"外	1. 直属海关关长或者其授权的隶属海关关长批准方可 2. 当事人在场；当事人未到场，须有见证人在场 3. 不能对公民住所实施检查
走私嫌疑人的身体	"两区"内	海关有关部门可以直接行使
	"两区"外	无授权，不能行使

注："两区"指海关监管区和海关附近沿海沿边规定地区。
　　"授权"包括一般性授权和一事一授权。

2. 其他各项行政检查权

表1-2阐述了其他各项行政检查权的内容。

表 1-2 其他各项行政检查权

其他行政检查权	实施范围	特殊要求
查阅复制权	查阅进出境人员的证件，查阅、复制与进出境运输工具、货物、物品有关的合同、单证和其他的有关资料	无须授权
查问权	对违反《海关法》或者其他有关法律、行政法规的嫌疑人进行查问、调查其违法行为	无须授权
查验权	查验进出境货物和进出境物品	必要时，可以径行提取货样
查询权	查询案件涉嫌单位和涉嫌人员在金融机构、邮政企业的存款和汇款	须经直属海关关长或者其授权的隶属海关关长批准
稽查权	在法律规定的年限内，对企业进出境活动及与进出口货物有关的账务、记账凭证、单证资料等有权进行稽查	无须授权

（二）行政处罚权

海关有权对违法当事人进行行政处罚，包括对走私货物、物品及违法所得处以没收，对有走私行为和违反海关监管规定行为的当事人处以罚款，对有违法行为的报关企业及其相关人员处以暂停或取消报关从业资格的处罚等。

（三）行政强制权

海关行政强制权是《海关法》及相关法律、行政法规得以贯彻实施的重要保障，具体包括海关行政强制措施和海关行政强制执行。

1. 海关行政强制措施

海关行政强制措施，是指海关在行政管理过程中，为了制止违法行为、防止证据损毁、避免危害发生、控制危险扩大等情形，依法对公民的人身自由实施暂时性限制，或者对公民、法人或者其他组织的财物实施暂时性控制的行为。海关行政强制措施的具体内容参见表1-3。

表 1-3 海关行政强制措施

行政强制措施	实施范围	实施内容
限制公民人身自由	1. 在"两区"内，对有走私犯罪嫌疑者	经关长批准可以扣留24小时，特殊情况可以延长至48小时
	2. 对违反监管逃逸的当事人	海关可以追缉到"两区"以外将其带回
	3. 对受到海关处罚的当事人，如果在其出境前，未缴清罚款、税款或者等价财物，也未提供担保的	海关可以通知出境管理机构阻止其出境

续表

行政强制措施	实施范围	实施内容
扣留财物	1. 与违法的进出境运输工具、货物、物品有关的合同、发票等资料	直接扣留
	2. 对有走私嫌疑的进出境运输工具、货物、物品等	"两区"内,经关长批准,可以扣留;"两区"外,有证据证明其走私嫌疑时,可以扣留
	3. 有违法嫌疑,但因各种原因无法行使扣留权时,当事人或者运输工具负责人未提供等值担保的	可以扣留当事人等值的其他财产
	4. 不能以暂停支付方式实施税收保全措施时	可以扣留纳税义务人等值的其他货物和财产
	5. 纳税义务人或担保人超过规定期限3个月未缴纳税款的	经关长批准,可以扣留等值货物或财产
	6. 对侵犯知识产权的货物	可以依法申请扣留
冻结存款、汇款	纳税义务人在规定的纳税期限内有转移或者藏匿迹象,不能提供担保的	经关长批准,可以通知其开户银行或其他金融机构暂停支付其与应纳税款等额的存款或者汇款
封存货物或者账簿、单证	1. 稽查时,发现有违法嫌疑的	经关长批准,可封存其货物
	2. 稽查时,发现有转移、藏匿、修改、损毁账簿和单据的	经关长批准,可以暂时封存其相关资料,但前提是不影响其运营
其他强制措施	1. 进出境运输工具逃逸的	可连续追缉到"两区"外,将其带回
	2. 施加封志	

2. 海关行政强制执行

海关行政强制执行,是指在有关当事人不依法履行义务的前提下,为了实现海关的有效行政管理,依法强制当事人履行法定义务的行为。海关行政强制执行的具体内容参见表1-4。

表1-4 海关行政强制执行

行政强制执行方法	实施范围	实施内容
加收滞纳金	1. 纳税义务人逾期缴纳税款的	加收滞纳金
	2. 因纳税义务人违反规定少征或者漏征税款的	依法追征并加收滞纳金
扣缴税款	纳税义务人或者担保人在纳税期限届满后超过3个月仍未缴纳税款的	经关长批准,可以通知其开户银行或者其他金融机构从暂停支付的存款中扣缴税款
抵缴、变价抵缴	1. 当事人逾期不履行海关处罚决定,也不申请复议或者提请诉讼的	可以将其保证金抵缴,或者将扣留的货物、物品、运输工具等变价抵缴
	2. 对纳税期限届满后超过3个月未缴纳税款的	经关长批准,可以依法变卖货物或者其他财产,用变卖所得价款抵缴税款
	3. 对以扣留方式实施税收保全措施的,纳税义务人未在规定期限缴纳税款的	经关长批准,变卖扣留的货物或其他财产,以变卖所得抵缴税款
	4. 进口货物收货人自运输工具申报进境之日起超过3个月未向海关申报的	海关依法提取变卖处理
	5. 对溢卸、误卸的货物,逾期未办理相关手续的	海关依法提权变卖处理

除上述海关权力以外,海关的权力还包括佩带和使用武器权、连续追缉权、行政裁定权与行政奖励权等。

三、海关权力的行使与监督

(一) 海关权力行使的基本原则

海关权力作为国家行政权的一部分,能起到维护国家利益,维护经济秩序,实现国家权能的积极作用,但同时由于客观上海关权力的广泛性、自由裁量权较大等因素,以及海关执法者主观方面的原因,在行使海关权力时任何的随意性或者滥用都必然导致海关管理相对人的权益受到侵害,从而对行政法治构成威胁。因此,海关权力的行使必须遵循一定的原则。

1. 合法原则

行政法的基本原则就是权力的行使要合法,这也是依法行政的基本要求。海关作为行政机关,行使权力也必须做到合法。

第一,行使行政权力的主体资格合法,即行使权力的主体必须有法律授权。如涉税走私犯罪案件的侦查权,只有缉私警察才能行使,海关其他人员则无此项权力。又如,《海关法》规定海关在行使某些权力时应"经直属海关关长或者其授权的隶属海关关长批准",若未经批准,海关工作人员则不能擅自行使这些权力。

第二,行使权力必须以法律规范为依据。《海关法》第二条规定了海关的执法依据是《海关法》、其他有关法律和行政法规。无法律规范授权的执法行为,属于越权行为,应属无效。

第三,行使权力的方法、手段、步骤、时限等程序应合法。

第四,任何行政违法主体(包括海关及海关管理相对人)都应承担相应的法律责任。

2. 适当原则

行政权力的适当原则,是指权力的行使应该以公平性、合理性为基础,以正义性为目标。因国家管理的需要,海关在验、放、征、减、免、罚的管理活动中拥有很大的自由裁量权,即法律仅规定一定的原则和幅度,海关工作人员可以根据具体情况和自己的意志,自行判断和选择,采取最合适的行为方式及其内容来行使职权。因此,适当原则是海关行使行政权力的一条重要原则。为了防止自由裁量权的滥用,目前我国对海关自由裁量权进行监督的法律途径主要有行政监督(行政复议程序)和司法监督(行政诉讼程序)。

3. 依法独立行使原则

海关实行高度集中统一的管理体制和垂直领导方式,地方各级海关只对海关总署负责。海关无论级别高低,都是代表国家行使管理权的国家机关,海关依法独立行使,各地方、各部门应当支持海关依法行使职权,不得非法干预海关的执法活动。

4. 依法受到保障原则

海关权力是国家权力的一种,应受到保障,才能实现国家权能的作用。根据《海关法》第十二条的规定海关依法执行职务,有关单位和个人应当如实回答询问,并予以配合,任何单位和个人不得阻挠;海关执行职务受到暴力抗拒时,执行有关任务的公安机关和人民武装警察部队应当予以协助。

（二）海关权力的监督

海关权力的监督即海关执法监督,是指特定的监督主体依法对海关行政机关及其执法人员的行政执法活动实施的监察、检查、督促等,以此确保海关权力在法定范围内运行。

为了确保海关能够严格依法行政,保证国家法律、行政法规得以正确实施,同时也使当事人的合法权益得到有效保护,《海关法》专门设立第七章"执法监督",对海关行政执法实施监督。海关履行职责,必须遵守法律,依照法定程序严格执法、接受监督。这是海关的一项法定义务。

海关执法监督主要指中国共产党的监督、国家最高权力机关的监督、国家最高行政机关的监督、监察机关的监督、审计机关的监督、司法机关的监督、海关管理相对人的监督、社会监督以及海关上下级机构之间的相互监督,机关内部不同部门之间的相互监督、工作人员之间的相互监督等。

本章小结

1. 中华人民共和国海关是国家进出关境的监督管理机关。

2. 海关具有监管、征税、缉私和统计四项基本任务。

3. 我国海关的领导体制为集中统一、垂直领导体制,主要包括海关总署、直属海关和隶属海关三级。具体设立海关的地点主要集中在对外开放的口岸和海关监管业务集中的地点。

4. 我国海关的权力具有特定性、独立性、效力先定性和优益性等特点。

5. 我国海关的权力主要包括行政检查权、行政处罚权、行政强制权等。

6. 我国海关在行使权力时要遵循四个原则,即合法原则、适当原则、依法独立行使原则、依法受到保障原则。

本章知识点结构图

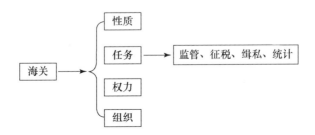

本章习题

一、单项选择题

1. 根据《海关法》的规定,中华人民共和国海关属于下属哪类性质的机关?（　　）
   A. 司法机关　　B. 税收机关　　C. 监察机关　　D. 监督管理机关

2. 目前的《海关法》是（　　）开始施行的。
   A. 2000年1月1日　　　　　　B. 2000年10月1日
   C. 2001年1月1日　　　　　　D. 2002年1月1日

3. 我国最早的海关雏形起源于（　　）时期。
   A. 西周　　B. 汉武帝　　C. 战国　　D. 唐朝

4. 根据我国缉私体制,不具有查缉走私权力的单位有（　　）。
   A. 海关　　B. 公安部门　　C. 税务部门　　D. 监察部门

5. 一国国境内设有自由港、自由贸易区等经济区,这时该（　　）。
   A. 关境大于国境　　　　　　B. 关境小于国境
   C. 关境等于国境　　　　　　D. 以上情况都有可能

6. 海关对有走私嫌疑的运输工具和藏匿走私货物、物品嫌疑的场所施行检查时,（　　）。
   A. 不能超出海关监管区和海关附近沿海沿边规定地区的范围
   B. 不受地域限制,但不能检查公民住处
   C. 在海关监管区和海关附近沿海沿边规定地区,海关工作人员可以直接检查;超出这个范围,只有在调查走私案件时,才能直接检查,但不能检查公民住处
   D. 在海关监管区和海关附近沿海沿边规定地区,海关工作人员可以直接检查;超出这个范围,只有在调查走私案件时,须经直属海关关长或者其授权的隶属海关关长批准方可进行检查,但不能检查公民住所

二、多项选择题

1. 海关的基本任务包括（　　）。
   A. 编制海关统计　　B. 海关征税　　C. 海关监管　　D. 海关缉私

2. 海关监管的对象包括（　　）。
   A. 进出境人员　　　　　　　B. 进出境运输工具
   C. 进出境货物　　　　　　　D. 进出境行李物品

3. 按照《海关法》的规定,中华人民共和国设立海关的地点为（　　）。
   A. 对外开放的口岸　　　　　B. 海关监管业务集中的地点
   C. 边境　　　　　　　　　　D. 沿海城市

4. 海关权力的特点是（　　）。
   A. 特定性　　　　B. 独立性　　　　C. 直属性　　　　D. 强制性

5. 根据《海关法》的规定，海关可以行使下属哪些权力？（　　）
   A. 检查进出境运输工具，查验进出境货物、物品
   B. 查阅、复制与进出境运输工具、货物、物品有关的合同、发票、账册、单据、记录、文件、业务函电、录音、录像制品和其他资料
   C. 在调查案件时，调查关员可以直接查询案件涉嫌单位和涉嫌人员在金融机构、邮政企业的存款、汇款
   D. 在调查案件时，经直属海关关长或者其授权的隶属海关关长批准，可以扣留走私犯罪嫌疑人，扣留时间不超过24小时，特殊情况可延长至48小时

6. 下列哪种情况下海关行使权力需经直属海关关长或其授权的隶属海关关长批准？（　　）
   A. 在海关监管区和海关附近沿海沿边规定地区，检查走私嫌疑人的身体
   B. 在调查案件时，查询案件涉嫌单位和涉嫌人员在金融机构、邮政企业的存款、汇款
   C. 强制扣缴和变价抵缴关税
   D. 在海关监管区和海关附近沿海沿边规定地区以外，检查有走私嫌疑的运输工具、场所

三、判断题

1. 中国海关是国家的行政管理机关，致力于维护国家主权和利益，促进对外经济贸易和科技交往，保障国家的政治、经济不受损害，保障社会主义现代化建设。（　　）

2. 中华人民共和国关境小于中华人民共和国国境。（　　）

3. 法律、法规、规章是海关的执法依据。（　　）

4. 海关对进出境运输工具的检查不受海关监管区域的限制。（　　）

5. 我国海关现行的领导体制是集中统一的垂直领导体制，即海关建制归中央统一管理，"国务院设立海关总署，统一管理全国海关"。（　　）

6. 我国实行联合缉私、统一处理、综合治理的缉私体制，海关在打击走私中处于主导地位并负责与有关部门的执法协调工作。（　　）

7. 海关调查人员在调查走私案件时，可以径行查询案件涉嫌单位和涉嫌人员在金融机构、邮政企业的存款、汇款。（　　）

8. 根据《海关法》规定的设关原则，如果海关监督管理需要，国家可以在现有的行政区划之外安排海关的上下级关系和海关的相互关系。（　　）

第二章 报关概述

◎ 本章学习目的
1. 掌握报关的概念、范围和分类。
2. 掌握报关单位的概念、类型、报关单位注册登记、报关行为规则、法律责任。
3. 了解报关行业协会的基本情况与业务范围。

◎ 本章要点
1. 报关的概念与范围。
2. 报关的分类。
3. 报关单位的概念及报关注册登记制度。
4. 报关单位的报关行为规范和法律责任。

第一节 报　　关

一、报关的概念

根据《海关法》第八条的规定,进出境运输工具、货物、物品,必须通过设立海关的地点进境或者出境。由设立海关的地点进出境并办理规定的海关手续既是运输工具、货物、物品进出境的基本规则,又是进出境运输工具负责人、进出口货物收发货人、进出境物品的所有人或其代理人应履行的一项基本义务。《海关法》中对海关管理相对人办理进出境等海关事务表述为"办理报关纳税手续""办理报关手续""从事报关业务""进行报关活动"或者直接称为"报关",因此,报关是与运输工具、货物、物品的进出境密切相关的一个概念。

一般而言,报关是指进出境运输工具负责人、进出口货物收发货人、进出境物品的所有人或者其代理人向海关办理运输工具、货物、物品进出境手续及相关海关事务的全过程。

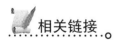相关链接

报关、通关的联系与区别

通关与报关都是针对运输工具、货物、物品的进出境而言的。

报关是从海关管理相对人的角度,仅指向海关办理进出境手续及相关手续;而通关不仅包括海关管理相对人向海关办理有关手续,还包括海关对进出境运输工具、货物、物品依法进行监督管理,核准其进出境的管理过程。

二、报关的范围

按照法律规定,所有的进出境运输工具、货物、物品都需要办理报关手续,报关的具体范围如下。

（一）进出境运输工具

进出境运输工具主要包括用以载运人员、货物、物品进出境,在国际运营的各种境内或境外的船舶、航空器、车辆和驮畜等。

（二）进出境货物

进出境货物主要包括一般进出口货物,减免税货物,暂准进出境货物,保税货物,过境、转运和通运货物和其他进出境货物,以及通过管道、电缆输送进出境的水、石油、电和无形的货物,如以货物为载体的软件等。

（三）进出境物品

进出境物品主要包括进出境的行李物品、邮递物品和其他物品。

以进出境人员携带、托运等方式进出境的物品为行李物品,以邮递方式进出境的物品为邮递物品,其他物品主要包括享有外交特权和豁免权的外国机构或者人员的公务用品或自用物品等。

如果没有特别指出,本书以后章节中所涉及报关都是指进出境货物的报关。

三、报关的分类

（一）进出境运输工具报关、进出境货物报关和进出境物品报关

按照报关对象的不同,报关可以分为进出境运输工具报关、进出境货物报关和进出境物品报关。

进出境运输工具作为货物、人员及其携带物品的进出境载体,其报关主要是向海关直接交验随附的、符合国际商业运输惯例、能反映运输工具进出境合法性及其所承运货物、物品情况的合法证件、清单和其他运输单证,其报关手续较为简单。

进出境物品由于其非贸易性质,且一般限于自用、合理数量,其报关手续也很简单。

进出境货物的报关就较为复杂,为此,海关根据对进出境货物的监管要求,制定了一系列报关管理规范,并要求必须由具备一定专业知识和专业技能且在海关备案的专业人员代表其报关单位进行办理。

（二）进境报关和出境报关

按照报关目的的不同,报关可以分为进境报关和出境报关。

由于海关对运输工具、货物、物品的进出境有不同的管理要求,运输工具、货物、物品根据进境或出境的目的分别形成了一套进境报关手续和出境报关手续。

（三）自理报关和代理报关

按照报关的行为性质不同,报关可以分为自理报关和代理报关。

1. 自理报关

进出口货物收发货人自行办理报关业务称为自理报关。根据我国海关目前的规定,进

出口货物收发货人必须依法向海关注册登记后方能办理报关业务。

2. 代理报关

代理报关,是指接受进出口货物收发货人的委托,代理其办理报关业务的行为。我国海关法律把有权接受他人委托办理报关业务的企业称为报关企业。报关企业必须依法取得报关企业注册登记许可并向海关注册登记后方能从事代理报关业务。

根据代理报关法律行为责任承担者的不同,代理报关又分为直接代理报关和间接代理报关。直接代理报关,是指报关企业接受委托人(即进出口货物收发货人)的委托,以委托人的名义办理报关业务的行为,其代理人代理行为的法律后果直接作用于被代理人(委托人)。间接代理报关,是指报关企业接受委托人的委托,以报关企业自身的名义向海关办理报关业务的行为。在间接代理报关中,报关企业应当承担委托人自己报关时所应当承担的相同的法律责任(参见表2-1)。

表 2-1 直接代理报关与间接代理报关的区别

代理方式	行为属性	法律责任
直接代理报关	委托代理	1. 法律后果直接作用于被代理人(委托人) 2. 报关企业应承担相应的法律责任
间接代理报关	视同报关企业自己报关	1. 法律后果直接作用于代理人(报关企业) 2. 报关企业应当承担进出口货物收发货人自己报关时所承担的相同的法律责任

目前,我国报关企业大都采取直接代理报关形式,间接代理报关只适用于经营快件业务的国际货物运输代理企业。

四、报关的基本内容

(一)进出境运输工具报关的基本内容

根据我国《海关法》的规定,所有进出我国关境的运输工具必须经由设有海关的港口、车站、机场、国界孔道、国际邮件互换局(交换站)及其他可以办理海关业务的场所申报进出境。

根据海关监管的要求,进出境运输工具负责人或其代理人在运输工具驶离我国关境时均应如实向海关申报运输工具所载旅客人数、进出口货物数量、装卸时间等基本情况。不同种类的运输工具在报关时所需递交的单证及所要申明的具体内容也不尽相同。总的来说,运输工具进出境报关时须向海关申明的主要内容有:运输工具进出境的时间、航次;运输工具进出境时所载运货物情况,包括过境货物、转运货物、通运货物、溢短卸(装)货物的基本情况;运输工具服务人员名单及其自用物品、货币、金银情况;运输工具所载旅客情况;运输工具所载邮递物品、行李物品的情况;其他需要向海关申报清楚的情况,如由于不可抗力原因,运输工具被迫在未设关地点停泊、降落或者抛掷、起卸货物、物品等情况。除此以外,运输工具在报关时还需提交运输工具从事国际合法性运输必备的相关证明文件,如船舶国籍证书、吨税证书、海关监管簿、签证簿等,必要时还需出具保证书或缴纳保证金。

进出境运输工具负责人或其代理人就以上情况向海关申报后,有时还需要应海关的要求配合海关检查,经海关审核确认符合海关监管要求的,才可以上下旅客、装卸货物或者驶往内地、离境。

目前,进出境运输工具负责人或其代理人向海关申报的主要形式是通过《进出境运输工具舱单》进行申报。《进出境运输工具舱单》反映了进出境运输工具所载货物、物品和旅客的信息。其中,反映进境运输工具所载货物、物品和旅客信息的被称为原始舱单;反映出境运输工具预计装载货物、物品和旅客信息的被称为预载舱单;反映出境运输工具实际装载货物、物品和旅客信息的被称为装(乘)载舱单。

(二)进出境货物报关的基本内容

根据海关规定,进出境货物的报关业务应由报关单位在海关备案的报关人员办理。海关对不同性质的进出境货物规定了不同的报关程序和报关要求。一般来说,进出境货物报关时,报关人员要做好以下五个方面的工作。

1. 做好报关前的准备工作

进出口货物收发货人接到运输公司或邮递公司寄交的《提货通知单》,或根据合同规定备齐进出口货物后,应当做好向海关办理货物报关的准备工作或者签署委托代理协议,委托报关企业向海关报关。

2. 准备好报关单证

报关人员要提前准备好报关单证,在海关规定的报关地点和报关时限内以书面和电子数据方式向海关申报。进出口货物报关单或海关规定的其他报关单(证)是报关单位向海关申报货物情况的法律文书,报关人员必须认真、规范、如实填写,并对其所填制内容的真实性和合法性负责。除此之外,报关人员还应准备与进出口货物直接相关的商业单证和货运单证,如发票、装箱单、提单等;属于国家限制性的进出口货物,应准备国家有关法律、法规规定实行特殊管制的证件,如进出口货物许可证等;还要准备好其他海关可能需要查阅或收取的资料、证件,如贸易合同、原产地证明等。报关单证准备完毕后,报关人员要把报关单上的数据经电子方式传给海关,并在海关规定时间、规定地点向海关递交书面报关单证。

3. 配合海关查验

经海关对报关电子数据和书面报关单证进行审核后,在海关认为必须时,报关人员要配合海关进行货物的查验。报关人员或进出口货物收发货人或其代理人要在海关查验时到场,并负责搬移、开拆、重封货物包装,并在海关查验结果上签字。

4. 缴纳税费

经海关确定属于应纳税、应缴费范围的进出口货物,报关单位应在海关规定的期限内缴纳进出口税费。

5. 提取或装运货物

进出口货物经海关放行后,报关单位可以安排提取或装运货物。

对于保税货物、特定减免税货物、暂准进出境货物,除了以上工作以外,在进出境前还需办理备案申请等手续,进出境后还需在规定时间、以规定方式向海关办理核销、结案等手续。

(三) 进出境物品报关的基本内容

需要接受海关监管的进出境物品包括进出境行李物品、邮递物品和其他物品。

根据《海关法》第四十六条的规定,个人携带进出境的行李物品、邮寄进出境的物品,应当以自用合理数量为限。所谓自用合理数量,对于行李物品而言,"自用"指的是进出境旅客本人自用、馈赠亲友而非为出售或出租;"合理数量"是指海关根据进出境旅客旅行目的和居留时间所规定的正常数量。对于邮递物品,则指的是海关对进出境邮递物品规定的征税、免税限制。需要特别注意的是,通过随身携带或者邮政渠道进出境的货物必须按照货物进出境手续办理通关。经海关登记准予免税进出境的物品,须由本人复带出境和复带进境。享有外交特权和豁免权的外国机构或者人员的公务用品以及自用物品进出境,须按照有关法律、行政法规的规定办理。

1. 进出境行李物品的报关

对于进出境旅客行李物品,我国与世界上大多数国家的海关一样,规定旅客采用"红绿通道"制度。即进出境旅客在向海关申报时,可以在分别以红色和绿色作为标记的通道中进行选择(参见表2-2)。

表2-2 绿色通道与红色通道的区别

绿色通道	适用于携运物品在数量上和价值上均不超过免税限额,且无国家限制或禁止进出境物品的旅客
红色通道	1. 适用于携运有上述绿色通道适用物品以外的其他物品的旅客 2. 选择红色通道的旅客,必须填写《中华人民共和国海关进(出)境旅客行李物品申报单》或海关规定的其他申报单证,在进出境地向海关作出书面申报 备注:此规定不适用于海关免予监管的人员以及随同成人旅行的16周岁以下的旅客

2. 进出境邮递物品的报关

我国是《万国邮政公约》的签约国,根据《万国邮政公约》的规定,进出境邮包必须由寄件人填写《报税单》,小包邮件则填写"绿色标签"。《报税单》和"绿色标签"随物品通过邮政企业呈递给海关。

3. 进出境其他物品的报关

(1) 暂时免税的进出境物品。

个人携带进出境的暂时免税物品,须由物品携带者在进出境时向海关提出书面申报,经海关批准登记后,方可免税携带进出境,而且应由本人复带出境或者复带进境。

(2) 享有外交特权和豁免权的外国机构和人员进出境物品。

享有外交特权和豁免权的外国机构和人员主要包括外国驻中国使馆和使馆人员、外国驻中国领事馆及其人员、联合国及其专门机构驻中国代表机构及其人员、其他国际机构驻中国代表机构及其人员。

外国驻中国使馆和使馆人员携带进出境的公务用品和自用物品,以海关核准的直接需用数量为限;因特殊需要携运中国政府禁止或者限制进出境物品进出境的,应事先获得中国政府有关主管部门的批准;使馆和使馆人员首次携带进出境公用、自用物品前,应向主管海关办理备案手续,按规定以书面方式或者口头方式申报,填写《中华人民共和国海关外交公/自用物品进出境申报单》,向主管海关申请,并提交有关材料。

外国驻中国领事馆、联合国及其专门机构以及其他国际机构等驻中国代表机构及其人员进出境公用、自用物品,由海关按照《中华人民共和国领事特权与豁免条例》、中国已加入的国际公约,以及中国与有关国家或者国际组织签订的相关协议办理。

相关链接

> **海关总署 2010 年第 54 号公告（关于进境旅客所携行李物品验放标准有关事宜）**
>
> 　　为进一步增强海关执法透明度,方便旅客进出境,明确进境旅客行李物品征免税规定,规范和统一海关验放标准,现就有关事项公告如下:
>
> 　　一、进境居民旅客携带在境外获取的个人自用进境物品,总值在 5 000 元人民币以内(含 5 000 元)的;非居民旅客携带拟留在中国境内的个人自用进境物品,总值在 2 000 元人民币以内(含 2 000 元)的,海关予以免税放行,单一品种限自用、合理数量,但烟草制品、酒精制品以及国家规定应当征税的 20 种商品等另按有关规定办理。
>
> 　　二、进境居民旅客携带超出 5 000 元人民币的个人自用进境物品,经海关审核确属自用的;进境非居民旅客携带拟留在中国境内的个人自用进境物品,超出人民币 2 000 元的,海关仅对超出部分的个人自用进境物品征税,对不可分割的单件物品,全额征税。
>
> 　　三、有关短期内多次来往旅客行李物品征免税规定、验放标准等事项另行规定。
>
> 　　特此公告。
>
> 　　　　　　　　　　　　　　　　　　　　　　　　　二○一○年八月十九日

第二节　报 关 单 位

一、报关单位的概念

报关单位,是指在海关注册登记,取得报关资格,向海关办理进出口货物报关纳税等海关事务的境内法人或其他组织。

报关单位具有以下两大特征:
(1) 完成海关报关注册登记手续,取得报关资格;
(2) 是境内的法人或组织,能独立承担相应的经济责任和法律责任。

二、报关单位的类型

《海关法》将报关单位划分为两种类型,即进出口货物收发货人和报关企业。

（一）进出口货物收发货人

进出口货物收发货人，是指依法直接进口或者出口货物的中华人民共和国关境内的法人、其他组织或者个人。

一般而言，进出口货物收发货人是指依法向国务院对外贸易主管部门或者其委托的机构办理备案登记的对外贸易经营者。对于一些未取得《对外贸易经营者备案登记表》但按照国家有关规定需要从事非贸易性进出口活动的单位，如境外企业、新闻、经贸机构、文化团体等依法在中国境内设立的常驻代表机构；少量货样进出境的单位；国家机关、学校、科研院所等组织机构；临时接受捐赠、礼品、国际援助的单位；其他可以从事非贸易性进出口活动的单位等，在进出口货物时，海关也视其为进出口货物收发货人。

经向海关注册登记后，进出口货物收发货人只能为本单位进出口货物报关。

（二）报关企业

报关企业，是指按照规定经海关准予注册登记，接受进出口货物收发货人的委托，以委托人的名义或者以自己的名义，向海关办理代理报关业务，从事报关服务的中华人民共和国关境内的企业法人。

目前，我国从事报关服务的报关企业主要有两类：一类是经营国际货物运输代理、国际运输工具代理等业务，兼营进出口货物代理报关业务的国际货物运输代理公司等；另一类是主营代理报关业务的报关公司或报关行（参见表2-3）。

表2-3 两类报关单位的比较

类 型	备案登记	主营业务	权 限
进出口货物收发货人	商务主管部门备案	对外贸易经营	自营进出口货物的报关纳税（也可以委托报关企业报关）
报关企业	海关报关注册登记许可	报关纳税服务	受进出口货物收发货人的委托，代理报关纳税
	商务主管部门或交通主管部门备案	国际货物运输代理或国际运输工具代理	

三、报关单位注册登记

报关注册登记制度，是指进出口货物收发货人、报关企业依法向海关提交规定的注册申请材料，经注册地海关依法对申请注册登记材料进行审核，准予其办理报关业务的管理制度。根据《海关法》的规定，进出口货物收发货人、报关企业办理报关手续，必须依法经海关注册登记。因此，向海关注册登记是进出口货物收发货人、报关企业向海关报关的前提条件。

由于两类报关单位的性质不同，海关对其规定了不同的报关注册登记条件。

进出口货物收发货人办理报关注册登记的手续和条件比报关企业简单。凡是依照《对外贸易法》经向对外贸易主管部门备案登记，有权从事对外贸易经营活动的境内法人、其他组织和个人（个体工商户）均可直接向海关办理注册登记。

对于报关企业，海关则要求其必须具备规定的设立条件并取得海关报关注册登记许可。

（一）进出口货物收发货人注册登记

进出口货物收发货人应当按照规定到所在地海关办理报关单位注册登记手续。进出口货物收发货人申请办理注册登记，应当提交的文件材料包括：

(1)《报关单位情况登记表》；

(2) 营业执照副本复印件以及组织机构代码证书副本复印件；

(3)《对外贸易经营者备案登记表》复印件或者外商投资企业（台港澳侨投资企业）批准证书复印件；

(4) 其他与注册登记有关的文件材料。

注册地海关依法对申请注册登记材料进行核对。经核对申请材料齐全、符合法定形式的，应当核发《中华人民共和国海关报关单位注册登记证书》（以下简称《报关单位注册登记证书》）。

除了海关另有规定以外，进出口货物收发货人《报关单位注册登记证书》长期有效。

（二）报关企业注册登记

报关企业作为提供报关服务的企业应该具有一定的经营规模，无走私违法违规记录，具备健全的组织机构和财务管理制度，同时应对报关服务市场有一定的了解。为此，海关对报关企业的设立规定了具体的条件，并对其注册的步骤也作了严格的规定，即报关企业只有依法获得报关企业注册登记许可后才能进行注册登记。

1. 报关企业设立的条件

对于报关企业，海关要求其必须具备以下条件：

(1) 具备境内企业法人资格条件；

(2) 法定代表人无走私记录；

(3) 无因走私违法行为被海关撤销注册登记许可记录；

(4) 有符合从事报关服务所必需的固定经营场所和设施；

(5) 海关监管所需要的其他条件。

2. 报关企业注册登记许可

报关企业注册登记许可申请一般包括以下三个步骤。

第一步，企业申请。

申请报关企业注册登记许可的申请人应当到所在地直属海关对外公布受理申请的场所向海关提出申请。提出申请时应提交《报关企业注册登记许可申请书》以及能证明企业符合海关设立条件的文件，如《报关单位情况登记表》、企业法人营业执照副本复印件以及组织机构代码证书副本复印件、报关服务营业场所所有权证明或者使用证明等（若系委托申请许可，则须同时提供授权委托书）。

第二步，海关审核。

对于申请人提出的申请，海关应当根据不同情况，现场或在5日内决定受理或者不受理。

如果申请人不具备报关企业注册登记许可申请资格，应当作出不予受理的决定；如果申请材料不齐全或者不符合法定形式的，应当当场或者在签收申请材料后5日内一次告知申请人需要补正的全部内容,逾期不告知的,自收到申请材料之日起即为受理;如果申请材料仅存在文字性或者技术性等可以当场更正的错误的,应当允许申请人当场更正,并且由申请人对更正内容予以签章确认;如果申请材料齐全、符合法定形式,或者申请人按照海关的要求提交全部补正申请材料的,应当受理报关企业注册登记许可申请,并作出受理决定。

所在地海关受理申请后,应当根据法定条件和法定程序进行全面审查,并且于受理注册登记许可申请之日起 20 日内审查完毕。直属海关未授权隶属海关办理注册登记许可的,应当自收到所在地海关报送的审查意见之日起 20 日内作出决定。直属海关授权隶属海关办理注册登记许可的,隶属海关应当自受理或者收到所在地海关报送的审查意见之日起 20 日内作出决定。

第三步,批准注册登记许可。

申请人的申请符合法定条件的,海关应当依法作出准予注册登记许可的书面决定,并通知申请人并送达申请人,同时核发《报关单位注册登记证书》;申请人的申请不符合法定条件的,海关应当依法作出不准予注册登记许可的书面决定,并且告知申请人享有依法申请行政复议或者提起行政诉讼的权利。

报关企业取得报关单位注册登记许可后,即完成报关企业注册登记手续。

相关链接

报关企业设立分支机构的注册登记手续

报关企业在取得注册登记许可的直属海关关区外从事报关服务的,应当依法设立分支机构,并且向分支机构所在地海关备案。报关企业在取得注册登记许可的直属海关关区内从事报关服务的,可以设立分支机构,并且向分支机构所在地海关备案。

报关企业分支机构可以在备案海关关区内从事报关服务。备案海关为隶属海关的,报关企业分支机构可以在备案海关所属直属海关关区内从事报关服务。

报关企业对其分支机构的行为承担法律责任。

报关企业设立分支机构应当向其分支机构所在地海关提交下列备案材料:《报关单位情况登记表》;报关企业《报关单位注册登记证书》复印件;分支机构营业执照副本复印件以及组织机构代码证书副本复印件;报关服务营业场所所有权证明复印件或者使用权证明复印件;海关要求提交的其他备案材料。

(三) 临时报关注册登记

海关对未取得《对外贸易经营者备案登记表》,但依照国家有关规定需要从事非贸易性进出口活动的有关单位,允许其作为临时报关注册登记人向所在地主管海关办理备案手续,特殊情况下可以向拟进出境口岸或者海关监管业务集中地海关办理备案手续。对此类单位,海关一般不予以核发注册登记证书,仅出具临时报关单位注册登记证明。临时报关单位注册登记证明的有效期最长为 1 年,有效期届满后应当重新办理临时注册登记手续。

(四) 报关单位的资格延续、变更与注销登记

1. 资格延续

根据《中华人民共和国海关报关单位注册登记管理规定》,进出口货物收发货人《报关单位注册登记证书》长期有效,报关企业《报关单位注册登记证书》的有效期为2年。

《报关单位注册登记证书》的有效期为2年,有效期满,被许可人需要延续注册登记许可有效期的,应当在有效期届满前40日向海关提出申请,交验规定资料,办理注册登记许可延续手续。报关企业应当在办理注册登记许可延续手续的同时办理换领《报关单位注册登记证书》手续。

报关企业分支机构备案的有效期为2年,报关企业分支机构应当在有效期届满前30日持规定材料到分支机构所在地海关办理换证手续。

2. 变更登记

变更登记,是指已办理报关注册登记的单位,有关登记事项,如企业名称、法定代表人(负责人)、注册地址、企业性质、注册资金、联系电话、办公地址、经营服务范围等在海关注册登记内容发生变更时,应到海关办理变更登记手续。

进出口货物收发货人的单位名称、企业性质、企业住所、法定代表人(负责人)等海关注册登记内容发生变更时,不需要向注册地海关申请变更注册登记许可,但应当自批准变更之日起30日内,向注册地海关提交变更后的工商营业执照或者其他批准文件及复印件,办理变更手续。所属报关人员发生变更的,进出口货物收发货人应当在变更事实发生之日起30日内,持变更证明文件等相关材料到注册地海关办理变更手续。

报关企业的企业名称、法定代表人(负责人)发生变更的,应当持《报关单位情况登记表》《报关单位注册登记证书》、变更后的工商营业执照或者其他批准文件及复印件,以书面形式到注册地海关申请变更注册登记许可;报关企业分支机构的企业名称、企业性质、企业住所、负责人等海关备案内容发生变更的,应当自变更生效之日起30日内,持变更后的营业执照副本或者其他批准文件及复印件,到所在地海关办理变更手续;报关企业及其分支机构所属报关人员备案内容发生变更的,报关企业及其分支机构应当在变更事实发生之日起30日内,持变更证明文件等相关材料到注册地海关办理变更手续。

对报关企业提出的变更注册登记许可申请,注册地海关应当参照注册登记许可程序进行审查。经审查符合注册登记许可条件的,应当作出准予变更的决定,同时办理注册信息变更手续;经审查不符合注册登记许可条件的,海关不予变更其注册登记许可。

3. 注销登记

进出口货物收发货人有下列情形之一的,应当以书面形式向注册地海关办理注销手续。海关在办结有关手续后,应当依法办理注销注册登记手续。

(1) 破产、解散、自行放弃报关权或者分立成两个以上新企业的。

(2) 被工商行政管理机关注销登记或者吊销营业执照的。

(3) 丧失独立承担责任能力的。

(4)《对外贸易经营者备案登记表》或者外商投资企业批准证书失效的。

(5) 其他依法应当注销注册登记的情形。

报关企业有下列情形之一的,海关应当依法注销其注册登记许可:
(1) 有效期届满未申请延续的;
(2) 报关企业依法终止的;
(3) 注册登记许可依法被撤销、撤回,或者注册登记许可证件依法被吊销的;
(4) 由于不可抗力导致注册登记许可事项无法实施的;
(5) 法律、行政法规规定的应当注销注册登记许可的其他情形。
海关依据规定注销报关企业注册登记许可的,应当同时注销该报关企业设立的所有分支机构。

四、报关单位的报关行为规则

(一) 进出口货物收发货人的行为规则

(1) 在海关办理注册登记后,可以在我国关境内各个口岸或海关监管业务集中的地点自行报关,也可以委托海关准予注册登记的报关企业报关,但不能代理其他单位报关。
(2) 在办理报关业务时,向海关递交的纸质报关单必须加盖本单位在海关备案的报关专用章。
(3) 进出口货物收发货人应对其所属报关人员的报关行为承担相应的法律责任。

(二) 报关企业的行为规则

(1) 报关企业及其分支机构只能在许可的辖区范围内,代理进出口货物收发货人办理报关业务。
(2) 向海关递交的纸质报关单必须加盖本单位在海关备案的报关专用章。
(3) 报关企业应对其所属报关人员的报关行为承担相应的法律责任。
(4) 报关企业应承担以下义务:
① 配合海关监管工作,不得违法滥用报关权;
② 建立账簿和营业记录等档案,完整保留各种单证、票据、函电以备查;
③ 代理报关必须有正式书面的代理报关委托协议并在报关时出示;
④ 合理审查委托人提供情况的真实性和完整性,如商业单证,许可、手册等官方单证等;
⑤ 不得出让其名义供他人报关;
⑥ 协助海关对涉及违规走私行为进行调查。

五、报关单位的法律责任

报关单位在办理报关纳税等海关事务时,应遵守国家有关法律、行政法规和海关的各项规定,并对所申报货物、物品的品名、规格、价格、数量等的真实性、合法性负责,承担相应的法律责任。
(1) 违反规定进出口国家禁止进出口货物的,责令退运,并处 100 万元以下罚款。
(2) 违反规定进出口国家限制进出口货物,且无法提供进出口许可证件的,对进出口货物不予放行,且处货物价值 30% 以下罚款。
(3) 违反规定进出口国家自动进出口管理货物,且无法提供自动进口许可证件的,对进出口货物不予放行。

（4）报关单位有下列行为之一的，处货物价值5%以上30%以下罚款，有违法所得的，没收违法所得：

① 未经海关许可，擅自对海关监管货物进行开拆、提取、交付、发运、调换、改装、抵押、质押、留置、转让、更换标记、移作他用等处理的；

② 未经海关许可，在海关监管区外存放海关监管货物的；

③ 经营海关监管货物的运输、储存、加工、装配、寄售、展示等业务的，对监管货物灭失、数量短少、记录不真实且不能提供正当理由的；

④ 经营保税货物的运输、储存、加工、装配、寄售、展示等业务的，未按规定办理海关相关手续的；

⑤ 未向海关如实申报加工贸易单耗情况的；

⑥ 未按规定办理过境、转运、通运货物运输出境，擅自留在境内的；

⑦ 未按规定办理暂时进出口货物复运出境或者复运进境手续的；

⑧ 违反规定致使海关无法监管的。

上述货物中，若属国家限制进出境的，当事人需在规定时间内提供进出口许可证件，若无法提供，另处货物价值30%以下罚款；若有漏缴税款，可另处漏缴税款1倍以下罚款。

（5）报关单位有下列行为之一的，予以警告，并处3万元以下罚款：

① 擅自开启或者损毁海关封志的；

② 遗失海关制发的监管单证、手册等凭证，妨碍海关监管的。

（6）伪造、变造、买卖海关单证的，处5万元以上50万元以下罚款，有违法所得的，没收违法所得；构成犯罪的，依法追究刑事责任。

（7）进出口货物侵犯知识产权的，没收侵权货物，并处货物价值30%以下罚款；构成犯罪的，依法追究刑事责任。需要向海关申报知识产权状况而未如实申报的或未提供合法证明文件的，可处5万元以下罚款。

（8）非法代理报关或超范围报关的，责令改正，处5万元以内罚款，6个月内暂停执业；情节严重的，则撤销注册登记。

（9）向海关人员行贿的，撤销注册登记，并处10万元以内罚款；构成犯罪的，依法追究刑事责任，并不得重新注册登记为报关企业。

（10）未经注册登记擅自报关的，予以取缔，没收非法所得，可并处10万元以内罚款。

（11）骗取注册登记的，撤销注册登记，并处30万元以内罚款。

（12）有下列情形之一的，予以警告，责令改正，可暂停6个月内报关：

① 拖欠税款或不履行纳税义务；

② 出让其报关名义；

③ 损害或者丢失海关监管货物，不能提供正当理由的；

④ 有需要暂停其从事报关业务的其他违法行为的。

（13）有下列情形之一的，予以警告，责令改正，并可处1万元以下罚款：

① 报关单位注册登记内容发生变更，未办理变更手续的；

② 向海关提交的注册信息中隐瞒真实情况、弄虚作假的。

(14) 有下列情形之一的,撤销注册登记:
① 构成走私罪的;
② 1年内有2次以上走私行为的。
(15) 未报、漏报、申报不实:
① 影响国家统计的,予以警告或处1 000~10 000元罚款;
② 影响国家监管秩序的,予以警告或处1 000~30 000元罚款;
③ 影响国家许可证管理的,处货物价值5%~30%罚款;
④ 影响国家税款征收的,处漏缴税款30%至2倍罚款;
⑤ 影响国家外汇与退税管理的,处申报价格10%~50%罚款。

如果是报关单位未审查或工作疏忽造成,处10%以下货物价值罚款,并暂停6个月报关;情节严重的,撤销其报关注册登记。

(16) 有走私行为的,则没收走私货物、物品及违法所得,可并处罚款;对走私运输工具等没收,藏匿设备等拆除。

(17) 构成走私罪的,则追究刑事责任。

相关链接

报关活动相关人的概念、类型和法律责任

报关活动相关人主要指的是经营海关监管货物仓储业务的企业、保税货物的加工企业、转关运输货物的境内承运人等。这些企业、单位虽然不具备报关资格,但与报关活动密切相关,承担着相应的海关义务和法律责任。

报关活动相关人的类型有经营海关监管货物仓储业务的企业,从事加工贸易生产加工的企业,转关运输货物的境内承运人以及保税区、出口加工区内的部分企业,使用减免税进口货物的企业等其他报关活动相关人。

根据《海关法》的规定,报关活动相关人在从事与报关相关的活动中,违反《海关法》和有关法律、法规的,由海关责令改正,给予警告,暂停其从事有关业务,直至撤销注册,并承担相应的行政、刑事法律责任。

六、海关对报关单位的信用管理

为了鼓励企业守法自律,推进社会信用体系建设,提高海关管理效能,建立企业进出口信用管理制度,保障进出口贸易的安全与便利,根据《海关法》及其他有关法律、行政法规的规定,我国出台了《中华人民共和国海关企业信用管理暂行办法》(以下简称《企业信用管理暂行办法》),根据企业信用状况将企业认定为认证企业、一般信用企业和失信企业,对这些企业按照诚信守法便利、失信违法惩戒原则,分别适用相应的管理措施。

认证企业是经中国海关认证的经营者(Authorized Economic Operation,AEO)。经认证的经营者在世界海关组织(World Customs Organization,WCO)制定的《全球贸易安全与便利标准框架》中被定义为:"以任何一种方式参与货物国际流通,并被海关当局认定符合世界海关组织或相应供应链安全标准的一方,包括生产商、进口商、出口商、报关行、承运商、理货人、中间商、口岸和机场、货站经营者、综合经营者、仓储业经营者和分销商"。中国海关依法开展与其他国家或者地区海关的 AEO 互认,并给予互认 AEO 企业相应通关便利措施。

海关根据社会信用体系建设和国际合作需要,与国家有关部门以及其他国家或者地区海关建立合作机制,推进信息互换、监管互认、执法互助。

(一) 企业信用状况的认定标准

1. 认证企业

认证企业分为一般认证企业和高级认证企业,由海关总署制定并对外公布。

2. 失信企业

企业有下列情形之一的,海关认定为失信企业:

(1) 有走私犯罪或者走私行为的;

(2) 非报关企业 1 年内违反海关监管规定行为次数超过上年度报关单、进出境备案清单等相关单证总票数 0.1% 且被海关行政处罚金额超过 10 万元的违规行为 2 次以上的,或者被海关行政处罚金额累计超过 100 万元的;报关企业 1 年内违反海关监管规定行为次数超过上年度报关单、进出境备案清单总票数 0.05% 的,或者被海关行政处罚金额累计超过 10 万元的;

(3) 拖欠应缴税款、应缴罚没款项的;

(4) 上一季度报关差错率高于同期全国平均报关差错率 1 倍以上的;

(5) 经过实地查看,确认企业登记的信息失实且无法与企业取得联系的;

(6) 被海关依法暂停从事报关业务的;

(7) 涉嫌走私、违反海关监管规定拒不配合海关进行调查的;

(8) 假借海关或者其他企业名义获取不当利益的;

(9) 弄虚作假、伪造企业信用信息的;

(10) 其他海关认定为失信企业的情形。

3. 一般信用企业

企业有下列情形之一的,海关认定为一般信用企业:

(1) 首次注册登记的企业;

(2) 认证企业不再符合《企业信用管理暂行办法》第九条规定条件,且未发生《企业信用管理暂行办法》第十条所列情形的;

(3) 适用失信企业管理满 1 年,且未再发生《企业信用管理暂行办法》第十条规定情形的。

(二) 企业信用状况的认定程序

(1) 企业向海关申请成为认证企业的,海关按照《海关认证企业标准》对企业实施认证;海关或者申请企业可以委托具有法定资质的社会中介机构对企业进行认证;中介机构认证结果经海关认可的,可以作为认定企业信用状况的参考依据。

(2) 海关应当自收到企业书面认证申请之日起 90 日内作出认证结论。特殊情形下,海关认证时限可以延长30日。

（3）企业有下列情形之一的，海关应当终止认证：

① 发生涉嫌走私或者违反海关监管规定的行为被海关立案侦查或者调查的；

② 主动撤回认证申请的；

③ 其他应当终止认证的情形。

（4）海关对企业信用状况的认定结果实施动态调整。

① 海关对高级认证企业应当每3年重新认证一次，对一般认证企业不定期重新认证。认证企业未通过重新认证适用一般信用企业管理的，1年内不得再次申请成为认证企业；高级认证企业未通过重新认证但符合一般认证企业标准的，适用一般认证企业管理。

② 适用失信企业管理满1年，且未再发生《企业信用管理暂行办法》第十条规定情形的，海关应当将其调整为一般信用企业管理。

③ 失信企业被调整为一般信用企业满1年的，可以向海关申请成为认证企业。

（三）管理原则和管理措施

1. 一般认证企业

一般认证企业适用下列管理原则和管理措施：

（1）较低进出口货物查验率；

（2）简化进出口货物单证审核；

（3）优先办理进出口货物通关手续；

（4）海关总署规定的其他管理原则和管理措施。

2. 高级认证企业

高级认证企业除了适用一般认证企业管理原则和管理措施以外，还适用下列管理措施：

（1）在确定进出口货物的商品归类、海关估价、原产地或者办结其他海关手续前先行办理验放手续；

（2）海关为企业设立协调员；

（3）对从事加工贸易的企业，不实行银行保证金台账制度；

（4）AEO互认国家或者地区海关提供的通关便利措施。

3. 失信企业

失信企业适用海关下列管理原则和管理措施：

（1）较高进出口货物查验率；

（2）进出口货物单证重点审核；

（3）加工贸易等环节实施重点监管；

（4）海关总署规定的其他管理原则和管理措施。

4. 具体管理措施

（1）高级认证企业适用的管理措施优于一般认证企业。

（2）因企业信用状况认定结果不一致导致适用的管理措施相抵触的，海关按照就低原则实施管理。

（3）认证企业涉嫌走私被立案侦查或者调查的，海关暂停适用相应管理措施，按照一般认证企业进行管理。

（4）企业名称或者海关注册编码发生变更的，海关对企业信用状况的认定结果和管理措施继续适用。

（5）企业有下列情形之一的，按照以下原则作出调整：

① 企业发生存续分立，分立后的存续企业承继分立前企业的主要权利义务的，适用海关对分立前企业的信用状况认定结果和管理措施，其余的分立企业视为首次注册企业；

② 企业发生解散分立，分立企业视为首次注册企业；

③ 企业发生吸收合并，合并企业适用海关对合并后存续企业的信用状况认定结果和管理措施；

④ 企业发生新设合并，合并企业视为首次注册企业。

（四）其他规定

（1）作为企业信用状况认定依据的走私犯罪，以刑事判决书生效时间为准进行认定。

（2）作为企业信用状况认定依据的走私行为、违反海关监管规定行为，以海关行政处罚决定书作出时间为准进行认定。

（3）处罚金额，是指因发生违反海关监管规定的行为，被海关处以罚款、没收违法所得或者没收货物、物品价值的金额之和。

（4）拖欠应纳税款，是指自缴纳税款期限届满之日起超过3个月仍未缴纳进出口货物、物品应当缴纳的进出口关税、进出口环节海关代征税之和，包括经海关认定违反海关监管规定，除了给予处罚以外，尚需缴纳的税款。

（5）拖欠应缴罚没款项，是指自海关行政处罚决定规定的期限届满之日起超过3个月仍未缴纳海关罚款、没收的违法所得和追缴走私货物、物品等值价款。

第三节　报关行业协会

一、报关行业协会

中国报关协会（China Customs Brokers Association，CCBA）是由经海关批准的从事报关的企业和个人自愿结成的非营利性质的具有法人资格的全国性行业组织，是中国唯一的全国性报关行业组织。中国报关协会受民政部和海关总署双重管理，其登记管理机关为民政部，业务主管单位为海关总署。

中国报关协会的宗旨是配合政府部门加强对我国报关行业的管理，维护、改善报关市场的经营秩序，促进会员间的交流与合作，依法代表本行业利益，保护会员的合法权益，促进我国报关服务行业的健康发展。

中国报关协会的业务范围是监督指导、沟通协调、行业自律、培训考试、年审初审、出版刊物、交流合作、创办实体。

二、报关水平测试

根据 2013 年第 54 号海关总署公告《关于改革报关员资格管理制度的公告》的规定,自 2014 年开始,海关总署不再组织全国报关员资格统一考试,取消了报关员资格核准审批制度。鉴于报关从业人员在报关业务中的重要作用,为了进一步加强报关行业自律,提升报关从业人员职业素养,提高报关质量,中国报关协会于 2014 年 3 月 12 日发布了《中国报关协会报关水平测试办法管理办法》(试行),规定自 2014 年开始,在全国范围内开展报关水平测试。

(一) 测试内容

报关水平测试分为以下两个科目。

1. 报关基础知识

报关基础知识,主要包括对外贸易及对外贸易管理、海关及海关管理、报关及报关管理等与报关工作密切相关的基础理论知识。

2. 报关业务技能

报关业务技能,主要包括进出境报关、保税加工报备报核、商品归类、报关单填制、报关核算等与报关从业密切相关的基本技能操作(含模拟操作)。

(二) 测试形式

采取自愿参加、统一报名、统一命题、统一测试、统一评分标准、统一阅卷核分的方式,通过计算机考试的形式进行。

(三) 测试证书

参加测试的考生可以申领《报关水平测试成绩分析报告书》(以下简称报告书)。《报告书》由中国报关协会成立的报关水平测试工作委员会下设的办公室统一印制,各地方报关协会、考试点颁发。内容包括测试分数、成绩评价与分析、职业发展指导建议等。

《报告书》是参试人员基础知识和职业技能水平的证明,可以作为企业选人用人、职业院校学生职业能力水平评价和社会中介机构向企业推荐报关从业人员的基本依据之一。

《报告书》的有效期为 3 年。

(四) 报名条件

报名参加报关水平测试的人员应当符合下列条件:
(1) 具有中华人民共和国国籍;
(2) 持有有效"港澳居民来往内地通行证"的港澳居民和"台湾居民来往大陆通行证"的台湾居民;
(3) 年满 16 周岁,具有完全民事行为能力;
(4) 具有高中毕业证书或同等学力,包括高中、中专、技校、职高的应届毕业生。

有下列情形之一的,不得报名参加测试,已经办理报名手续的,报名无效:
(1) 因刑事犯罪受过处罚的;
(2) 因在报关活动中向海关工作人员行贿,被海关依法处理的;
(3) 在测试中发生作弊行为,被宣布测试结果无效的。

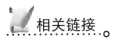

相关链接

走私罪和走私行为

走私罪：

走私违禁物品	1. 走私武器、弹药罪 2. 走私核材料罪 3. 走私假币罪 4. 走私贵重金属罪 5. 走私文物罪 6. 走私珍贵动物、珍贵动物制品罪 7. 走私珍贵植物、珍贵植物制品罪 8. 走私淫秽物品罪 9. 走私固体废物罪	(1) 包括9个罪名，都是行为犯 (2) 走私文物罪和走私贵重金属罪为单向犯罪，即在"进口"时不构成犯罪 (3) 走私淫秽物品罪需以牟利或传播为目的 (4) 前三种犯罪行为可能同时触犯非法制造买卖、运输、邮寄、储存枪支、弹药、爆炸物品罪，非法买卖、运输、储存核材料罪，出售、购买、运输假币罪等罪名，但也不再认定为其他犯罪
走私其他物品	10. 走私普通货物、物品罪	(1) 本罪要求"偷逃应缴税额5万元以上" (2) 多次走私未经处理的，"偷逃应缴税额"累计计算 (3) 以本罪定罪处罚的两种情况，一是保税货物的走私行为，二是特定减税、免税货物的走私行为

以走私罪论处：

以走私罪论处的两种行为	1. 直接向走私人非法收购走私物品	根据走私的对象不同，分别以上述10种罪名定罪	犯罪对象是国家禁止进口的走私物品	行为犯
			犯罪对象是走私进口的其他货物、物品	须数额较大
	2. 在内海、领海、界河、界湖运输、贩卖、收购国家禁止、限制进出口物品		犯罪对象是国家禁止进出口物品	行为犯
			犯罪对象是国家限制进出口货物、物品	无合法证明且数额较大
走私罪共犯的两个条件	1. 主观方面必须有事先通谋 2. 客观方面必须提供了方便			
两个加重情节	1. 武装掩护走私的，从重处罚 2. 以暴力、威胁方法抗拒缉私的，须以妨害公务罪数罪并罚			
走私方式	走私罪中的走私方式可以分为以下四种： 1. 绕关的走私行为，即不经过国家的海关或者边卡检查站，而是在没有海关或边卡检查站的边境线上，非法地进出国（边）境进行走私活动，逃避海关或边卡检查站的监管、检查，这种行为不仅是走私行为，同时也是偷越国（边）境的行为 2. 通关的走私行为，即进出国（边）境有合法手续，但同时采取假报、伪装、藏匿等欺骗的手段，瞒过海关的监管、检查，进行偷运偷带货物或物品的走私活动，或者是通过邮寄进行走私活动 3. 后续的走私行为，即进口的货物或者物品是合法的，但进口以后违反批准进口时的规定，擅自非法把保税的货物在境内销售牟利，或者把减、免税的货物、物品在特定的用途、地区、企事业单位等范围以外销售牟利，逃避了海关的监管，偷逃了关税，而转变为走私行为 4. 准走私行为，即不属于直接进出国（边）境的走私行为，而是间接的走私行为。行为人虽然并不直接进行绕关或者通关、后续的走私活动，但他直接向走私人非法收购走私进口的货物、物品，或者在内海、领海、界河、界湖非法收购、运输、贩卖国家禁止或者限制进出口的货物、物品，或者与走私犯通谋，为其提供贷款、资金、账号、发票、证明以及为其提供运输、保管、邮寄等方便，为走私罪犯服务牟利，实际上是走私行为的延续或者是走私的共犯，所以均以走私罪论处			

走私行为,是指不构成走私罪的走私行为,或构成走私罪但依法免予起诉或者免除刑罚的行为,以及违反海关监管规定的行为。

相关走私行为的内容如下所示。

走私行为的内容	走私行为的处罚
违反《海关法》及其他有关法律、行政法规,逃避海关监管,偷逃应纳税款、逃避国家有关进出境的禁止性或者限制性管理,有下列情形之一的,是走私行为: 1. 未经国务院或者国务院授权的机关批准,从未设立海关的地点运输、携带国家禁止或者限制进出境的货物、物品或者依法应当缴纳税款的货物、物品进出境的; 2. 经过设立海关的地点,以藏匿、伪装、瞒报、伪报或者其他方式逃避海关监管,运输、携带、邮寄国家禁止或者限制进出境的货物、物品或者依法应当缴纳税款的货物、物品进出境的; 3. 使用伪造、变造的手册、单证、印章、账册、电子数据或者以其他方式逃避海关监管,擅自将海关监管货物、物品、进境的境外运输工具,在境内销售的; 4. 使用伪造、变造的手册、单证、印章、账册、电子数据或者以伪报加工贸易制成品单位耗料量等方式,致使海关监管货物、物品脱离监管的; 5. 以藏匿、伪装、瞒报、伪报或者其他方式逃避海关监管,擅自将保税区、出口加工区等海关特殊监管区域内的海关监管货物、物品,运出区外的; 6. 有逃避海关监管,构成走私的其他行为的有下列行为之一的,按走私行为论处: (1) 明知是走私进口的货物、物品,直接向走私人非法收购的; (2) 在内海、领海、界河、界湖,船舶及所载人员运输、收购、贩卖国家禁止或者限制进出境的货物、物品,或者运输、收购、贩卖依法应当缴纳税款的货物,没有合法证明的	(1) 走私国家禁止进出口的货物的,没收走私货物及违法所得,可以并处 100 万元以下罚款;走私国家禁止进出境的物品的,没收走私物品及违法所得,可以并处 10 万元以下罚款 (2) 应当提交许可证件而未提交但未偷逃税款,走私国家限制进出境的货物、物品的,没收走私货物、物品及违法所得,可以并处走私货物、物品等值以下罚款 (3) 偷逃应纳税款但未逃避许可证件管理,走私依法应当缴纳税款的货物、物品的,没收走私货物、物品及违法所得,可以并处偷逃应纳税款 3 倍以下罚款 (4) 专门用于走私的运输工具或者用于掩护走私的货物、物品,2 年内 3 次以上用于走私的运输工具或者用于掩护走私的货物、物品,应当予以没收。藏匿走私货物、物品的特制设备、夹层、暗格,应当予以没收或者责令拆毁。使用特制设备、夹层、暗格实施走私的,应当从重处罚 (5) 与走私人通谋为走私人提供贷款、资金、账号、发票、证明、海关单证的,与走私人通谋为走私人提供走私货物、物品的提取、发运、运输、保管、邮寄或者其他方便的,以走私的共同当事人论处,没收违法所得 (6) 报关企业、报关人员和海关准予从事海关监管货物的运输、储存、加工、装配、寄售、展示等业务的企业,构成走私犯罪或者 1 年内有 2 次以上走私行为的,海关可以撤销其注册登记、取消其报关资格

本章小结

1. 报关,是指进出境运输工具负责人、进出口货物的收发货人、进出境物品的所有人或者其代理人向海关办理运输工具、货物、物品进出境手续及相关海关事务的全过程。

2. 按照报关对象的不同，报关可以分为进出境运输工具报关、进出境货物报关和进出境物品报关；按照报关目的的不同，报关可以分为进境报关和出境报关；按照报关的行为性质的不同，报关可以分为自理报关和代理报关。

3. 报关单位，是指在海关注册登记，取得报关资格，向海关办理进出口货物报关纳税等海关事务的境内法人或其他组织。报关单位具有两大特征：(1) 完成海关报关注册登记手续，取得报关资格；(2) 是境内的法人或组织，能独立承担相应的经济责任和法律责任。报关单位具体包括进出口货物收发货人和报关企业。

4. 根据《海关法》的规定，进出口货物收发货人、报关企业办理报关手续，必须依法经海关注册登记取得相应的批准证书。进出口货物收发货人《报关单位注册登记证书》长期有效，报关企业《报关单位注册登记证书》的有效期为 2 年。

5. 中国报关协会是由经海关批准的从事报关的企业和个人自愿结成的非营利性质的具有法人资格的全国性行业组织，是中国唯一的全国性报关行业组织。中国报关协会受民政部和海关总署双重管理，其登记管理机关为民政部，业务主管单位为海关总署。自 2014 年开始，中国报关协会每年在全国范围内开展报关水平测试。

本章知识点结构图

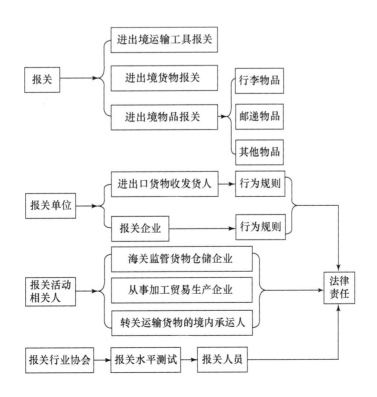

本章习题

一、单项选择题

1. 取得报关单位资格的法定要求是（　　）。
   A. 是对外贸易经营者
   B. 是境内法人或组织
   C. 经海关注册登记
   D. 有一定数量的报关人员

2. 报关企业《报关注册登记证书》和进出口货物收发货人《报关注册登记证书》的有效期（　　）。
   A. 均为2年
   B. 均为3年
   C. 报关企业为3年，进出口货物收发货人为2年
   D. 报关企业为2年，进出口货物收发货人长期有效

3. 下列关于报关企业和进出口货物收发货人报关行为规则的表述正确的是（　　）。
   A. 进出口货物收发货人在海关办理注册登记后，可以在中华人民共和国境内各个口岸或者海关监管业务集中的地点代理其他单位报关
   B. 进出口货物收发货人依法取得注册登记许可后，可以在直属海关关区各口岸或者海关监管业务集中的地点办理本单位的报关业务
   C. 报关企业若需要在注册登记许可区域以外从事报关服务的，应当按规定向注册地直属海关备案
   D. 报关企业若需要在注册登记许可区域内从事报关服务的，应当依法在关区各口岸设立分支机构，并且在开展报关服务前，按规定向注册地直属海关备案

4. 下列企业、单位中不属于报关单位的是（　　）。
   A. 经海关批准在海关临时注册登记的境内某大学
   B. 在海关注册登记的经营进出境快件业务的某快递公司
   C. 在海关注册登记的某外商投资企业
   D. 在海关注册登记的经营转关运输货物境内运输业务的某承运人

5. 根据进出境旅客行李物品"红绿通道制"的通关规定，下列表述中通道选择正确的是（　　）。
   A. 携运物品在数量上和价值上均不超过免税限额的旅客，应选择"绿色通道"
   B. 不明海关规定或不知如何选择通道的旅客可以选择"绿色通道"
   C. 旅客携带无国家限制或禁止进出境物品，应选择"红色通道"
   D. 旅客携带物品超出规定免税限量的，应选择"绿色通道"

6. 我国是《万国邮政公约》的签约国之一，根据这一公约的规定，进出境邮递物品的报税单和"绿色标签"应随同物品通过（　　）呈递给海关。
   A. 报关企业　　　B. 运输企业　　　C. 邮政企业　　　D. 收发货人

二、多项选择题

1. 在我国,进出口货物收发货人进口货物可以采用的报关方式是(   )。
   A. 自理报关
   B. 委托报关行以委托人的名义代理报关
   C. 委托已在海关办理报关注册的货代公司以委托人的名义代理报关
   D. 委托报关公司以报关公司的名义代理报关

2. 下列表述中属于报关单位共有特征的是(   )。
   A. 具有对外贸易经营权
   B. 经海关注册登记,取得报关资格
   C. 能独立承担相应的经济和责任法律责任
   D. 是境内法人或其他组织

3. 与报关活动密切相关,承担着相应的海关义务和法律责任的企业有(   )。
   A. 海关监管货物仓储业务的企业
   B. 保税货物的加工企业
   C. 转关运输货物的境内承运人
   D. 保税区、出口加工区内的部分企业

4. 报关单位向海关工作人员行贿的,海关有权进行行政处罚。下列处罚正确的是(   )。
   A. 由海关暂停其从业资格,并处以罚款
   B. 由海关撤销其报关注册登记,并处10万元以下罚款
   C. 由海关注销其报关注册,并处30万元以下罚款
   D. 构成犯罪的,依法追究刑事责任,海关撤销其报关注册登记,并不得重新注册登记为报关企业和取得报关资格

5. 下列符合海关对报关单位的现行管理规定的行为是(   )。
   A. 进出口货物收发货人代理其他单位报关
   B. 某具有报关权的外商投资企业委托报关企业代理其报关
   C. 进出口货物收发货人委托在海关注册登记的承运其货物运输的企业代理其报关
   D. 进出口货物收发货人临时借用其他单位报关人员代表本企业报关

三、判断题

1. 在直接代理报关中,代理人代理行为的法律后果直接由代理人承担;而在间接代理报关中,代理人代理行为的法律后果由代理人间接承担。   (   )

2. 报关企业和进出口货物收发货人须经海关注册登记许可后方可向海关办理报关单位注册登记手续。   (   )

3. 报关单位注册登记内容发生变更,未办理变更手续的,海关予以警告,责令改正,并可处1万元以下罚款。   (   )

4. 在海上交易未经设立海关的地点进境的货物是走私货物。（　）

5. 报关企业、进出口货物收发货人应对其所属的报关人员的报关行为承担相应的法律责任。（　）

6. 报关协会是行业组织，其业务范围是监督指导、沟通协调、行业自律、培训考试、年审初审、出版刊物、交流合作、创办实体。（　）

7. 我国海关根据企业信用状况将企业认定为认证企业、一般信用企业和失信企业。（　）

8. 我国的报关企业目前大都采取直接代理的形式代理报关，即接受委托人（进出口货物收发货人）的委托，以报关企业自身的名义向海关办理进出口报关手续。（　）

第三章 我国对外贸易管制制度

◎ **本章学习目的**
1. 掌握禁止、限制、自由进出口货物、技术管理的基本内容。
2. 掌握限制、自由进出口货物、技术管理的证件。
3. 熟悉进出口检验检疫管理的基本内容及证件。
4. 熟悉进出口货物贸易外汇收支管理制度的基本内容。
5. 熟悉贸易救济措施的基本内容。
6. 了解其他贸易管制制度的基本内容。

◎ **本章要点**
1. 我国货物、技术进出口许可管理制度。
2. 进出口许可证管理。
3. 对外贸易经营者资格管理。
4. 出入境检验检疫管理。
5. 进出口货物贸易外汇收支管理。
6. 对外贸易救济措施。
7. 进口关税配额管理。
8. 各类货物进出口管理。

第一节 我国对外贸易管制概述

一、我国对外贸易管制简介

对外贸易管制,是指一国政府为了国家的宏观经济利益、国内外政策需要以及履行所缔结或加入国际条约的义务,确定实行各种管制制度、设立相应管制机构和规范对外贸易活动的总称。

我国对外贸易管制制度是一种综合管理制度,主要由海关监管制度、关税制度、对外贸易经营者的资格管理制度、进出口许可制度、出入境检验检疫制度、进出口货物贸易外汇收支管理制度以及贸易救济制度等构成。

对外贸易管制是政府的一种强制性行政管理行为。它所涉及的法律、行政法规、部门规章,是强制性的法律文件,不得随意改变。因此,对外贸易经营者或其代理人在报关活动中必须严格遵守这些法律、行政法规、部门规章,并按照相应的管理要求办理进出口手续,以维护国家利益不受侵害。

按照管制对象的不同,我国的对外贸易管制可以分为货物进出口贸易管制、技术进出口贸易管制和国际服务贸易管制。

二、我国对外贸易管制的主要内容

我国对外贸易管制的主要内容主要包括货物、技术进出口的许可,对外贸易经营资格的备案登记,商品质量的检验检疫、动植物检疫和国境卫生检疫,进出口收、付汇核销,贸易救济措施。其中,货物、技术进出口的许可主要是指法律、行政法规规定的各种具有许可进出性质的文件和证明。进出口许可制度是我国对外贸易管制的核心管理制度,也是我国对外贸易管制的最基本手段。对外贸易经营资格的备案登记,是指对外贸易经营者在进行对外贸易经营活动前,必须办理备案登记,未按照规定办理备案登记的,海关不予办理进出口货物的验放手续。商品质量的检验检疫、动植物检疫和国境卫生检疫简称"三检",其目标是为了保证进出口商品的质量、保障人民的健康和生命安全。进出口收、付汇核销制度,是指对实际进出口的货物和技术实行严格的收、付汇核销管理,以达到国家对外汇实施管制的目的,防止偷汇、逃汇、套汇行为的发生。贸易救济措施主要是指我国根据世界贸易组织规则而采取的反倾销措施、反补贴措施和保障措施。

三、我国对外贸易管制的目标与实现手段

(一) 我国对外贸易管制的目标

1. 保护本国经济利益,发展本国经济

每个国家在各个不同的历史时期,为了实现各自不同的经济目标,都会或多或少地设置各种贸易管制措施,目的是为了扩大本国商品出口的市场竞争力、限制进口商品对本国相关产业的冲击,保护本国产业的发展,从而达到保护本国经济利益、发展本国经济的目的。

2. 推行本国的外交政策

一国往往出于政治上或军事上的考虑,甚至不牺牲本国的经济利益,在不同时期,对不同国家或不同商品实行不同的对外贸易管制措施,以达到其政治上的目的或军事上的目标。

3. 行使国家职能

作为主权国家,对其自然资源和经济行为享有排他的永久主权,国家对外贸易管制制度和措施的强制性是国家保护本国环境和自然资源、保障国民人身安全、调控本国经济而行使的国家管理职能的一个重要保证。

(二) 我国对外贸易管制目标的实现手段

1. 海关监管是实现贸易管制的重要手段

对外贸易管制是一项综合的国家管制。作为我国进出口关境监督管理机关的海关,依据《海关法》所赋予的权力,代表国家行使进出境监督管理职能,这种特殊的职能决定了海关

监管是实现贸易管制目标的有效行政管理手段。

2. 报关是海关确认进出口货物合法性的先决条件

在海关实施进出境监管的过程中,始终离不开"单""证""货"三大要素。所谓"单",包括报关单在内的各类报关单据及其电子数据。所谓"证",是指各类许可证件及其电子数据。所谓"货",主要是指实际进出口货物。"单""证""货"必须互为相符,是海关用以确认货物合法进出口的必要条件,只要在确认"单单相符""单货相符""单证相符""证货相符"的情况下,海关才会放行。

四、我国对外贸易管制的法律体系

为了保障贸易管制各项制度的实施,我国已基本建立并逐步健全了以《对外贸易法》为核心的对外贸易管理与管制的法律体系,并依照这些法律、行政法规、部门规章和我国履行国际公约的有关规定,自主实行对外贸易管制,具体内容参见表3-1。

表3-1 我国对外贸易管制的法律体系

1. 法律 法律,是指由国家最高权力机关全国人民代表大会及其常务委员会制定,由国家主席颁布的规范性文件的总称	(1)《中华人民共和国对外贸易法》 (2)《中华人民共和国海关法》 (3)《中华人民共和国进出口商品检验法》 (4)《中华人民共和国进出境动植物检疫法》 (5)《中华人民共和国固体废物污染环境防治法》 (6)《中华人民共和国国境卫生检疫法》 (7)《中华人民共和国野生动物保护法》 (8)《中华人民共和国药品管理法》 (9)《中华人民共和国文物保护法》 (10)《中华人民共和国食品卫生法》
2. 行政法规 行政法规,是指国务院为了实现宪法和其他相关法律,在自己职权范围内制定的基本行政管理规范性文件的综合	(1)《中华人民共和国货物进出口管理条例》 (2)《中华人民共和国技术进出口管理条例》 (3)《中华人民共和国进出口关税条例》 (4)《中华人民共和国知识产权海关保护条例》 (5)《中华人民共和国核出口管制条例》 (6)《中华人民共和国野生植物保护条例》 (7)《中华人民共和国外汇管理条例》 (8)《中华人民共和国反倾销条例》 (9)《中华人民共和国反补贴条例》 (10)《中华人民共和国保障措施条例》
3. 部门规章 部门规章,是指国务院各部门根据法律和国务院的行政法规、决定和命令,在本部门权限范围内发布的规范性文件的综合	(1)《货物进口许可证管理办法》 (2)《货物出口许可证管理办法》 (3)《货物自动进口许可管理办法》 (4)《出口收汇核销管理办法》 (5)《药品进口管理办法》 (6)《精神药品管理办法》 (7)《放射性药品管理办法》 (8)《两用物项和技术进出口许可证管理办法》

续表

4. 国际条约 国际条约,是指国家及其他国际法主体间缔结的,以国际法为准则,并确定其相互间权利义务关系的一种国际书面协议	(1)《关于简化和协调海关业务制度的国际公约》 (2)《濒危野生动植物种国际贸易公约》 (3)《关于消耗臭氧层物质的蒙特利尔议定书》 (4)《关于麻醉品和精神药物的国际公约》 (5)《关于化学品国际贸易资料交换的伦敦准则》 (6)《关于在国际贸易中对某些危险化学品和农药采用事先知情同意程序的鹿特丹公约》 (7)《控制危险废物越境转移及其处置的巴塞尔公约》 (8)《建立世界知识产权组织公约》

第二节 我国货物、技术进出口许可管理制度

一、禁止进出口管理

为了维护国家安全和社会公共利益,保护人民的生命健康,履行中华人民共和国所缔结或者参加的国际条约和国际协定,国务院商务主管部门会同国务院有关部门,依照我国《对外贸易法》的有关规定,制定、调整并公布禁止进出口货物、技术目录。海关依据国家相关法律、法规对禁止进出口目录商品实施监督管理。对列入我国禁止进出口的货物和技术,任何对外贸易经营者不得经营。

(一) 禁止进口的货物

我国政府明令禁止进口的货物包括列入由国务院商务主管部门或由其会同国务院有关部门制定的《禁止进口货物目录》的商品,国家有关法律、法规明令禁止进口的商品以及其他各种原因停止进口的商品。

1. 列入《禁止进口货物目录》的商品

目前,我国公布的《禁止进口货物目录》有六批。

《禁止进口货物目录》(第一批)是从我国国情出发,为了履行我国所缔结或者参加的与保护世界自然生态环境相关的一系列国际条约和国际协定而发布的,其目的是为了保护我国的自然生态环境和生态资源。如国家禁止进口属破坏臭氧层物质的四氯化碳、禁止进口属世界濒危物种管理范畴的犀牛角、麝香和虎骨。

《禁止进口货物目录》(第二批)均为旧机电产品类,是国家对涉及生产安全(压力容器类)、人身安全(电器、医疗设备类)和环境保护(汽车、工程及车船机械类)的旧机电产品所实施的禁止进口管理。

《禁止进口货物目录》(第三批、第四批、第五批)所涉及的是对环境有污染的固体废物类,包括废动植物产品,矿渣、矿灰及残渣,废药物,杂项化学品废物,废橡胶和废皮革,废特种纸,废织物原料及制品,废玻璃,金属和金属化合物废物,废电池,废弃机电产品和设备及其未经分拣处理的零部件、拆散件、破碎件和杂碎件等。

《禁止进口货物目录》(第六批)是为了保护人的健康,维护环境安全,淘汰落后产品,履

行《关于在国际贸易中对某些危险化学品和农药采用事先知情同意程序的鹿特丹公约》和《关于持久性有机污染物的斯德哥尔摩公约》而颁布的,如长纤维青石棉、二噁英等。

2. 国家有关法律、法规明令禁止进口的商品

(1) 来自动植物疫情流行的国家和地区的有关动植物及其产品和其他检疫物。

(2) 动植物病原及其他有害生物、动物尸体、土壤。

(3) 带有违反"一个中国"原则内容的货物及其包装。

(4) 以氯氟羟物质为制冷剂、发泡剂的家用电器产品和以氯氟羟物质为制冷工质的家用电器用压缩机。

(5) 滴滴涕、氯丹等。

(6) 莱克多巴胺和盐酸莱克多巴胺。

3. 其他原因停止进口的商品

(1) 以 CFC-12 为制冷工质的汽车及以 CFC-12 为制冷工质的汽车空调压缩机(含汽车空调器)。

(2) 旧衣服。

(3) Ⅷ因子制剂等血液制品。

(4) 氯酸钾、硝酸钾。

(5) 禁止进口和销售 100 瓦及以上普通照明白炽灯。

(二) 禁止进口的技术

根据我国《对外贸易法》《中华人民共和国技术进出口管理条例》(以下简称《技术进出口管理条例》)以及《禁止进口限制进口技术管理办法》的有关规定,国务院商务主管部门或由其会同国务院有关部门制定的、调整并公布禁止进口的技术目录。目前,《中国禁止进口限制进口技术目录》所列明的禁止进口的技术涉及钢铁冶金技术、有色金属冶金技术、化工技术、石油炼制技术、石油化工技术、消防技术、电工技术、轻工技术、印刷技术、医药技术、建筑材料生产技术等技术领域。

(三) 禁止出口的货物

我国政府明令禁止出口的货物主要有列入《禁止出口货物目录》的商品,国家有关法律、法规明令禁止出口的商品以及其他因各种原因停止出口的商品。

1. 列入《禁止出口货物目录》的商品

目前,我国公布的《禁止出口货物目录》共有五批。

《禁止出口货物目录》(第一批)是从我国国情出发,为了履行我国所缔结或者参加的与保护世界自然生态环境相关的一系列国际条约和国际协定而发布的,其目的是为了保护我国自然生态环境和生态资源。如国家禁止出口属破坏臭氧层物质的四氯化碳,禁止出口属世界濒危物种管理范畴的犀牛角、麝香和虎骨,禁止出口有防风固沙作用的发菜和麻黄草等植物。

国家制定《禁止出口货物目录》(第二批)主要是为了保护我国匮乏的森林资源,防止乱砍滥伐,如禁止出口木炭。

《禁止出口货物目录》(第三批)是为了保护人的健康,维护环境安全,淘汰落后产品,履

行《关于在国际贸易中对某些危险化学品和农药采用事先知情同意程序的鹿特丹公约》和《关于持久性有机污染物的斯德哥尔摩公约》而颁布的,如长纤维青石棉、二噁英等。

《禁止出口货物目录》(第四批)主要包括硅砂和石英砂等。

《禁止出口货物目录》(第五批)包括无论是否经化学处理过的森林凋落物以及泥炭(草灰)。

2. 国家有关法律、法规明令禁止出口的商品

(1) 未定名的或者新发现并有重要价值的野生植物。

(2) 原料血浆。

(3) 商业性出口的野生红豆杉及其部分产品。

(4) 劳改产品。

(5) 以氯氟羟物质为制冷剂、发泡剂的家用电器产品和以氯氟羟物质为制冷工质的家用电器用压缩机。

(6) 滴滴涕、氯丹等。

(7) 莱克多巴胺和盐酸莱克多巴胺。

(四) 禁止出口的技术

根据我国《对外贸易法》《中华人民共和国技术进出口管理条例》(以下简称《技术进出口管理条例》)以及《禁止出口限制出口技术管理办法》的有关规定,国务院商务主管部门或由其会同国务院有关部门制定的、调整并公布禁止出口的技术目录。目前,禁止出口的技术主要涉及渔、牧、有色金属矿采选、农副食品加工、饮料制造、造纸、化学制品制造、医药制造、非金属矿物制品业、有色金属冶炼、交通运输设备制造、农用机械制造、计算机及其他电子设备制造、工艺品制造、电信信息传输等几十个行业领域。

二、限制进出口管理

根据我国加入和缔结的国际条约和国际协定,国务院商务主管部门会同国务院有关部门,依照我国《对外贸易法》的有关规定,制定、调整并公布限制进出口货物、技术目录。海关依据国家相关法律、法规对限制进出口目录货物、技术实施监督管理。国家实行限制进出口管理的货物、技术,必须依照国家有关规定取得国务院商务主管部门或者由其会同国务院有关部门许可,方可进出口。

(一) 限制进口管理

国家对货物或技术实行限制进口管理的主要原因有:为了维护国家安全、社会公共利益或者公共道德,需要限制进口的;为了保护人的健康或者安全,保护动物、植物的生命或者健康,保护环境,需要限制进口的;为了实施与黄金或者白银进出口有关的措施,需要限制进口的;为了建立或者加快建立国内特定产业,需要限制进口的;对任何形式的农业、牧业、渔业产品有必要限制进口的;为了保障国家国际金融地位和国际收支平衡,需要限制进口的;依照法律、行政法规、部门规章的规定,其他需要限制进口的;根据我国缔结或者参加的国际条约、国际协定的规定,其他需要限制进口的。

1. 限制进口货物的管理

目前,我国限制进口货物管理按照其限制方式分为关税配额管理和许可证件管理。

(1) 关税配额管理。

关税配额管理属于一种相对数量限制措施,是指在一定时期内(一般是1年)对一定数量的进口商品,给予低税、减税或免税的待遇,对超过此配额的进口商品,则征收较高的关税或附加税和罚款。如小麦的关税配额税率与最惠国税率相差65倍。

实行关税配额管理的进口货物目录,由国务院外经贸主管部门会同国务院有关经济管理部门制定、调整并公布。

关税配额可以按照对所有申请统一办理的方式分配。进口经营者凭进口配额管理部门发放的关税配额证明,向海关办理关税配额内货物的报关验放手续。

(2) 许可证件管理。

许可证件管理,是指在一定时期内根据国内政治、工业、商业、军事、技术、卫生、环保、资源保护等领域需要,以及为履行我国所加入或缔约的有关国际条约的规定,以经国家各主管部门签发许可证件的方式来实现各类限制的进口措施。许可证件管理主要包括进口许可证、两用物项和技术进口许可证、濒危物种进口许可、限制类可利用固体废物进口许可、药品进口许可、音像制品进口许可、有毒化学品进口许可、黄金及其制品进口许可等管理。以上各类商品经营者必须持所需进口许可证明向海关办理进口,否则一律不准进口。

2. 限制进口技术的管理

限制进口技术实行目录管理。根据我国《对外贸易法》《技术进出口管理条例》以及《禁止进口限制进口技术管理办法》的有关规定,国务院商务主管部门会同国务院有关部门,制定、调整并公布限制进口的技术目录。属于目录范围内的限制进口的技术,实行许可证管理;未经国家许可,不得进口。

进口属于限制进口的技术,应当向国务院商务主管部门提出技术进口申请,国务院商务主管部门收到技术进口申请后,应当会同国务院有关部门对申请进行审查,技术进口申请经批准的,由国务院商务主管部门发给《中华人民共和国技术进口许可意向书》,进口经营者取得该技术进口许可意向书后,可以对外签订技术进口合同。进口经营者签订技术进口合同后,应当向国务院商务主管部门申请技术进口许可证。经审核符合发证条件的,由国务院商务主管部门颁发《中华人民共和国技术进口许可证》(以下简称《技术进口许可证》),凭以向海关办理进口通关手续。

目前,列入《中国禁止进口限制进口技术目录》中属限制进口的技术包括生物技术、化工技术、石油炼制技术、石油化工技术、生物化工技术和造币等技术领域。经营限制进口技术的经营者在向海关申报进口手续时必须主动递交《技术进口许可证》,否则经营者将承担为此而造成的一切法律责任。

(二) 限制出口管理

国家对货物或技术实行限制出口管理的主要原因有:为了维护国家安全、社会公共利益或者公共道德,需要限制出口的;为了保护人的健康或者安全,保护动物、植物的生命或者健康,保护环境,需要限制出口的;为了实施与黄金或者白银进出口有关的措施,需要限制出口的;国内供应短缺或者为有效保护可能用竭的自然资源,需要限制出口的;输往国家或者地区的市场容量有限,需要限制出口的;出口经营秩序出现严重混乱,需要限制出口的;依照法律、行政法规、部门规章的规定，其他需要限制出口的；根据我国缔结或者参加的国际条约、国际协定的规定，其他需要限制出口的。

1. 限制出口货物的管理

目前，我国货物限制出口按照其限制方式分为出口配额限制和出口非配额限制。

(1) 出口配额限制。

出口配额限制，是指在一定时期内为了建立公平的竞争机制，增强我国商品在国际市场的竞争力，保障最大限度的收汇及保护我国产品的国际市场利益，国家对部分商品的出口数量直接加以限制的措施。根据配额分配方式的不同，又分为配额许可证管理和配额招标管理。配额许可证管理，是由国务院主管部门以及相关部门，根据配额申请者的需求，结合其进出口业绩和能力等条件，采用公开、公平、公正、效益的原则，对配额进行直接分配并发放配额证明，凭以申领出口许可证的管理方式。配额招标管理，是指采取招标分配的原则，将配额分配给进出口企业的管理方式。

(2) 出口非配额限制。

出口非配额限制，是指在一定时期内根据国内政治、军事、技术、卫生、环保、资源保护等领域的需要，以及为履行我国所加入或缔约的有关国际条约的规定，以经国家各主管部门签发许可证件的方式来实现各类限制的出口措施。

目前，我国出口非配额限制管理主要包括出口许可证、濒危物种出口许可、两用物项出口许可、黄金及其制品出口许可等。

2. 限制出口技术的管理

根据我国《对外贸易法》《技术进出口管理条例》《中华人民共和国生物两用品及相关设备和技术出口管制条例》(以下简称《生物两用品及相关设备和技术出口管制条例》)、《中华人民共和国核两用品及相关技术出口管制条例》(以下简称《核两用品及相关技术出口管制条例》)、《中华人民共和国导弹及相关物项和技术出口管制条例》(以下简称《导弹及相关物项和技术出口管制条例》)、《中华人民共和国核出口管制条例》(以下简称《核出口管制条例》)以及《禁止出口限制出口技术管理办法》等有关规定，限制出口技术实行目录管理，国务院商务主管部门会同国务院有关部门，制定、调整并公布限制出口的技术目录。属于目录范围内的限制出口的技术，实行许可证管理；未经国家许可，不得出口。

我国目前限制出口技术目录主要有《两用物项和技术进出口许可证管理目录》和《中国禁止出口限制出口技术目录》等，涉及农、林、牧、渔、农副产品加工制造、饮料制造、纺织、造纸、化学原料制造、医药制造、橡胶制造、金属冶炼、非金属矿物制造、通用及专用设备制造、电气机械及器材制造等几十个行业领域的上百项技术。

出口属于上述限制出口的技术，应当向国务院商务主管部门提出技术出口申请，经国务院商务主管部门审核批准后取得技术出口许可证明，凭以向海关办理出口通关手续。

经营限制出口技术的经营者在向海关申报出口手续时必须主动递交相关技术出口许可证明，否则经营者将承担由此而造成的一切法律责任。

限制进出口货物的管理参见图3-1。

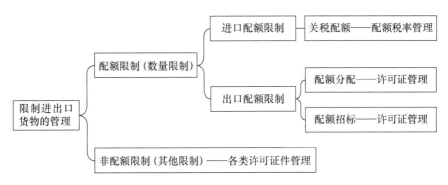

图 3-1 限制进出口货物的管理

三、自由进出口管理

除了上述国家禁止、限制进出口货物、技术以外的其他货物、技术,均属于自由进出口范围。国务院商务主管部门基于监测进出口情况的需要,目前对部分自由进口的货物实行进口自动许可管理并公布其目录,对自由进出口的技术实行技术进出口合同登记管理。

进口属于自动进口许可管理的货物,均应当给予许可。进口属于自动进口许可管理的货物,进口经营者应当在办理海关报关手续前,向国务院商务主管部门或者国务院有关经济管理部门提交自动进口许可申请。国务院商务主管部门或者国务院有关经济管理部门应当在收到申请后,立即发放自动进口许可证明;在特殊情况下,最长不得超过 10 日。目前,我国自动进口许可管理包括自动进口许可证管理和自动许可类可利用固体废物管理两大类。进口经营者凭国务院商务主管部门或者国务院有关经济管理部门发放的自动进口许可证明,向海关办理报关验放手续。

进出口属于自由进出口的技术,应当向国务院商务主管部门或者其委托的机构办理合同备案登记。国务院商务主管部门应当自收到规定的文件之日起 3 个工作日内,对技术进出口合同进行登记,颁发技术进出口合同登记证,申请人凭技术进出口合同登记证,办理外汇、银行、税务、海关等相关手续。

第三节 其他贸易管制制度

一、对外贸易经营者管理制度

对外贸易经营者管理制度是我国对外贸易管理制度之一。依照我国《对外贸易法》的规定,对外贸易经营者是指依法办理工商登记或者其他执业手续,依照该法和其他有关法律、行政法规的规定从事对外贸易经营活动的法人、其他组织或者个人。从事货物进出口或者技术进出口的对外贸易经营者,应当向国务院商务主管部门或者其委托的机构办理备案登记;但是,法律、行政法规和国务院商务主管部门规定不需要备案登记的除外。依法定程序在国务院商务主管部门备案登记,取得对外贸易经营资格后,方可在国家允许的范围内从事对外贸易经营活动。国务院商务主管部门也可以对部分进出口商品实施国营贸易管理,或者在一定期限内对部分进出口商品实施国营贸易管理。可见,我国目前对对外贸易经营者的管理,实行的是备案登记制,并对部分关系国计民生货物的进出口实行国营贸易管理。目前,我国实行国营贸易管理的商品主要包括玉米、大米、煤炭、原油、成品油、棉花、锑及锑制品、钨及钨制品、白银等。

二、出入境检验检疫制度

根据《进出口商品检验法》《中华人民共和国进出境动植物检疫法》(以下简称《进出境动植物检疫法》)、《中华人民共和国食品卫生法》和《海关法》的规定,对进出境货物、物品进行检验、检疫。其国家主管部门是国家质量监督检验检疫总局。

我国出入境检验检疫制度内容包括进出口商品检验制度、进出境动植物检疫制度以及国境卫生监督制度。

(一)进出口商品检验制度

进出口商品检验制度是根据《进出口商品检验法》及其实施条例的规定,国家质量监督检验检疫总局及口岸出入境检验检疫机构对进出口商品所进行的品质、质量检验和监督管理的制度。我国商品检验的种类分为法定检验、合同检验、公证鉴定和委托检验。

为了保证进出口商品的质量,维护对外贸易有关各方的合法权益,促进对外经济贸易关系的发展,国家严把进出口商品质量关,将涉及安全、卫生、环保等进出口的商品,与国计民生关系重大的商品,列为法定的强制性检验商品,又称法定检验商品。凡列入《出入境检验检疫机构实施检验检疫的进出境商品目录》(以下简称《法检目录》)的进出境商品,必须向出入境检验检疫机构报检,实施检验检疫,海关凭出入境检验检疫机构签发的《中华人民共和国出入境检验检疫入境货物通关单》(以下简称《入境货物通关单》)或《中华人民共和国出入境检验检疫出境货物通关单》(以下简称《出境货物通关单》)验放。《入境货物通关单》和《出境货物通关单》实行"一批一证"制度,证面内容不得更改。国家规定对未列入《法检目录》的进出境商品,实施抽查检验。属于法检范围而未经检验检疫或经检验检疫后不合格的商品不准销售、使用,不准出口。

1. 入境货物通关单的适用范围

(1)列入《法检目录》的商品。

(2)外商投资财产价值鉴定(受国家委托,为了防止外商瞒骗对华投资额而对其以实物投资方式进口的投资设备的价值进行的鉴定)。

(3)进口可用作原料的废物。

(4)进口旧机电产品。

(5)进口货物发生短少、残损或其他质量问题需对外索赔时,其赔付的进境货物。

(6)进口捐赠的医疗器械。

(7)其他未列入《法检目录》,但国家有关法律、行政法规明确由出入境检验检疫机构负责检验检疫的入境货物或特殊物品等。

2. 出境货物通关单的适用范围

(1)列入《法检目录》的商品。

(2)出口纺织品标识。

(3) 对外经济技术援助物资及人道主义紧急救灾援助物资。

(4) 其他未列入《法检目录》,但国家有关法律、行政法规明确由出入境检验检疫机构负责检验检疫的出境货物。

(二) 进出境动植物检疫制度

进出境动植物检疫制度是根据《进出境动植物检疫法》及其实施条例的规定,国家质量监督检验检疫总局及口岸出入境检验检疫机构对进出境动植物,动植物产品的生产、加工、存放过程实施动植物检疫的进出境监督管理制度。其主要包括进境检疫、出境检疫、过境检疫、进出境携带和邮寄物品检疫以及出入境运输工具检疫。

为了防止动物传染病、寄生虫病和植物危险性病、虫、杂草以及其他有害生物传入、传出国境,保护农、林、牧、渔业生产和人体健康,促进对外经济贸易的发展,凡进出境动植物及其产品和其他检疫物,装载上述产品的容器、包装物,以及来自动植物疫区的运载工具都列入检疫范围。

(三) 国境卫生监督制度

国境卫生监督制度,是指出入境检验检疫机构根据《中华人民共和国国境卫生检疫法》及其实施细则,以及国家其他的卫生法律、法规和卫生标准,在进出口岸对出入境的交通工具、货物、运输容器以及口岸辖区的公共场所、环境、生活设施、生产设备所进行的卫生检查、鉴定、评价和采样检验的制度。

我国实行国境卫生监督制度是为了防止传染病由国外传入或者由国内传出,实施国境卫生检疫,保护人体健康。其监督职能主要包括进出境检疫、国境传染病检测、进出境卫生监督等。

三、进出口货物贸易外汇收支管理制度

对外贸易经营者在对外贸易经营活动中,应该按照国家有关规定结汇、用汇。国家外汇管理局依据国务院《中华人民共和国外汇管理条例》及其他有关规定,对包括经常项目外汇业务、资本项目外汇业务、金融机构外汇业务、人民币汇率的生成机制和外汇市场等领域实施的监督管理。

根据2012年8月1日在全国实施的货物贸易外汇管理制度改革的规定:国家对贸易项下国际支付不予限制。出口收入可以按规定调回境内或存放境外。境内机构的贸易外汇收支应当具有真实、合法的交易背景,与货物进出口一致。经营结汇、售汇业务的金融机构应当对企业提交的贸易进出口交易单证的真实性及其与贸易外汇收支的一致性进行合理审查。国家外汇管理局及其分支机构依法对上述事项进行监督检查。

(一) 改革后企业办理贸易外汇收支的新变化

1. 企业贸易外汇收支不再办理核销

对企业的贸易外汇管理方式由现场逐笔核销改变为非现场总量核查。国家外汇管理局将通过货物贸易外汇监测系统,全面采集企业货物进出口和贸易外汇收支逐笔数据,定期比对、评估企业货物流与资金流总体匹配情况,便利合规企业贸易外汇收支;对存在异常的企业进行重点监测,进行现场核查。

2. 将出口收汇企业纳入名录实施动态分类管理

国家外汇管理局将会建立进出口企业名录,根据企业外汇收支的合规性及其与货物进出口的一致性,将企业分为 A、B、C 三类。A 类企业进口付汇单证简化,可以凭《进口货物报关单》、合同或发票等任何一种能够证明交易真实性的单证在银行直接办理付汇;银行办理付汇审核手续也会相应简化。对 B 类企业、C 类企业在贸易外汇收支单证审核、业务类型、结算方式等方面实施严格监管,B 类企业贸易外汇收支由银行实施电子数据核查,C 类企业贸易外汇收支必须经国家外汇管理局逐笔登记《货物贸易外汇业务登记表》后办理。当然,企业在分类监管期内遵守外汇管理规定的,国家外汇管理局会进行相应的动态调整。

(二) 贸易外汇收入的审核流程

企业贸易外汇收入应当先进入出口收入待核查账户。

A 类企业:银行审核企业填写的申报单证并完成申报后,为企业办理待核查账户资金结汇或划出手续。

B 类企业:银行通过监测系统扣减企业对应的可收汇额度后,为企业办理待核查账户资金结汇或划出手续。超过出口可收汇额度的,凭国家外汇管理局出具的《货物贸易外汇业务登记表》办理收结汇。

C 类企业:凭国家外汇管理局出具的《货物贸易外汇业务登记表》办理收结汇。

四、贸易救济措施

根据 WTO 的规定,一国在对外贸易领域或在对外贸易过程中,国内产业由于受到不公平进口行为或过量进口的冲击,造成了不同程度的损害,可以采取三种合法的贸易救济措施,即反倾销措施、反补贴措施和保障措施。

(一) 反倾销措施

根据《对外贸易法》第四十一条的规定,其他国家或者地区的产品以低于正常价值的倾销方式进入我国市场,对已建立的国内产业造成实质损害或者产生实质损害威胁,或者对建立国内产业造成实质阻碍的,国家可以采取反倾销措施,消除或者减轻这种损害或者损害的威胁或者阻碍。我国依据 WTO 的关于《反倾销协议》、我国《对外贸易法》和《中华人民共和国反倾销条例》(以下简称《反倾销条例》),对在我国进行倾销并对我国国内产业造成实质性损害或实质性损害威胁的进口商品实施反倾销措施。

反倾销措施包括临时反倾销措施和最终反倾销措施。临时反倾销措施有两种形式:一是征收临时反倾销税;二是要求提供保证金、保函和其他形式的担保。

实施临时反倾销措施的期限不超过 4 个月,特殊情况下,可以延长至 9 个月。

对最终裁定为倾销成立并由此对国内产业造成损害的,可以征收反倾销税,作为最终反倾销措施。

临时反倾销措施和最终反倾销措施的实施,都由商务部提出建议,国务院关税税则委员会根据其建议作出决定,商务部予以公告,海关自公告规定实施之日起执行。

(二) 反补贴措施

根据《对外贸易法》第四十三条的规定,进口的产品直接或者间接地接受出口国家或者地区给予的任何形式的专向性补贴,对已建立的国内产业造成实质损害或者产生实质损害威胁,或者对建立国内产业造成实质阻碍的,国家可以采取反补贴措施,消除或者减轻这种损害或者损害的威胁或者阻碍。

反补贴措施包括临时反补贴措施和最终反补贴措施。临时反补贴措施采取以保证金或保函作为担保征收临时反补贴税的形式。实施临时反补贴措施的期限不超过 4 个月。

对最终裁定为补贴成立并由此对国内产业造成损害的,可以征收反补贴税,作为最终反补贴措施。

临时反补贴措施和最终反补贴措施的实施,都由商务部提出建议,国务院关税税则委员会根据其建议作出决定,商务部予以公告,海关自公告规定实施之日起执行。

(三) 保障措施

根据《对外贸易法》第四十四条的规定,因进口产品数量大量增加,对生产同类产品或者与其直接竞争的产品的国内产业造成严重损害或者严重损害威胁的,国家可以采取必要的保障措施,消除或者减轻这种损害或者损害的威胁,并可以对该产业提供必要的支持。保障措施分为临时保障措施和最终保障措施。有明确证据表明进口产品数量增加,在不采取临时保障措施将对国内产业造成难以补救的损害的紧急情况下,可以作出初裁决定,并采取临时保障措施。临时保障措施采取提高关税的形式。临时保障措施的实施期限,自临时保障措施决定公告规定实施之日起,不超过 200 天。

终裁决定确定进口产品数量增加,并由此对国内产业造成损害的,可以采取最终保障措施。实施保障措施应当符合公共利益。保障措施可以采取提高关税、数量限制等形式。最终保障措施的实施期限不超过 4 年。特殊情况需要延长的,其实施期限及其延长期限(包括临时保障措施期限),最长不超过 10 年。

第四节 我国贸易管制的主要管理措施及报关规范

对外贸易管制作为一项综合管理制度,所涉及的管理规定纷繁复杂,本节重点介绍我国贸易管制中最常见的进出口许可证管理的相关内容。

一、进出口许可证管理

进出口许可证管理,是指由商务部或者商务部会同国务院其他有关部门,依法制定并调整进出口许可证管理目录,以签发进出口许可证的形式对该目录商品实行的行政许可管理。商务部会同海关总署制定、调整和发布年度《进口许可证管理货物目录》及《出口许可证管理货物目录》,主要涉及本章第二节所述限制进出口的货物和技术。

进出口许可证的管理和发放由商务部统一领导,其发证机构包括:商务部配额许可证事务局(以下简称许可证局);商务部驻各地特派员办事处(以下简称特派办);商务部授权的地方主管部门发证机构[以下简称地方发证机构,包括各省、自治区、直辖市、计划单列市,以及商务部授权的其他省会城市商务厅(局)、外经贸委(厅、局)]。

进出口许可证是国家管理货物进出口的凭证,不得买卖、转让、涂改、伪造和变造。凡属于进出口许可证管理的货物,除了国家另有规定以外,对外贸易经营者应当在进口或出口前按规定向指定的发证机构申领进出口许可证,海关凭进出口许可证接受申报和验放。

(一)进口许可证

进口许可证是我国进出口许可证管理制度中具有法律效力,用来证明对外贸易经营者经营列入国家《进口许可证管理货物目录》商品合法进口的证明文件,是海关验放该类货物的重要依据。

1. 适用范围

2017年实行进口许可证管理的货物有重点旧机电产品和消耗臭氧层物质。

(1)重点旧机电产品。

重点旧机电产品包括旧化工设备、旧金属冶炼设备、旧工程机械、旧起重运输设备、旧造纸设备、旧电力电气设备、旧食品加工及包装设备、旧农业机械、旧印刷机械、旧纺织机械、旧船舶、旧硒鼓等十二大类。

(2)消耗臭氧层物质。

消耗臭氧层物质包括三氯乙烷、溴甲烷等在内的49个商品编码的商品。

许可证局负责签发重点旧机电产品的进口许可证,地方发证机构负责签发消耗臭氧层物质的进口许可证,在京中央企业的进口许可证由许可证局签发。

2. 报关规范

(1)进口许可证的有效期为1年,当年有效。特殊情况需要跨年度使用时,有效期最长不得超过次年3月31日,逾期自行失效,海关不予放行。

(2)进口许可证不得擅自更改证面内容。若需更改,经营者应当在许可证有效期内提出更改申请,并将许可证交回原发证机构,由原发证机构重新换发许可证。

(3)进口许可证管理实行"一证一关"("一证一关",是指进口许可证只能在一个海关报关)管理。一般情况下,进口许可证为"一批一证"("一批一证",是指进口许可证在有效期内一次报关使用),消耗臭氧层物质的进口许可证即实行"一批一证"制。若要实行"非一批一证"("非一批一证",是指进口许可证在有效期内可多次报关使用),应当同时在进口许可证备注栏内打印"非一批一证"字样,但最多不超过12次,由海关在许可证背面"海关验放签注栏"内逐批签注核减进口数量。

(二)出口许可证

出口许可证是我国进出口许可证管理制度中具有法律效力,用来证明对外贸易经营者经营列入国家《出口许可证管理货物目录》商品合法出口的证明文件,是海关验放该类货物的重要依据。

1. 适用范围

2017年实行出口许可证管理的44种货物,分别实行出口配额许可证、出口配额招标和出口许可证管理。其中,凡实行出口配额许可证管理和出口许可证管理的货物,除了国家另有规定以外,对外贸易经营者应当在出口前按规定向指定的发证机构申领出口许可证,海关凭出口许可证接受申报和验放。

(1)实行出口配额许可证管理的货物有小麦、玉米、大米、小麦粉、玉米粉、大米粉、棉花、锯材、活牛(对港澳)、活猪(对港澳)、活鸡(对港澳)、煤炭、原油、成品油(不含润滑油、润滑脂、润滑油基础油)、白银、磷矿石。

(2) 实行出口配额招标的货物有蔺草及蔺草制品、滑石块(粉)、镁砂、甘草及甘草制品。

(3) 实行出口许可证管理的货物有活牛(对港澳以外市场)、活猪(对港澳以外市场)、活鸡(对港澳以外市场)、牛肉、猪肉、鸡肉、矾土、稀土、铟及铟制品、锡及锡制品、锑及锑制品、成品油(润滑油、润滑脂、润滑油基础油)、焦炭、石蜡、钨及钨制品、碳化硅、消耗臭氧层物质、铂金(以加工贸易方式出口)、部分金属及制品、钼及钼制品、天然砂(含标准砂)、柠檬酸、青霉素工业盐、维生素C、硫酸二钠、氟石(萤石)、摩托车(含全地形车)及其发动机和车架、汽车(包括成套散件)及其底盘。

对港澳地区出口的活牛、活猪、活鸡实行全球许可证下的国别(地区)配额许可证管理;对港、澳、台地区出口天然砂实行出口许可证管理,对标准砂实行全球出口许可证管理。

对玉米、大米、煤炭、原油、成品油、棉花、锑及锑制品、钨及钨制品、白银实行国营贸易管理。

许可证局负责签发以下货物的出口许可证,即玉米、小麦、棉花、煤炭、原油、成品油。

特派办负责签发以下货物的出口许可证,即大米、玉米粉、小麦粉、大米粉、锯材、活牛、活猪、活鸡、稀土、锑及锑制品、钨及钨制品、锡及锡制品、白银、铟及铟制品、钼、磷矿石、蔺草及蔺草制品、滑石块(粉)、镁砂、甘草及甘草制品、铂金(以加工贸易方式出口)、天然砂(含标准砂)。

地方发证机构负责签发以下20种货物的出口许可证,即冰鲜牛肉、冻牛肉、冰鲜猪肉、冻猪肉、冰鲜鸡肉、冻鸡肉、消耗臭氧层物质、石蜡、部分金属及制品、汽车(包括成套散件)及其底盘、摩托车(含全地形车)及其发动机和车架、钼制品、柠檬酸、青霉素工业盐、维生素C、硫酸二钠、氟石、焦炭、碳化硅、矾土;在京中央企业的出口许可证由许可证局签发。实行出口配额招标的货物,无论采用何种贸易方式,各授权发证机构均凭商务部下发的中标企业名单及其中标数量和招标办公室出具的《申领配额招标货物出口许可证证明书》签发出口许可证。

2. 报关规范

(1) 出口许可证的有效期最迟不得超过6个月,且有效期截止时间不得超过当年12月31日。

(2) 出口许可证不得擅自更改证面内容。如需更改,经营者应当在许可证有效期内提出更改申请,并将许可证交回原发证机构,由原发证机构重新换发许可证。

(3) 出口许可证管理实行"一证一关"制、"一批一证"制和"非一批一证"制。实行"非一批一证"制的,签发出口许可证时应在备注栏内注明"非一批一证",但最多不超过12次,由海关在许可证背面"海关验放签注栏"内逐批签注核减进口数量。实行"非一批一证"制的货物包括:外商投资企业出口货物;加工贸易方式出口货物、补偿贸易方式出口货物,以及其他出口货物,包括大米、玉米、小麦、大米粉、玉米粉、小麦粉、活牛、活猪、活鸡、牛肉、猪肉、鸡肉、原油、成品油、煤炭、汽车(包括成套散件)及其底盘、摩托车(含全地形车)及其发动机和车架。

(4) 溢短装数量规定。

溢短装货物应为大宗、散装货物,溢装数量不得超过出口许可证所列出口数量的5%,其中原油、成品油溢装数量不得超过其出口许可证所列数量的3%。对不实行"一批一证"制的大宗、散装货物,每批货物出口时,按其实际出口数量进行核扣,最后一批出口货物出口时,其溢装数量按该许可证实际剩余数量并在规定的溢装上限5%内计算。

二、自动进口许可证管理

自动进口许可证主要涉及我国自由进出口的货物和技术。商务部根据监测货物进口情况的需要,对部分自由进口货物实行自动许可证管理。许可证局、各地特派办、地方发证机构及地方机电产品进出口机构负责自动进口许可证管理和自动进口许可证的签发工作。目前涉及的管理目录是商务部公布的《自动进口许可管理货物目录》,对应的许可证件为《中华人民共和国自动进口许可证》(以下简称《自动进口许可证》)。

（一）适用范围

2017年商务部公布的《自动进口许可管理货物目录》分为两个管理目录,包括非机电商品和机电商品两大类。

1. 非机电类商品

非机电类商品包括牛肉、成品油、大豆、豆粕、二醋酸纤维丝束、钢材、化肥、铝土矿、煤、奶粉、肉鸡、食糖、铁矿石、铜精矿、鲜奶、烟草、羊肉、氧化铝、油菜籽、原油、植物油、猪肉、大麦、高粱、玉米酒糟、木薯,共二十六类商品。

2. 机电类商品

机电类商品包括游戏机、移动通信产品、烟草机械、卫星广播、电视设备及关键部件、汽车产品、飞机、汽轮机、船舶、电气设备、发动机(非《商品名称及编码协调制度》第87章车辆用)及关键部件、纺织机械、飞机、工程机械、化工装置、金属加工机床、金属冶炼及加工设备、汽车产品、食品机械、水轮机及其他动力装置、铁路机车、医疗设备、造纸机械,共二十三类商品。

进口列入上述目录的商品,在办理报关手续时必须向海关提交《自动进口许可证》,但下列情形免交:

（1）加工贸易项下进口并复出口的(原油、成品油除外);

（2）外商投资企业作为投资进口或者投资额内生产自用的(旧机电产品除外);

（3）货样广告品、实验品进口,每批次价值不超过5 000元人民币的;

（4）暂时进口的海关监管货物;

（5）进入保税区、出口加工区等海关特殊监管区域及进入保税仓库、保税物流中心的属自动进口许可证管理的货物;

（6）加工贸易项下进口的不作价设备监管期满后留在原企业使用的;

（7）国家法律、法规规定其他免领《自动进口许可证》的。

（二）报关规范

（1）《自动进口许可证》的有效期为6个月,但仅限公历年度内有效。

（2）《自动进口许可证》项下货物原则上实行"一批一证"管理,对部分货物也可以实行"非一批一证"管理。对实行"非一批一证"管理的,在有效期内可以分批次累计报关使用,但累计使用不得超过 6 次;海关在《自动进口许可证》原件"海关验放签注栏"内批注后,海关留存复印件,最后一次使用后,海关留存正本。同一进口合同项下,收货人可以申请并领取多份《自动进口许可证》。

(3) 溢短装数量规定。

海关对散装货物溢短装数量在货物总量±5%以内的予以免证验放;对原油、成品油、化肥、钢材四种大宗货物的散装货物溢短装数量在货物总量±3%以内予以免证验放。对"非一批一证"进口实行自动进口许可证管理的大宗散装商品,每批货物进口时,按其实际进口数量核扣自动进口许可证额度数量;最后一批货物进口时,其溢装数量按该《自动进口许可证》实际剩余数量并在规定的允许溢装上限内计算。

三、两用物项和技术进出口许可证管理

两用物项和技术,是指《核出口管制条例》《核两用品及相关技术出口管制条例》《导弹及相关物项和技术出口管制条例》《生物两用品及相关设备和技术出口管制条例》《中华人民共和国监控化学品管制条例》(以下简称《监控化学品管制条例》)、《易制毒化学品管理条例》《放射线同位素与射线装置安全和防护条例》及《有关化学品及相关设备和技术出口管制办法》等相关行政法规所附清单和名录以及国家依据相关法律、行政法规予以管制、临时管制或特别管制的物项和技术。

(一) 适用范围

依据我国《对外贸易法》《海关法》和相关行政法规的规定,国家对两用物项和技术的进出口实行进出口许可证管理。商务部配额许可证事务局和受商务部委托的省级商务主管部门为两用物项和技术进出口许可证发证机构。

2017 年列入《两用物项和技术进口许可证管理目录》的商品包括三类:监控化学品管理条例监控名录所列物质(67 种);易制毒化学品(43 种);放射性同位素(10 种)。

列入《两用物项和技术出口许可证管理目录》的商品包括八类:核出口管制清单所列物项和技术(159 种);核两用品及相关技术出口管制清单所列物项和技术(202 种);生物两用品及相关设备和技术出口管制清单所列物项和技术(144 种);监控化学品管理条例名录所列物项(67 种);有关化学品及相关设备和技术出口管制清单所列物项和技术(37 种);导弹及相关物项和技术出口管制清单所列物项和技术(186 种);易制毒化学品(60 种);部分两用物项和技术(6 种)。

如果出口经营者拟出口的物项和技术存在被用于大规模杀伤性武器及其运载工具风险的,无论该物项和技术是否列入《两用物项和技术出口许可证管理目录》,都应当申请办理《中华人民共和国两用物项和技术出口许可证》(以下简称《两用物项和技术出口许可证》)。出口经营者在出口过程中,若发现拟出口的物项和技术存在被用于大规模杀伤性武器及其运载工具风险的,应及时向国务院相关行政主管部门报告,并积极配合采取措施中止合同的执行。

(二) 报关规范

(1)《中华人民共和国两用物项和技术进口许可证》(以下简称《两用物项和技术进口许可证》)实行"非一批一证"制和"一证一关"制,《两用物项和技术出口许可证》实行"一批一证"制和"一证一关"制。

(2) 两用物项和技术进出口许可证的有效期一般不超过1年。两用物项和技术进出口许可证跨年度使用时,在有效期内只能使用到次年3月31日。

(3) "一批一证"制的大宗、散装的两用物项在报关时溢装数量不得超过《两用物项和技术出口许可证》所列出口数量的5%。

(4) "非一批一证"制的大宗、散装两用物项,每批进口时,按其实际进口数量进行核扣,最后一批进口物项报关时,其溢装数量按该《两用物项和技术进出口许可证》实际剩余数量并在规定的溢装上限5%内计算。

(5) 两用物项和技术进出口许可证仅限于申领许可证的进出口经营者使用。两用物项和技术进出口许可证不得买卖、转让、涂改、伪造和变造。

(6) 两用物项和技术进出口许可证一经签发,任何单位和个人不得更改证面内容。若需对证面内容进行更改,进出口经营者应当在许可证有效期内向相关行政主管部门重新申请进出口许可证,并凭原许可证和新的批准文件向发证机构申领两用物项和技术进出口许可证。

(7)《两用物项和技术进口许可证》证面的进口商、收货人应分别与《中华人民共和国海关进口货物报关单》(以下简称《进口货物报关单》)的经营单位、收货单位相一致,《两用物项和技术出口许可证》证面的出口商、发货人应分别与《中华人民共和国海关出口货物报关单》(以下简称《出口货物报关单》)的经营单位、发货单位相一致。

四、固体废物进口管理

进口固体废物管理是国务院环境保护行政主管部门根据《中华人民共和国固体废物污染环境防治法》《控制危险废物越境转移及其处置的巴塞尔公约》以及《固体废物进口管理办法》等法律、法规,对进口固体废物所实施的禁止、限制以及自动许可措施的总和。

（一）适用范围

固体废物,是指在生产、生活和其他活动中产生的丧失原有利用价值或者虽未丧失利用价值但被抛弃或者放弃的固态、半固态、液态和置于容器中的气态的物品、物质以及法律、行政法规规定纳入固体废物管理的物品、物质。

国家环境保护部是进口废物的国家主管部门,会同国务院商务主管部门制定、调整并公布《限制进口类可用作原料的废物目录》及《自动进口许可管理类可用作原料的废物目录》,对未列入上述两个目录的固体废物禁止进口。

国家禁止进口的废物包括:危险废物;经中华人民共和国过境转移危险废物;以热能回收为目的进口的固体废物;进口不能用作原料或者不能以无害化方式利用的固体废物;进口境内产生量或者堆存量大且尚未得到充分利用的固体废物;进口尚无适用国家环境保护控制标准或者相关技术规范等强制性要求的固体废物;以凭指示交货(To Order)方式承运固体废物入境。

（二）报关规范

(1) 我国对进口固体废物实施分类目录管理,分别实施禁止进口、限制进口和自动许可进口三类管理。国务院环境保护行政主管部门会同国务院商务主管部门、国务院经济综合宏观调控部门、海关总署、国务院质量监督检验检疫部门制定、调整并公布禁止进口、限制进口和自动许可进口的固体废物目录。

（2）禁止进口列入《禁止进口固体废物目录》的固体废物。进口列入《限制进口类可用作原料的废物目录》或者《自动进口许可管理类可用作原料的废物目录》的固体废物，必须取得固体废物进口相关许可证。进口固体废物必须符合进口可用作原料的固体废物环境保护控制标准或者相关技术规范等强制性要求。经检验检疫，不符合进口可用作原料的固体废物环境保护控制标准或者相关技术规范等强制性要求的固体废物，不得进口。

（3）国家对进口可用作原料的固体废物的国内收货人和国外供货商均实行注册登记制度。进口可用作原料的固体废物的国内收货人在签订对外贸易合同前，应当取得国务院质量监督检验检疫部门颁发的注册登记证书。向中国出口可用作原料的固体废物的国外供货商，应当取得国务院质量监督检验检疫部门颁发的注册登记证书。

（4）申请和审批进口固体废物，按照风险最小化原则，实行"就近口岸"报关。

（5）《中华人民共和国限制进口类可用作原料的固体废物进口许可证》（以下简称《固体废物进口许可证》）当年有效，逾期失效。如果因故在有效期内未使用完的，利用企业应当在有效期届满30日前向发证机关提出延期申请。发证机关扣除已使用的数量后，重新签发该许可证，并在备注栏中注明"延期使用"和原证证号。固体废物进口相关许可证只能延期1次，延期最长不超过60日。

（6）《固体废物进口许可证》实行"一证一关"管理。一般情况下《固体废物进口许可证》为"非一批一证"制，若要实行"一批一证"，应当同时在固体废物进口相关许可证备注栏内打印"一批一证"字样。

（7）"非一批一证"《固体废物进口许可证》在有效期内可以多次报关使用，由海关逐批签注核减进口数量，最后一批进口时，允许溢装上限为固体废物进口许可证实际余额的3%，且不论是否仍有余额，海关将在签注后留存正本存档。

（8）禁止中华人民共和国境外的固体废物进境倾倒、堆放、处置；禁止固体废物转口贸易；未取得固体废物进口相关许可证的进口固体废物不得存入海关监管场所；除了另有规定以外，进口固体废物不得办理转关手续（废纸除外）。

（三）报关流程

（1）对进口固体废物，由国务院质量监督检验检疫部门指定的装运前检验机构实施装运前检验；检验合格的，出具装运前检验证书。

（2）进口的固体废物运抵《固体废物进口许可证》列明的口岸后，国内收货人应当持固体废物进口相关许可证报检验检疫联、装运前检验证书以及其他必要的单证，向口岸出入境检验检疫机构报检。

（3）出入境检验检疫机构经检验检疫，对符合国家环境保护控制标准或者相关技术规范等强制性要求的，出具《入境货物通关单》，并备注"经初步检验检疫，未发现不符合国家环境保护控制标准要求的物质"；对不符合国家环境保护控制标准或者相关技术规范等强制性要求的，出具《中华人民共和国出入境检验检疫处理通知书》（以下简称《检验检疫处理通知书》），并及时通知口岸海关和口岸所在地省、自治区、直辖市环境保护行政主管部门。

（4）口岸所在地省、自治区、直辖市环境保护行政主管部门收到进口固体废物检验检疫不合格的通知后，应当及时通知利用企业所在地省、自治区、直辖市环境保护行政主管部门和国务院环境保护行政主管部门。

（5）对于检验结果不服的，申请人应当根据进出口商品复验工作的有关规定申请复验。国务院质量监督检验检疫部门或者出入境检验检疫机构可以根据检验工作的实际情况，会同同级环境保护行政主管部门共同实施复验工作。

（6）除了另有规定以外，对限制进口类或者自动许可进口类可用作原料的固体废物，应当持《固体废物进口许可证》和出入境检验检疫机构出具的《入境货物通关单》等有关单证向海关办理进口验放手续。

五、进口关税配额管理

关税配额，是指把征收关税和进口配额相结合的一种限制进口的措施。对商品的绝对数额不加限制，而在一定的时间内、对规定的关税配额以内的进口商品给予低税、减税或免税的待遇，对超过配额的进口商品则征收较高的关税、附加税或罚款。按商品的来源不同，关税配额可以分为全球性关税配额和国别关税配额；按征收关税的优惠性质不同，关税配额可以分为优惠性关税配额和非优惠性关税配额。

（一）进口关税配额管理的范围

目前，我国实施进口关税配额管理的商品主要有农产品和工业品两大类。其中，农产品包括小麦、玉米、稻谷、大米、棉花、食糖、羊毛及毛条；工业品包括尿素、磷酸氢二铵，含氮磷钾三种肥效元素的矿物质及化学肥等三种农用肥料。

（二）进口关税配额管理的实施

1. 实施关税配额管理的农产品

（1）农产品进口关税配额为全球配额，其主管部门为商务部、国家发展和改革委员会（以下简称国家发展改革委）。

海关凭着商务部、国家发展改革委各自授权机构向最终用户发放的、并加盖"商务部农产品进口关税配额证专用章"或"国家发展和改革委员会农产品进口关税配额证专用章"的《中华人民共和国农产品进口关税配额证》（以下简称《农产品进口关税配额证》）办理验放手续。

（2）《农产品进口关税配额证》实行"一证多批"制，最终用户需分批进口的，凭《农产品进口关税配额证》可以多次办理通关手续，直至海关核准栏填满为止。其有效期为每年的1月1日起至当年的12月31日，若需延期，应向原发证机构申请办理换证，但延期最迟不得超过下一年2月底。

（3）农产品进口关税配额的申请期为每年的10月15—30日，商务部、国家发展改革委分别于申请期前1个月在有关报刊及网站上公布每种农产品下一年度进口关税配额总量、关税配额申请条件及产品的税则和适用税率。

① 食糖、羊毛、毛条由商务部公布并由商务部授权机构负责受理本地区内申请。

② 小麦、玉米、大米、棉花由国家发展改革委公布并由国家发展改革委授权机构负责受理本地区内的申请。

2. 实施关税配额管理的工业品

（1）化肥进口关税配额为全球配额，商务部负责全国化肥关税配额管理工作。关税配额内化肥进口时,海关凭进口单位提交的《化肥进口关税配额证明》,按配额内税率征税,并验放货物。

(2) 商务部负责在化肥进口关税总量内,对化肥进口关税配额进行分配。商务部于每年的9月15日至10月14日公布下一年度的关税配额数量。申请单位应当在每年的10月15—30日向商务部提出化肥关税配额的申请,商务部于每年的12月31日前将化肥关税配额分配到进口用户。

六、野生动植物种进出口管理

根据《中华人民共和国森林法》《中华人民共和国野生动物保护法》《中华人民共和国野生植物保护条例》以及《濒危野生动植物种国际贸易公约》等相关法律、法规,中华人民共和国濒危物种进出口管理办公室会同国家其他部门,依法制定或调整《进出口野生动植物种商品目录》并以签发《濒危野生动植物种国际贸易公约允许进出口证明书》(以下简称《公约证明》)、《中华人民共和国濒危物种进出口管理办公室野生动植物允许进出口证明书》(以下简称《非公约证明》)或《非〈进出口野生动植物种商品目录〉物种证明》(以下《简称非物种证明》)的形式,对该目录列明的依法受保护的珍贵、濒危野生动植物及其产品实施的进出口限制管理。

凡进出口列入《进出口野生动植物种商品目录》的野生动植物或其产品,必须严格按照有关法律、行政法规的程序进行申报和审批,并在进出口报关前取得中华人民共和国濒危物种进出口管理办公室或其授权的办事处签发的公约证明或非公约证明后,向海关办理进出口手续。

(一) 公约证明管理范围及报关规范

1. 管理范围

对列入《进出口野生动植物种商品目录》中属于《濒危野生动植物种国际贸易公约》成员国(地区)应履行保护义务的物种,无论以何种方式进出口,均须事先申领《公约证明》。

2. 报关规范

(1) 报关单位应于进口时,主动向海关提交有效的《公约证明》及其他有关单据。

(2)《公约证明》实行"一批一证"制度。

(二) 非公约证明管理范围及报关规范

1. 管理范围

对列入《进出口野生动植物种商品目录》中属于我国自主规定管理的野生动植物及其产品,无论以何种方式进出口,均须事先申领《非公约证明》。

2. 报关规范

(1) 报关单位应于进口时,主动向海关提交有效的《非公约证明》及其他有关单据。

(2)《非公约证明》实行"一批一证"制度。

(三) 非物种证明管理范围及报关规范

1. 管理范围

《非物种证明》适用于未列入《进出口野生动植物种商品目录》的动植物物种的进出口,

以及列入该目录的非《濒危野生动植物种国际贸易公约》附录中的动植物物种的进口。

2. 报关规范

（1）《非物种证明》分"一次使用"和"多次使用"两种。

（2）一次使用的《非物种证明》的有效期自签发之日起不超过 6 个月。

（3）多次使用的《非物种证明》只适用于同一物种、同一货物类型、同一报关口岸多次进出口的野生动植物。多次使用的《非物种证明》的有效期截止到发证当年的 12 月 31 日。

（4）进出口企业必须按照《非物种证明》规定的口岸、方式、时限、物种、数量和货物类型等进出口野生动植物。

（5）对进出境货物或物品包装或说明中标注含有《进出口野生动植物种商品目录》所列野生动植物成分的，经营者应主动、如实向海关申报，海关按照实际含有该野生动植物的商品进行监管。

七、进出口药品管理

进出口药品管理是为了加强对药品进行监督管理，保证药品质量，保障人体用药安全，维护人民身体健康和用药合法权益，国家药品监督管理部门依照《中华人民共和国药品管理法》（以下简称《药品管理法》）、有关国际公约以及国家其他法规，对进出口药品实施监督管理的行政行为。

依照《药品管理法》、有关国际公约以及国家其他法规，国家食品药品监督管理总局会同国务院商务部主管部门对精神药品、麻醉药品、兴奋剂和一般药品依法制定并调整管理目录，以签发许可证的形式对其进出口加以管制。药品必须经由国务院批准的允许药品进口的口岸进口。目前，允许进口药品的口岸城市共有 19 个，即北京、天津、上海、大连、青岛、成都、武汉、重庆、厦门、南京、杭州、宁波、福州、广州、深圳、珠海、海口、西安、南宁。

（一）精神药品进出口的管理范围及报关规范

1. 管理范围

（1）进出口列入《精神药品管制品种目录》的药品，包含精神药品标准品及对照品，如咖啡因、去氧麻黄碱、复方甘草片等。

（2）对于列入《精神药品管制品种目录》的药品可能存在的盐、酯、醚，虽未列入该目录，但仍属于精神药品管制范围。

（3）任何单位以任何贸易方式进出口上述范围的药品，不论用于何种用途，均须事先申领《中华人民共和国国家药品食品监督管理总局精神药品进（出）口准许证》（以下简称《精神药品进（出）口准许证》）。

2. 报关规范

（1）向海关申报进口列入《精神药品管制品种目录》中的药品，报关单位应主动向海关提交有效的《精神药品进（出）口准许证》及其他有关单据。

（2）《精神药品进（出）口准许证》实行"一批一证"制度，证面内容不得自行更改，若需更改，应到国家食品药品监督管理总局办理换证手续。

（二）麻醉药品进出口的管理范围及报关规范

1. 管理范围

（1）进出口列入《麻醉药品管制品种目录》的麻醉药品，包括鸦片、可卡因、大麻、吗啡、海洛因及合成麻醉药类及其他易成瘾癖的药品、药用原植物及其制剂等。

（2）任何单位以任何贸易方式进出口列入《麻醉药品管制品种目录》的药品，不论用于何种用途，均须事先申领《中华人民共和国国家药品食品监督管理总局麻醉药品进（出）口准许证》（以下简称《麻醉药品进（出）口准许证》）。

2. 报关规范

（1）向海关申报进出口列入《麻醉药品管制品种目录》中的药品，报关单位应主动向海关提交有效的《麻醉药品进（出）口准许证》及其他有关单据。

（2）《麻醉药品进（出）口准许证》实行"一批一证"制度，证面内容不得自行更改，若需更改，应到国家食品药品监督管理总局办理换证手续。

（三）兴奋剂进出口的管理范围及报关规范

1. 管理范围

列入《兴奋剂目录》的药品包括蛋白同化制剂品种、肽类激素品种、麻醉药品品种、刺激剂（含精神药品）品种、药品类易制毒化学品品种、医疗用毒性药品品种和其他品种等七类。

2. 报关规范

（1）对列入《兴奋剂目录》中的"其他品种"，海关暂不按照兴奋剂实施管理。

（2）进出口蛋白同化制剂、肽类激素，进出口单位应当事先向国家食品药品监督管理总局申领进口准许证或出口准许证。

（3）进出口单位在办理报关手续时，应多提交一联报关单，并向海关申请签退该联报关单。海关凭药品进口准许证或出口准许证验放货物后，在该联报关单上加盖"验讫章"后退还进出口单位。进出口单位应当在海关验放后1个月内，将进口准许证或出口准许证的第一联，海关签章的报关单退回发证机关。

（4）进口准许证的有效期为1年，出口准许证的有效期不超过3个月（有效期限不跨年度）。取得药品进出口准许证后未进行相关进出口贸易，进出口单位应当于准许证有效期满后1个月内将原准许证退回发证机关。

（5）进出口准许证实行"一证一关"制度。因故延期进出口的，可以持原进出口准许证办理一次延期换证手续。

（6）个人因医疗需要携带或邮寄进出境自用合理数量范围内的蛋白同化制剂和肽类激素药品，凭医疗机构处方予以验放。

（四）一般药品进出口的管理范围及报关规范

1. 管理范围

（1）进口列入《进口药品目录》的药品，包括用于预防、治疗、诊断人的疾病，有目的地调节人的生理机能并规定有适应证、用法和用量的物质，包括中药材、中药饮品、中成药、化学原料药及其制剂、抗生素、生化药品、血清疫苗、血液制品和诊断等药品。

(2) 进口列入《生物制品目录》的商品,包括疫苗类、血液制品类及血源筛查用诊断制剂等。

(3) 首次在我国境内销售的药品。

(4) 进口暂未列入《进口药品目录》的原料药的单位,必须遵守《进口药品管理办法》中的各项有关规定,主动到各口岸药品检验所报验。

2. 报关规范

(1) 任何单位以任何贸易方式进口列入《进口药品目录》的药品,不论用于何种用途,均须事先申领《进口药品通关单》。

(2) 向海关申报进口列入《进口药品目录》中的药品,报关单位应主动向海关提交有效的《进口药品通关单》及其他有关单据。

(3)《进口药品通关单》仅限在其注明的口岸海关使用,并实行"一批一证"制,证面内容不得更改。

(4) 一般药品出口目前暂无特殊的管理要求。

八、其他货物进出口管理

(一) 黄金及其制品进出口管理

黄金及其制品进出口管理属于我国进出口许可管理制度中限制进出口管理范畴,中国人民银行总行为黄金及其制品进出口的管理机关。进口或出口列入《黄金及其制品进出口管理商品目录》的黄金及黄金制品通关时,应向海关提交中国人民银行及其分支机构签发的《中国人民银行黄金及黄金制品进出口准许证》。其中,黄金是指未锻造金,黄金制品是指半制成金和金制成品。

通过加工贸易方式进出的,保税区、出口加工区及其他海关特殊监管区域与境外之间进出的,特殊监管区域之间进出的,以维修、退运、暂时进出境方式进出境的黄金及其产品免予办理《中国人民银行黄金及黄金制品进出口准许证》。保税区、出口加工区及其他海关特殊监管区域与境内区外进出的黄金及其产品,应办理《中国人民银行黄金及黄金制品进出口准许证》。

(二) 美术品进出口管理

为了加强对美术品进出口经营活动、商业性美术品展览活动的管理,促进中外文化交流,丰富人民群众的文化生活,国家对美术品实施监督管理。文化部负责对美术品进出口经营活动的审批管理,海关负责对美术品进出境环节进行监管。

1. 管理范围

(1) 纳入进出口管理的美术品,是指艺术创作者以线条、色彩或者其他方式创作的具有审美意义的造型艺术作品,包括绘画、书法、雕塑、摄影、装置等作品,以及艺术创作者许可并签名的,数量在200件以内的复制品。

(2) 批量临摹的作品,工业化批量生产的美术品、手工艺品、工艺美术产品、木雕、石雕、根雕、文物等均不纳入美术品进行管理。

(3) 我国禁止含有下列内容的美术品进出境:违反《宪法》确定的基本原则的;危害国家

统一、主权和领土完整的;泄漏国家秘密、危害国家安全或者损害国家荣誉和利益的;煽动民族仇恨、民族歧视,破坏民族团结,或者侵害民族风俗习惯的;宣扬或者传播邪教、迷信的;扰乱社会秩序,破坏社会稳定的;宣扬或者传播淫秽、色情、赌博、暴力、恐怖或者教唆犯罪的;侮辱或者诽谤他人、侵害他人合法权益的;蓄意篡改历史、严重歪曲历史的;危害社会公德或者有损民族优秀文化传统的;法律、行政法规和国家规定禁止的其他内容。

2. 报关规范

(1) 我国对美术品进出口实行专营管理,经营美术品进出口的企业必须是在商务部门备案登记,取得进出口资质的企业。

(2) 向海关申报进出口管理范围内的美术品,报关单位应主动提交有效的进出口批准文件及其他有关单据。

(3) 在美术品进出口前,进出口单位应向美术品进出口口岸所在地的省级文化行政部门提出申请,并提交有关的资料。

(4) 文化行政部门的批准文件,不得伪造、涂改、出租、出借、出售或者以其他任何形式转让。

(5) 同一批已经批准进口或出口的美术品复出口或复进口,进出口单位可以持原批准文件正本到原进口或出口口岸海关办理相关手续,文化行政部门不再重复审批。

(三) 音像制品进口管理

为了加强对音像制品进口的管理,促进国际文化交流与合作,丰富人民群众的文化生活,根据《音像制品管理条例》《音像制品进口管理办法》及其他有关规定,我国对音像制品实行进口许可管制。国家新闻出版广电总局负责全国音像制品进口的监督管理和内容审查等工作,县级以上地方人民政府新闻出版行政部门负责本行政区域内的进口音像制品的监督管理工作,各级海关在其职责范围内负责音像制品进口的监督管理工作。

1. 管理范围

(1) 进口音像制品,是指从外国进口音像制品成品和进口用于出版及其他用途的音像制品,包括录有内容的录音带、录像带、唱片、激光唱盘、激光视盘等。

(2) 音像制品用于广播电视播放的,适用广播电视法律、行政法规。

(3) 国家禁止进口有下列内容的音像制品:反对《宪法》确定的基本原则的;危害国家统一、主权和领土完整的;泄漏国家秘密、危害国家安全或者损害国家荣誉和利益的;煽动民族仇恨、民族歧视,破坏民族团结,或者侵害民族风俗、习惯的;宣扬邪教、迷信的;扰乱社会秩序,破坏社会稳定的;宣扬淫秽、赌博、暴力或者教唆犯罪的;侮辱或者诽谤他人,侵害他人合法权益的;危害社会公德或者民族优秀文化传统的;有法律、行政法规和国家规定禁止的其他内容的。

(4) 音像制品应在进口前报国家新闻出版广电总局进行内容审查,审查批准取得《进口音像制品批准单》后方可进口。

(5) 国家对设立音像制品成品进口单位实行许可制度,音像制品成品进口业务由国家新闻出版广电总局批准的音像制品成品进口单位经营;未经批准,任何单位或者个人不得从事音像制品成品进口业务。

2. 报关规范

(1) 音像制品进口单位,应在进口前报国家新闻出版广电总局进行内容审查,进口单位不得擅自更改报送国家新闻出版广电总局进行内容审查样片原有的名称和内容。

(2) 国家新闻出版广电总局自受理进口音像制品申请之日起 30 日内作出批准或者不批准的决定。批准的发给《进口音像制品批准单》;不批准的,应当说明理由。

(3) 图书馆、音像资料馆、科研机构、学校等单位进口供研究、教学参考的音像制品成品,应当委托国家新闻出版广电总局批准的音像制品成品进口经营单位办理进口审批手续。

(4) 向海关申报进口音像制品,报关单位应主动向海关提交有效的《进口音像制品批准单》及其他有关单据。

(5)《进口音像制品批准单》的内容不得更改,若需修改,应重新办理。

(6)《进口音像制品批准单》一次报关使用有效,不得累计使用。其中,属于音像制品成品的,批准单当年有效;属于用于出版的音像制品的,批准单的有效期为 1 年。

(7) 在经批准进口出版的音像制品版权授权期限内,音像制品进口经营单位不得进口该音像制品成品。

(8) 随机器设备同时进口以及进口后随机器设备复出口的记录操作系统、设备说明、专用软件等内容的音像制品,无须申领《进口音像制品批准单》,海关凭进口单位提供的合同、发票等有效单证验放。

(四) 密码产品和含有密码技术的设备进口许可证管理

国家对密码产品和含有密码技术的设备实行限制进口管理。

国家密码管理局会同海关总署公布了《密码产品和含有密码技术的设备进口管理目录》,以签发《密码产品和含有密码技术设备进口许可证》的形式,对该类产品实施进口限制管理。进口目录所列商品均实行《密码产品和含有密码技术设备进口许可证》管理。进口单位应持国家密码管理局颁发的《密码产品和含有密码技术设备进口许可证》向海关办理通关手续。

1. 管理范围

列入《密码产品和含有密码技术的设备进口管理目录》第一批,以及虽未列入目录但含有密码技术的进口产品。

列入《密码产品和含有密码技术的设备进口管理目录》第一批的商品有加密传真机、加密电话机、加密路由器、非光通信加密以太网络交换机、密码机(包括电话密码机、传真密码机等)和密码卡共六类。

2. 报关规范

(1) 有下列情形之一的,免于提交《密码产品和含有密码技术设备进口许可证》:

① 加工贸易项下为复出口而进口目录所列商品的;

② 由海关监管,暂时进口后复出口的;

③ 从境外进入保税区、出口加工区及其他海关特殊监管区域和保税监管场所及在海关特殊监管区域、保税监管场所之间进口目录所列商品的。

(2) 从海关特殊监管区域、保税监管场所进入境内区外,需交验《密码产品和含有密码技术设备进口许可证》。

(3) 进口单位知道或者应当知道其所进口的商品含有密码技术,但暂未列入目录的,也应当申领《密码产品和含有密码技术设备进口许可证》。进口时,进口单位应主动向海关提交《密码产品和含有密码技术设备进口许可证》。

(4) 进口环节发现应提交而未提交《密码产品和含有密码技术设备进口许可证》的,海关按有关规定进行处理。

(五) 民用爆炸物品进出口管理

为了加强对民用爆炸物品进出口的管理,维护国家经济秩序,保障社会公共安全,根据《民用爆炸物品安全管理条例》,国家对民用爆炸物品实施进出口限制管理。工业和信息化部负责民用爆炸物品进出口的审批。公安机关负责民用爆炸物品境内运输的安全监督管理。海关负责民用爆炸物品进出口环节的管理。

1. 管理范围

列入管理的民用爆炸物品,是指用于非军事目的、列入《民用爆炸物品品名表》的各类火药、炸药及其制品和雷管、导火索等点火、起爆器材。

2. 报关规范

(1) 进出口民用爆炸物品,应当依照规定逐单申请办理审批手续。严禁进出口未经工业和信息化部核发"民用爆炸物品进(出)口审批单"的民用爆炸物品。

(2) 取得《民用爆炸物品生产许可证》的企业可以申请进口用于本企业生产的民用爆炸物品原材料(含半成品),出口本企业生产的民用爆炸物品(含半成品);取得《民用爆炸物品销售许可证》的企业可以申请进出口其《民用爆炸物品销售许可证》核定品种范围内的民用爆炸物品。

(3) 国家禁止进口或者明令淘汰的民用爆炸物品,工业和信息化部不予批准进口。

(4) 进出口企业应当将获准进出口的民用爆炸物品的品种和数量等信息向收货地或者出境口岸所在地县级人民政府公安机关备案,并同时向所在地省级民用爆炸物品行业主管部门备案。

(5) 企业进出口民用爆炸物品的,凭"民用爆炸物品进(出)口审批单"向口岸海关办理进出口手续。

(6) "民用爆炸物品进(出)口审批单"实行"一批一单"和"一单一关"管理。

(7) 海关无法确定进出口物品是否属于民用爆炸物品的,由进出口企业将物品样品送交具有民用爆炸物品检测资质的机构鉴定,海关依据有关鉴定结论实施进出口管理。

(8) 民用爆炸物品在海关特殊监管区域或者场所与境外之间进出的,应当依据规定办理审批手续,接受监督和管理。

(六) 有毒化学品进出口管理

有毒化学品,是指进入环境后通过环境蓄积、生物累积、生物转化或化学反应等方式损害健康和环境,或者通过接触对人体具有严重危害和具有潜在危险的化学品。

为了保护人体健康和生态环境,加强有毒化学品进出口的环境管理,环境保护部和海关总署根据《关于化学品国际贸易资料交换的伦敦准则》,发布了《中国禁止或严格限制进出口的有毒化学品名录》,对有毒化学品进出口进行监督管理。海关对列入该名录的有毒化学品的进出口凭环境保护部签发的《有毒化学品进出口环境管理放行通知单》验放。

（七）农药进出口管理

农业部主管农药进出口的监督管理。我国对进出口农药实施目录管理，由农业部会同海关总署依据《农药管理条例》和《关于在国际贸易中对某些危险化学品和农药采取事先知情同意程序的鹿特丹公约》，制定《中华人民共和国进出口农药登记证明管理目录》。进出口列入上述目录的农药，应事先向农业部农药检定所申领《农药进出口登记管理放行通知单》，凭以向海关办理进出口报关手续。

《农药进出口登记管理放行通知单》实行"一批一证"管理。一经签发，任何单位或个人不得修改证明内容，若需变更证明内容，应在有效期内将原证交回农业部农药检定所，申请重新办理《农药进出口登记管理放行通知单》。

（八）兽药进口管理

农业部主管兽药的进口监督管理。

进口兽药实行目录管理，农业部会同海关总署制定、调整并公布《进口兽药管理目录》。进口列入目录内的兽药，进口单位应向进口口岸所在地省级人民政府兽医行政管理部门申请办理《进口兽药通关单》，凭此向海关办理报关手续。

《进口兽药通关单》实行"一单一关"制，在30日有效期内只能一次性使用。

对进口同时列入《进口药品目录》的兽药，报关单位应主动向海关出具《进口兽药通关单》，海关免予验核《进口药品通关单》。

本章小结

1. 对外贸易管制，是指一国政府为了国家的宏观经济利益、国内外政策需要以及履行所缔结或加入国际条约的义务，确定实行各种管制制度、设立相应管制机构和规范对外贸易活动的总称。

2. 我国对外贸易管制制度是一种综合管理制度，主要由海关监管制度、关税制度、对外贸易经营者的资格管理制度、进出口许可制度、出入境检验检疫制度、进出口货物贸易外汇收支管理制度以及贸易救济制度等构成。

3. 进口许可证的有效期为1年，当年有效。特殊情况需要跨年度使用时，有效期最长不得超过次年3月31日。出口许可证的有效期为6个月，且有效期截止时间不得超过当年12月31日。《自动进口许可证》的有效期为6个月，仅限公历年度内有效。

4. 2012年8月1日起，国家对企业的贸易外汇管理方式由现场逐笔核销改变为非现场总量核查。国家外汇管理局将通过货物贸易外汇监测系统，全面采集企业货物进出口和贸易外汇收支逐笔数据，定期比对、评估企业货物流与资金流总体匹配情况，便利合规企业贸易外汇收支；对存在异常的企业进行重点监测，进行现场核查。

5. 我国对外贸易救济措施主要包括反倾销措施、反补贴措施和保障措施。

6. 固体废物进口管理由环境保护部负责。野生动植物种进出口管理由国家濒危物种进出口管理办公室主要负责。精神药品和麻醉药品进出口管理由国家食品药品监督管理总局负责。黄金及其制品进出口管理由中国人民银行总行负责。美术品进出口管理由文化部负责。音像制品进口管理由国家新闻出版广电总局负责。密码产品和含有密码技术的设备进口管理由国家密码管理局负责。民用爆炸物品进出口管理由工业和信息化部负责审批。有毒化学品进出口管理由环境保护部负责。农药进出口管理和兽药进口管理由农业部负责。

本章知识点结构图

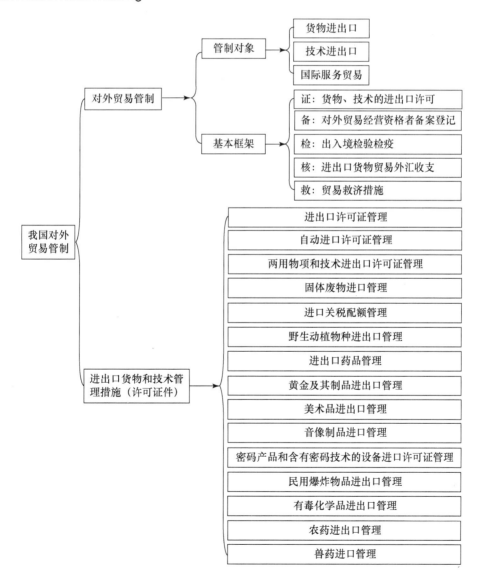

本章习题

一、单项选择题

1. 2017年实施进口许可证管理的货物有重点旧机电产品和消耗臭氧层物质,其中,重点旧机电产品应向( )申领进口许可证。
   A. 商务部许可证局　　　　　　　　B. 商务部驻各地特派员办事处
   C. 省级商务厅　　　　　　　　　　D. 外经贸委

2. 进口一批属于自动许可管理的化肥200吨,先进口了100吨,然后申报剩下的货物时,可以申报的数量是( )。
   A. 210吨　　　B. 206吨　　　C. 105吨　　　D. 103吨

3. 不属于我国货物、技术进出口许可管理制度的证件是( )。
   A. 关税配额证
   B. 《入境货物通关单》
   C. 《有毒化学品进出口环境管理放行通知单》
   D. 《进口农药登记证明》

4. 保障措施是对外贸易救济措施的一种方式,其实施期限最长不得超过( )。
   A. 200天　　　B. 4个月　　　C. 4年　　　D. 10年

5. 实行"非一批一证"管理的出口许可证,其使用次数最多不超过( )。
   A. 3次　　　B. 6次　　　C. 5次　　　D. 12次

6. 下列关于进口废物管理的表述,错误的是( )。
   A. 《固体废物进口许可证》实行"一批一证"管理
   B. 存入保税仓库的废物必须取得有效《固体废物进口许可证》
   C. 对未列入《限制进口类可用作原料的废物目录》和《自动进口许可管理类可用作原料的废物目录》的废物一律不得进口
   D. 向海关申报允许进口的废物,应主动向海关提交《固体废物进口许可证》《入境货物通关单》及其他有关单据

7. 下列列入《自动进口许可管理货物目录》的货物,可免交《自动进口许可证》的是( )。
   A. 参加F1上海站比赛进口后须复出口的赛车
   B. 加工贸易项下进口并复出口的成品油
   C. 外商投资企业作为投资进口的旧机电产品
   D. 每批次价值超过5 000元人民币的进口货样广告品

8. 下列进口的废物中,可以申请转关运输的是( )。
   A. 木制品废料　　　　　　　　　　B. 废纸
   C. 废电机、电器产品　　　　　　　D. 纺织品废物

9. 下列进出口许可证中实行"非一批一证"管理的是（　　）。
   A.《固体废物进口许可证》
   B.《濒危野生动植物国际贸易公约允许进出口证明书》
   C.《精神药品进口准许证》
   D.《进口药品通关单》

10. 某进出口企业进口一批"已配剂量头孢菌素制剂"（同时列入《进口药品目录》和《进口兽药管理目录》），用于治疗畜禽疾病,该企业向海关申报时应提交（　　）。
    A.《进口药品通关单》
    B.《进口兽药通关单》
    C.《进口药品通关单》和《进口兽药通关单》
    D.《进口药品通关单》或《进口兽药通关单》

二、多项选择题

1. 2017年限制出口的商品实行出口配额许可证管理、出口配额招标管理、出口许可证管理,其中,实行出口配额许可证管理的是（　　）。
   A. 化肥　　　　B. 煤炭　　　　C. 大米　　　　D. 棉花

2. 货物、技术进出口许可管理制度是我国进出口许可制度的主体,其管理范围包括（　　）。
   A. 禁止进出口货物和技术
   B. 限制进出口货物和技术
   C. 自由进出口的技术
   D. 自由进出口中部分实行自动许可管理的货物

3. 我国对外贸易管制制度是由一系列管理制度构成的综合管理制度,其中包括（　　）。
   A. 进出口许可制度　　　　　　B. 海关监管制度
   C. 出入境检验检疫制度　　　　D. 出口退税制度

4. 目前,列入我国《禁止出口货物目录》的商品有（　　）。
   A. 麝香　　　　B. 麻黄草　　　　C. 木炭　　　　D. 硅砂

5. 《入境货物通关单》适用于（　　）。
   A. 列入《法检目录》的商品　　　　B. 进口可用作原料的废物
   C. 进口旧机电产品　　　　　　　　D. 进口捐赠的医疗器械

6. 下列对两用物项和技术进出口许可证管理表述正确的是（　　）。
   A. 两用物项和技术进出口前,进出口经营者应当向发证机关申领"两用物项和技术进（出）口许可证",凭以向海关办理进出口报关手续
   B.《两用物项和技术进口许可证》实行"一批一证"制和"一证一关"制
   C.《两用物项和技术出口许可证》实行"非一批一证"制和"一证一关"制
   D.《两用物项和技术进出口许可证》的有效期一般不超过1年,跨年度使用时,在有

效期内只能使用到次年的 3 月 31 日

7. 下列有权签发进出口许可证的机构是（　　）。
   A. 商务部配额许可证事务局
   B. 商务部驻各地特派员办事处
   C. 省、自治区、直辖市的商务主管部门
   D. 计划单列市和经商务部授权的其他省会城市的商务主管部门

8. 对下列实行自动进口许可管理的大宗、散装货物，溢装数量在货物总量3%以内的，免予另行申领《自动进口许可证》的包括（　　）。
   A. 原油　　　　B. 成品油　　　　C. 化肥　　　　D. 农药

9. 我国对外贸易管制的法律体系包括（　　）。
   A. 宪法与法律
   B. 行政法规与部门规章
   C. 由我国民族自治区政府制定的地方条例和单行条例
   D. 我国加入或缔结的相关国际条约

10. 下列货物属于我国政府禁止进口的范围的是（　　）。
    A. 犀牛角和虎骨
    B. 旧衣服
    C. 未列入《限制进口类可用作原料的废物目录》和《自动进口许可管理类可用作原料的废物目录》的固体废物
    D. 列入《限制进口类可用作原料的废物目录》和《自动进口许可管理类可用作原料的废物目录》的固体废物

三、判断题

1. 我国目前所签订生效的各类国际条约，虽然不属于我国国内法的范畴，但仍可视为我国的法律渊源之一。（　　）

2. 出口许可证的有效期为 6 个月，且不得超过当年年底使用。（　　）

3. 自动进口许可管理是在任何情况下对进口申请一律予以批准的进口许可制度。（　　）

4. 目前，我国限制进口货物管理按照其限制方式划分为许可证件管理和关税配额管理。其中，关税配额管理是指在一定时期内，国家对部分商品的进口指定关税配额税率并规定该商品进口数量总额，在限额内，经国家批准后允许按照关税配额税率征税进口，若超出限额则以国家主管部门签发许可证件方式来实现限制进口。（　　）

5. 列入《自动进口许可管理类可用作原料的废物目录》的废物，不论以何种方式进口，均应申领《废物进口许可证》。（　　）

6. 目前，我国对属于世界濒危物种管理范畴的犀牛角和虎骨仍列入禁止进出口的商品范围。（　　）

7. 对外贸易管制是政府一种强制性行政管理行为。我国对外贸易管制按管制对象可以分为货物进出口贸易管制、技术进出口贸易管制和国际服务贸易管制。（　　）

8. 关税配额管理,是指以国家各主管部门签发许可证件的方式来实现各类限制进口的措施。（　　）

9. 反补贴、反倾销和保障措施都属于贸易救济措施。反补贴、反倾销措施针对的是进口产品激增的情况,保障措施针对的则是价格歧视这种不公平贸易行为。（　　）

10. 出口企业欲出口黄金及其制品,应事先向中国人民银行申领《中国人民银行授权书》。（　　）

第四章　进出口货物报关程序

◎ **本章学习目的**
1. 了解和掌握一般进出口货物的报关程序。
2. 了解和掌握保税货物的进出口报关程序。
3. 了解和掌握特定减免税货物的报关程序。
4. 了解和掌握暂准进出境货物的报关程序。
5. 了解和掌握其他进出境货物的报关程序等。

◎ **本章要点**
1. 一般进出口货物的报关程序。
2. 保税货物的报关程序。
3. 特定减免税货物的报关程序。
4. 暂准进出境货物的报关程序。
5. 其他进出境货物的报关程序。

第一节　报关程序概述

报关程序，是指进出口货物收发货人、运输工具负责人、物品所有人或其代理人按照海关的规定，办理货物、运输工具、物品进出境及相关的海关事务的手续和步骤。本章所述内容主要是指进出口货物的报关程序，根据进出口货物的类别不同，可以分为一般进出口货物的报关程序、保税货物的报关程序、特定减免税货物的报关程序、暂准进出境货物的报关程序和其他进出境货物的报关程序。

根据时间的先后可以将报关程序分为前期阶段、进出境阶段和后续阶段三个阶段。

一、前期阶段

前期阶段，是指根据海关对保税货物、特定减免税货物、暂准进出境货物等的监管要求，进出口货物收发货人或其代理人在货物进出境以前，向海关办理手册设立、备案许可等手续的过程。前期阶段主要包括以下四个方面。

（一）保税货物

保税货物，是指经海关批准未办理纳税手续进境，在境内储存、加工、装配后复运出境的货物。保税货物分为加工贸易货物和保税物流货物两大类。加工贸易货物进口之前，进口货物收货人或其代理人须办理加工贸易设立手册手续。

（二）特定减免税货物

特定减免税货物,是指经海关依法准予免税进口的用于特定地区、特定企业,有特殊用途的货物。特定减免税货物进口之前,进口货物收货人或其代理人应办理企业的减免税手续。

（三）暂准进出境货物

暂准进出境货物,是指经海关批准凭担保进境/出境,在境内/境外使用后原状复运出境/进境的货物。暂准进出境货物进出口之前,进出口货物收发货人或其代理人应办理货物暂准进出境备案申请手续。

（四）其他进出境货物

其他进出境货物,是指除了一般进出口货物、保税货物、特定减免税货物、暂准进出境货物以外尚未办结海关手续的其他进出境货物。

二、进出境阶段

进出境阶段,是指海关对进出境货物的监管制度,进出口货物收发货人或其代理人在进口货物进境、出口货物出境时,向海关办理进出口申报、配合查验、缴纳税费、提取或装运货物手续的过程。从海关的角度看,进出境阶段分为接受申报、查验、征税和放行四个步骤。

（一）进出口申报

进出口申报,是指进出口货物收发货人或其代理人在海关规定的期限内,按照海关规定的形式,向海关报告进出口货物的情况,提请海关按其申报的内容放行进出口货物的工作环节。

（二）配合查验

配合查验,是指申报进出口的货物经海关决定查验时,进出口货物收发货人或其代理人到达查验现场,配合海关查验货物,按照海关要求搬移货物、开拆包装以及重新封装货物的工作环节。

（三）缴纳税费

缴纳税费,是指进出口货物的收发货人或其代理人收到海关发出的《海关专用缴款书》后,向海关指定的银行办理税费款项的缴纳手续,通过银行将有关税款缴入海关专用账户的环节。

（四）提取或装运货物

海关接受申报、查验货物、收取缴税证明或免税证明后,会在进口货物提货凭证或出口货物装货凭证上加盖"海关放行章",或通过计算机系统发送放行通知书报文,进出口货物收发货人或其代理人凭加盖"海关放行章"的提货凭证、装货凭证或自行打印的《放行通知书》提取货物或将货物装运到运输工具上离境。

三、后续阶段

后续阶段,是指根据海关对保税货物、特定减免税货物、暂准进出境货物等的监管要求,进出口货物收发货人或其代理人在货物进出境储存、加工、装配、使用后,在规定的期限内,按照规定的要求,向海关办理上述货物的核销、销案、申请解除监管手续的过程。

（一）加工贸易货物

进出口货物收发货人或其代理人应当在规定的时间内办理加工贸易货物核销手续。

（二）特定减免税货物

进出口货物收发货人或其代理人应当在海关监管期满,或者在海关监管期内经海关批准出售、转让、退运、放弃特定减免税货物后,向海关办理解除海关监管的手续。

（三）暂准进出境货物

进出口货物收发货人或其代理人应当在暂准进出境期限内,或者在经海关批准延长暂准进出境期限到期后,向海关申请办理复运出境或进境,或正式进出口手续,然后申请办理销案手续。

（四）其他进出境货物

其他进出境货物中的出料加工货物、修理货物、部分租赁货物等,进出境货物收发货人或其代理人应当在规定的期限内办理销案手续。

报关不同阶段各种货物的适用范围参见表4-1。

表4-1 进出境货物的分类和报关阶段

程序类别＼报关货物	前期阶段	进出境阶段	后续阶段
一般进出口货物	无	进出口申报↓配合查验↓缴纳税费↓提取或装运货物	无
加工贸易货物	设立《加工贸易手册》		核销
特定减免税货物	申领《进出口货物征免税证明》		解除海关监管
暂准进出境货物	办理暂准进出境货物申请手续		复运进出境和销案
其他进出境货物	申请备案,取得备案凭证		销案

相关链接

报关、放行、结关

报关,是指进出口货物的收发货人或其代理人向海关办理货物进出境手续及相关海关事务的行为。放行,是指海关在审核了相关单证,查验了货物,征收了应征的税款之后,按规定签章放行的行为。结关,是指进出口货物收发货人或其代理人办结了进出境货物所有的手续,货物进入流通领域,不再受到海关监管的行为。

报关是放行和结关的前提和基础,放行是结关的前提。对于一般进出口货物,放行即代表结关。而对于保税货物、特定减免税货物和暂准进出境货物,放行不代表结关,只有按照海关规定办理了核销或解除海关监管的手续,海关不再监管,才代表着结关。

第二节　一般进出口货物的报关程序

一、概述

（一）一般进出口货物的含义

一般进出口货物，是指在进出境环节缴纳了应纳的进出口税费并办结了所有必要的海关手续，海关放行后不再进行监管的进出口货物。一般进出口货物进出境之后可以直接进入生产领域和消费领域，不再受海关的监管。

（二）一般进出口货物的特征

(1) 进出境环节缴纳进出口税费。

(2) 进出口时须向海关提交相关的许可证件。

(3) 海关放行即办结海关手续。

（三）一般进出口货物的范围

海关监管货物根据货物进境、出境后是否复运出境、复运进境，可以分为两大类：一类是进境、出境后不再复运出境、复运进境的货物，称为实际进出口货物；另一类是进境、出境后又复运出境、复运进境的货物，称为非实际进出口货物。

实际进出口货物，除了特定减免税货物以外，都属于一般进出口货物的范围，主要包括以下内容。

(1) 一般贸易进出口货物。

(2) 转为实际进口的原保税进口货物。

(3) 转为实际进口或出口的原暂准进出境货物。

(4) 易货贸易、补偿贸易进出口货物。

(5) 不准予保税的寄售代销贸易货物。

(6) 承包工程项目实际进出口货物。

(7) 外国驻华商业机构进出口陈列用的样品。

(8) 外国旅游者小批量订货出口的商品。

(9) 随展览品进出境的小卖品。

(10) 免费提供的进口货物。

① 外商在经济贸易活动中赠送的进口货物。

② 外商在经济贸易活动中免费提供的试车材料等。

③ 我国在境外的企业、机构向国内单位赠送的进口货物。

（四）一般进出口货物的报关要点

一般进出口货物报关时，报关单位及其所属从业人员应做到以下五个方面。

(1) 报关人员应熟悉国家有关进出口管制的法律、行政法规，掌握国家禁止和限制进出口货物和物品的范围。

(2) 涉及配额和许可证管理等贸易管制的货物应向海关提交许可证件。

(3) 属于出入境检验检疫范围的货物，应先办理报检手续，取得"中华人民共和国出入境检验检疫出（入）境货物通关单"，再凭以向海关办理报关手续。

(4) 对于国家已经宣布采取反倾销措施的货物，报关时应向海关提交原产地证明和厂商发票。

(5) 对于国家宣布采取临时保障措施的货物，对于海关总署宣布已达到关税配额总量或国别限量的，报关进口时应向海关缴纳特别关税。

二、报关程序

一般进出口货物的报关程序由以下四个环节构成，即：

进出口申报→配合查验→缴纳税费→提取或装运货物。

（一）进出口申报

1. 申报方式

申报方式包括采用电子数据报关单申报和纸质报关单申报两种。电子数据报关单和纸质报关单具有同等的法律效力。

在电子数据报关单申报方式下，进出口货物收发货人或其代理人可以选择终端申报方式、委托 EDI 申报方式、自行 EDI 方式、网上申报方式等四种电子申报方式中适用的一种，将报关内容录入海关电子计算机系统，生成电子数据报关单。

纸质报关单申报方式，是指进出口货物收发货人或受其委托的报关企业，按照海关的规定填制纸质报关单，备齐随附单证，向海关当面递交的申报方式。

相关链接

电子通关系统

目前，我国海关已经在进出境货物通关作业中全面使用计算机，进行信息化管理，成功地开发运用多个电子通关系统，主要包括海关 H883/EDI 通关系统、海关 H2000/H2010 通关系统和中国电子口岸系统。

H883/EDI 通关系统，是指 1988 年 3 月海关总署开发的"中国海关报关自动化系统"的简称，是我国海关利用计算机对进出口货物进行全面信息化管理，实现监管、征税、统计三大海关业务一体化管理的综合性信息利用项目。它是按照协议，将标准化的数据报文，通过通信网络，在计算机系统之间进行交换和处理。

海关 H2000 通关系统是对 H883/EDI 通关系统进行全面更新换代的升级项目。它在集中式数据库的基础上建立了全国统一的海关信息作业平台，不但提高了海关管理的整体效能，而且使进出口企业真正享受到简化报关手续的便利。进出口企业可以在其办公场所办理加工贸易备案、特定减免税证明申领、进出境报关等各种报关手续。H2010 是 H2000 升级后的通关版本。

中国电子口岸系统又称口岸电子执法系统，简称电子口岸，是与进出口贸易管理有关的 12 个部委利用现代计算机信息技术，将各部委分别管理的进出口业务信息电子底账数据集中存放在公共数据中心,向政府管理机关提供跨部门、跨行业联网数据核查,向企业提供网上办理各种进出口业务的国家信息系统。

电子口岸系统和海关通关系统,尤其是和海关 H2000/H2010 通关系统连接起来,构成覆盖全国的进出口贸易服务和管理的信息网络系统。进出口企业在其办公室使用一台微机和一张 IC 卡,通过电子口岸特别服务号"17999"上网,就可以向海关及国家各有关部委办理与进出口贸易有关的各种手续,同时海关和国家各有关部委也可以在网上对进出口贸易进行有效的监管。

2. 申报期限

(1) 进口货物的申报期限为自装载货物的运输工具申报进境之日起 14 日内。

(2) 出口货物的申报期限为货物运抵海关监管区后、装货的 24 小时以前。

(3) 对于特殊货物,如经电缆、管道或其他方式(网络)进出境的货物,按照海关规定定期申报。

3. 申报日期

申报日期,是指申报数据被海关接受的日期。无论是以电子数据报关单方式申报,还是以纸质报关单申报,海关接受申报数据的日期即为申报日期。

(1) 采用先电子数据报关单申报,后提交纸质报关单,或仅以电子数据报关单方式申报的,申报日期为海关计算机系统接受申报数据时记录的日期。

(2) 电子数据报关单被退回,重新申报的,申报日期为海关接受重新申报的日期。

(3) 海关已接受申报的报关单电子数据,人工审核确认需要退回修改的,进出口货物收发货人、受委托的报关企业应当在 10 日内完成修改并重新发送报关单电子数据,申报日期仍为海关接受原报关单电子数据的日期;超过 10 日的,原报关单无效,进出口货物收发货人、受委托的报关企业应当另行向海关申报,申报日期为海关再次接受申报的日期。

(4) 先纸质报关单申报,后补报电子数据,或只提供纸质报关单申报的,海关工作人员在报关单上做登记处理的日期为海关接受申报的日期。

4. 申报地点

(1) 进出境地海关申报。

进口货物应当由收货人或其代理人向货物的进境地海关申报,出口货物应当由发货人或其代理人向出境地海关申报。

(2) 启运地和指运地海关申报。

在转关运输业务中,经收发货人申请、海关同意,进口货物的收货人或其代理人可以在设有海关的货物指运地申报。如济南某外贸公司从德国进口一批设备,实际进境地为上海,而境内指运地为济南,则该外贸公司或其代理人可以在济南海关(即指运地海关)办理进口报关手续;出口货物的发货人或其代理人可以在设有海关的货物启运地申报,如山西太原某外贸公司向日本出口货物,实际出境地为青岛,则该外贸公司可以向太原海关(即启运地海关)办理出口报关手续。

(3) 所在地主管海关申报。

对于以保税、特定减免税和暂准进境方式申报进口的货物,因故改变使用目的而改变了货物的性质,使其变为一般货物进口时,进口货物的收货人或其代理人应当向货物所在地主管海关申报。如大连某企业保税进口一批高档皮革拟生产高档皮衣出口到国外,后因为国外的进口商破产倒闭,而将成衣和剩余的皮革转为内销时,需由该企业向其所在地海关(即大连海关)办理申报手续。

5. 申报单证

准备申报单证是进出口申报工作中的关键一步。申报单证可以分为主要单证和随附单证两大类,随附单证又包括基本单证和特殊单证,具体内容参见表4-2。

表4-2 申报单证一览表

主要单证		报关单或带有报关单性质的单证
随附单证	基本单证	进口提货单据、出口装货单(S/O)、商业发票、装箱单
	特殊单证	进出口许可证件、加工贸易电子化手册或电子账册、特定减免税证明、出口收汇核销单、原产地证明书、贸易合同、原进出口货物报关单等

特别需要注意的是,租赁进口货物申报时必须提交的单证包括商业发票、装箱单和租赁合同,此时合同为特殊单证。

所提供的申报单证必须齐全、有效、合法,必须保证单货一致;报关单的填制必须真实、准确、完整;报关单与随附单证的数据必须一致。

6. 申报流程

(1) 申报前,进口商看货取样。

进口货物收货人,在向海关申报前,因确定货物品名、规格、型号、归类等原因,可以向海关提出查看货物或者提取货样的书面申请。海关审核同意后,派员到现场监管。提取货样涉及动植物检疫的,应在取得主管部门的书面批准后提取。查看货物或者提取货样,由海关开具取样记录和取样清单,海关工作人员和收货人签字确认。

(2) 电子数据申报。

进出口货物收发货人或其代理人选择一种终端录入方式,将报关单的内容录入海关电子计算机系统,生成电子数据报关单。报关人员对电子数据报关单审核无误后,向海关提交申报,等待海关审核。如果接收到海关发送的"不接受申报"报文后,要根据报文提示对报关单的内容进行修改,然后重新申报。一旦接收到海关发送的"接受申报"报文和"现场交单"或"放行交单"通知,即表示通过预审。

(3) 提交纸质报关单及随附单证。

海关审结电子数据报关单后,进出口货物收发货人或其代理人应当自接到海关审单中心发布的"现场交单"或"放行交单"通知之日起10日内,持打印的纸质报关单,备齐规定的随附单证并签名盖章,到货物所在地海关办理交单审核、缴纳税费等相关海关手续。

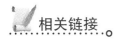

修改申报内容或撤销申报

海关接受申报后,报关单证及其内容不得修改或者撤销。符合以下规定情形的,当事人向海关提交《进出口货物报关单修改/撤销表》及规定的相关证明材料后,海关会及时予以修改或者撤销:

(1) 出口货物放行后,由于装运、配载等原因造成原申报货物部分或者全部退关、变更运输工具的;

(2) 进出口货物在装载、运输、存储过程中发生溢短装,或者由于不可抗力造成灭失、短损等,导致原申报数据与实际货物不符的;

(3) 由于办理退补税、海关事务担保等其他海关手续而需要修改或者撤销报关单数据的;

(4) 根据贸易惯例先行采用暂时价格成交、实际结算时按商检品质认定或者国际市场实际价格付款方式需要修改申报内容的;

(5) 已申报进口货物办理直接退运手续,需要修改或者撤销原《进口货物报关单的》;

(6) 由于计算机、网络系统等技术原因导致电子数据申报错误的。

由于报关人员操作或者书写失误造成申报内容需要修改或者撤销的,当事人应当向海关提交《进出口货物报关单修改/撤销表》,可以证明进出口货物实际情况的合同、发票、装箱单、提运单或者载货清单等相关单证、证明文书以及详细的情况说明。海关未发现报关人员存在逃避海关监管行为的,可以修改或者撤销报关单。不予修改或者撤销的,海关应当及时通知当事人,并且说明理由。

海关发现进出口货物报关单需要修改或者撤销,可以采取以下方式主动要求当事人修改或者撤销:

(1) 将电子数据报关单退回,并详细说明修改的原因和要求,当事人应当按照海关要求进行修改后重新提交,不得对报关单其他内容进行变更;

(2) 向当事人制发《进出口货物报关单修改/撤销确认书》,通知当事人要求修改或者撤销的内容,当事人应当在5日内对进出口货物报关单修改或者撤销的内容进行确认,确认后海关完成对报关单的修改或者撤销。

特殊情况如下:

(1) 海关已经决定布控、查验以及涉嫌走私或者违反海关监管规定的进出口货物,在办结相关手续前不得修改或者撤销报关单及其电子数据。

(2) 已签发报关单证明联的进出口货物,当事人办理报关单修改或者撤销手续时应当向海关交回报关单证明联。

(3) 由于修改或者撤销进出口货物报关单导致需要变更、补办进出口许可证件的,当事人应当向海关提交相应的进出口许可证件。

(二)配合查验

海关接受申报后,将对进出口货物实施查验,查验的目的是核对实际货物与填制的报关单在货物性质、价格、数量、原产地等方面是否内容一致,有无伪报、瞒报、申报不实和走私违规行为,同时也为海关征税、统计、后续管理提供可靠的资料。

海关查验的方式包括彻底查验、抽查和外形查验三种。

海关查验在海关监管区内进行,查验时,进出口货物的收发货人或其代理人应当到场。海关认为必要时,可以径行开验、复验或提取货样,海关在进出口货物收发货人或其代理人不在场的情况下,自行开拆货物查验,应当通知货物存放场所的管理人员或其他见证人到场,并在海关的查验记录上签字。

径行开验的情况包括:

(1)进出口货物有违法嫌疑的;

(2)经海关通知查验,进出口货物收发货人或其代理人未到场的。

复验的情况包括:

(1)经初次查验未能查明货物的真实属性,需要对已查验货物的某些性状做进一步确认的;

(2)货物涉嫌走私违规,需要重新查验的;

(3)进出口货物收发货人对海关查验结论有异议,提出复验要求并经海关同意的。

进出口货物收发货人或其代理人在海关查验时,要配合查验,做好以下工作:

(1)负责搬移货物,开拆和重封货物的包装;

(2)了解和熟悉所申报货物的情况,回答查验海关工作人员的询问,提供海关查验货物时所需要的单证或其他材料;

(3)协助海关提取需要进一步检验、化验或者鉴定的货样,收取海关出具的取样清单;

(4)查验结束后,认真阅读海关工作人员填写的《海关进出境货物查验记录单》,核对记录是否符合实际,记录准确应立即签名确认。

在查验过程中,若由于海关工作人员的责任造成被查验货物损坏的,海关应予以赔偿其直接经济损失。直接经济损失赔偿的金额根据被损坏货物及其部件的受损程度确定,或者根据修理费确定,但不包括下列情况:

(1)进出口货物收发货人或其代理人搬移、开拆、重封货物包装或保管不善造成的损失;

(2)易腐烂、易失效货物在海关正常工作程序所需时间内(含扣留或代管期间)所发生的变质或失效;

(3)海关正常查验时产生的不可避免的磨损;

(4)在海关查验之前已发生的损坏或者在海关查验之后发生的损坏;

(5)由于不可抗力的原因造成的损坏、损失。

在海关查验时对货物是否损坏未提出异议,事后发现货物有损坏的,海关不负赔偿责任。

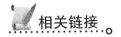

相关链接

海关查验的地点、方法和时间

- 查验地点
  - 原则上在海关监管区内
  - 特殊情况可以申请在海关监管区外,海关派员到场
- 查验方法
  - 彻底查验:对一票货物逐件开拆包装、验核货物
  - 抽查:按一定比例有选择地验核货物
  - 人工
    - 外形查验:对外部特征状况进行查验
    - 开箱查验:从集装箱、货柜车箱中取出查验
  - 设备:以利用技术设备为主进行验核
- 查验时间
  - 一般在海关正常工作时间内
  - 繁忙口岸可以要求在工作时间外
  - 不宜长期保存的货物,可以申请优先查验

(三) 缴纳税费

海关查验完毕后,若无问题,将根据货物税号、数量等数据核对计算机系统计算出的税费,打印、签发各类税费专用缴款书。进出口收发货人或其代理人在规定时间内,持缴款书或收费票据向指定银行办理税费交付手续,并将银行的缴款回执交还海关。若纳税义务人自海关填发《海关专用缴款书》之日起 15 日内未向指定银行(或在网上向签有协议的银行进行电子支付税费)缴纳税款,海关将在 15 日后按日加收滞纳税款 0.5‰作为税款滞纳金。

海关征收的税费包括进出口关税、进口环节增值税、进口环节消费税、船舶吨税和其他应纳税费。税费的具体征收办法将在本书第五章详细讲述。

(四) 提取或装运货物

海关对进出口货物的报关,经过审核报关单据、查验实际进出口货物,并依法办理了征收税费手续或减免税手续后,在有关单据上签盖放行章,货物的所有人或其代理人才能提取或装运货物。此时,海关对一般进出口货物的监管结束,放行意味着结关。

在实行"无纸通关"申报方式的海关,海关作出现场放行决定时,通过计算机系统将"海关放行"报文发送给进出口货物收发货人或其代理人和海关监管货物保管人。进出口货物收发货人或其代理人在计算机上自行打印海关通知放行的凭证,凭以提取进口货物或将出口货物装运到运输工具上离境。

具体的提货或装运货物的手续如下。

(1) 进口货物收货人或其代理人签收海关加盖"海关放行章"戳记的进口提货凭证(提单、运单、提货单等),凭以到货物进境地的港区、机场、车站、邮局等地的海关监管仓库提取进口货物。

(2) 出口货物的发货人或其代理人签收海关加盖"海关放行章"戳记的出口装货凭证(运单、装箱单、场站收据等),凭以到货物出境地的港区、机场、车站、邮局等地的海关监管仓库办理将货物装上运输工具运离关境的手续。

（3）进口货物收货人或其代理人凭在计算机上自行打印的海关通知放行的凭证，到货物进境地的港区、机场、车站、邮局等地的海关监管仓库提取进口货物。

（4）出口货物发货人或其代理人凭在计算机上自行打印的海关通知放行的凭证，到货物出境地的港区、机场、车站、邮局等地的海关监管仓库办理将货物装上运输工具运离关境的手续。

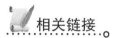
相关链接

通关作业无纸化

通关作业无纸化，是指海关以企业信用管理和风险分析为基础，按照风险等级对进出口货物实施分类，运用信息化技术改变海关验核进出口企业递交纸质报关单及随附单证办理通关手续的做法，直接对企业通过中国电子口岸系统录入申报的报关单及随附单证的电子数据进行无纸审核、验放处理的通关作业方式。

目前，在北京、天津、上海、南京、杭州、宁波、福州、青岛、广州、深圳、拱北、黄埔等首批12个海关及上述12个海关以外的其余30个海关各选取1～2个业务现场和部分业务开展通关作业无纸化改革试点。

1. 适用范围

通关作业无纸化适用于海关管理类别为B类及以上的企业，包括进出口收发货人及报关企业。

涉及许可证件但未实现许可证件电子数据联网核查的进出口货物暂不适用"通关作业无纸化"方式。

涉及税费但未选择电子支付的进出口货物暂不适用"通关作业无纸化"方式。

2. 通关流程

（1）企业经报关所在地直属海关审核同意，在与报关所在地直属海关、第三方认证机构（中国电子口岸数据中心）签订电子数据应用协议后，可以在该海关范围内适用"通关作业无纸化"方式。

（2）经海关审核准予适用"通关作业无纸化"方式的进出口企业需要委托报关企业代理报关的，应当委托经海关审核准予适用"通关作业无纸化"方式的报关企业。

（3）经海关批准的试点企业可以自行选择有纸作业方式或"通关作业无纸化"方式。选择"通关作业无纸化"的企业在货物申报时，应在电子口岸录入端选择"通关作业无纸化"方式。

（4）对于经海关批准且选择"通关作业无纸化"方式申报的经营单位管理类别为AA类企业或A类生产型企业的，申报时可以不向海关发送随附单证电子数据，通关过程中根据海关要求及时提供，海关放行之日起10日内由企业向海关提交，经海关批准符合企业存单（单证暂存）条件的可以由企业保管。

（5）对于经海关批准且选择"通关作业无纸化"方式申报的经营单位管理类别为A类非生产型企业或B类企业的，应在货物申报时向海关同时发送报关单和随附单证电子数据。

第三节 保税进出口货物的报关程序

保税货物,是指经海关批准未办理纳税手续进境,在境内储存、加工、装配后复运出境的货物。保税制度是一种国际通行的海关制度,各国海关根据其具体国情设计本国的相关管理规定,旨在简化企业的进出口手续,减少企业因纳税而造成的资金占用和利息成本,从而促进和鼓励本国对外贸易的发展。

根据进入关境的目的不同,保税货物可以分为加工贸易货物和保税物流货物。

一、加工贸易货物

(一) 概述

1. 加工贸易货物的含义

加工贸易货物,是指经海关批准未办理纳税手续进境,在境内加工、装配后复运出境的货物。

2. 加工贸易货物的范围

(1) 专为加工、装配出口产品而从国外进口且海关准予保税的原材料、零部件、元器件、包装物料、辅助材料。

(2) 用上述料件生产的成品、半成品。

(3) 加工生产过程中产生的副产品、残次品、边角料和剩余料件。

3. 加工贸易货物的形式

根据加工贸易的分类,加工贸易货物可以分为来料加工和进料加工。

(1) 来料加工。

来料加工,是指由境外企业提供料件,经营企业不需要付汇进口,按照境外企业的要求进行加工或装配,只收取加工费,制成品由境外企业销售的经营活动。

(2) 进料加工。

进料加工,是指经营企业用外汇购买料件进口,制成成品后外销出口的经营活动。

4. 加工贸易货物的特征

(1) 除了国家另有规定以外,加工贸易进口料件属于国家对进口有限制性规定的,经营企业免于向海关提交进口许可证件;加工贸易出口制成品属于国家对出口有限制性规定的,经营企业应当向海关提交出口许可证件。

(2) 加工贸易项下进口料件实行保税监管的,加工成品出口后,海关根据核定的实际加工复出口的数量予以核销;加工贸易项下进口料件按照规定在进口时先行征收税款的,加工成品出口后,海关根据核定的实际加工复出口的数量退还已征收的税款。

(3) 加工贸易项下的出口产品属于应当征收出口关税的,海关按照有关规定征收出口关税。

(二)海关对加工贸易货物的监管模式

海关对加工贸易货物的监管模式有两大类:一类是物理围网的监管模式,包括出口加工区和跨境工业园区;另一类是非物理围网的监管模式,采用电子化手册和电子账册管理。

1. 物理围网监管

所谓物理围网监管,是指经国家批准,在关境内或关境线上划出一块区域,采用物理围网,让企业在围网内专门从事保税加工业务,由海关进行封闭式的监管。

在境内的保税加工封闭式监管模式为出口加工区,已经施行了多年,有一套完整的监管制度;在关境线上的保税加工封闭式监管模式为跨境工业园区,目前只有珠澳跨境工业区,分为澳门园区和珠海园区两部分,在澳门特别行政区的部分是澳门园区,在珠海经济特区的部分是珠海园区。

2. 非物理围网监管

非物理围网监管又称计算机联网监管模式,主要是应用计算机手段,通过建立电子化手册或电子账册实现海关对加工贸易企业的联网监管。

计算机联网监管模式又分为两种:一种是针对大型企业的,以建立电子账册为重要标志,以企业为单元进行管理,不再执行银行"保证金台账"制度;另一种是针对中小企业的,以建立电子化手册为主要标志,继续以合同为单元,执行银行"保证金台账"制度。

海关对加工贸易货物的监管模式如图4-1所示。

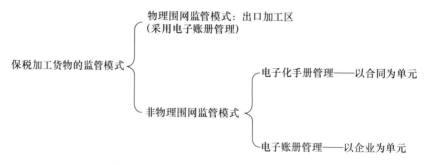

图4-1 海关对加工贸易货物的监管模式

(三)电子化手册管理下的加工贸易货物报关程序

电子化手册管理模式的主要特征是以合同为单元进行监管,其基本程序是:

手册设立→货物进出口→合同核销。

1. 手册设立

(1)经营企业应当向加工企业所在地主管海关办理加工贸易货物的手册设立手续。经营企业与加工企业不在同一直属海关管辖的区域范围的,应当按照海关对异地加工贸易的管理规定办理手册设立手续。

(2)除了另有规定以外,经营企业办理加工贸易货物的手册设立,应当向海关如实申报贸易方式、单耗、进出口口岸,以及进口料件和出口成品的商品名称、商品编号、规格型号、价

格和原产地等情况,并且提交下列单证:
① 主管部门签发的同意开展加工贸易业务的有效批准文件;
② 经营企业自身有加工能力的,应当提交主管部门签发的《加工贸易加工企业生产能力证明》;
③ 经营企业委托加工的,应当提交经营企业与加工企业签订的委托加工合同、主管部门签发的加工企业《加工贸易加工企业生产能力证明》;
④ 经营企业对外签订的合同;
⑤ 海关认为需要提交的其他证明文件和材料。
(3) 经营企业按要求提交齐全、有效的单证材料,申报设立手册的,海关应当自接受企业手册设立申报之日起5个工作日内完成《加工贸易手册》设立手续;需要办理担保手续的,经营企业按照规定提供担保后,海关办理手册设立手续。
(4) 有下列情形之一的,海关应当在经营企业提供相当于应缴税款金额的保证金或者银行、非银行金融机构保函后办理手册设立手续:
① 涉嫌走私,已经被海关立案侦查,案件尚未审结的;
② 由于管理混乱被海关要求整改,在整改期内的。
(5) 有下列情形之一的,海关可以要求经营企业在办理《加工贸易手册》设立手续时提供相当于应缴税款金额的保证金或者银行、非银行金融机构保函:
① 租赁厂房或者设备的;
② 首次开展加工贸易业务的;
③《加工贸易手册》延期2次(含2次)以上的;
④ 办理异地加工贸易手续的;
⑤ 涉嫌违规,已经被海关立案调查,案件尚未审结的。
(6) 加工贸易企业有下列情形之一的,不得办理手册设立手续:
① 进口料件或者出口成品属于国家禁止进出口的;
② 加工产品属于国家禁止在我国境内加工生产的;
③ 进口料件不宜实行保税监管的;
④ 经营企业或者加工企业属于国家规定不允许开展加工贸易的;
⑤ 经营企业未在规定期限内向海关报核已到期的《加工贸易手册》,又重新申报设立手册的。
(7) 经营企业办理《加工贸易手册》的设立,其申报内容、提交单证与事实不符的,海关应当按照下列规定处理:
① 货物尚未进口的,海关注销其手册;
② 货物已进口的,责令企业将货物退运出境。
(8) 已经办理《加工贸易手册》设立手续的经营企业可以向海关领取《加工贸易手册》分册、续册。
(9)《加工贸易手册》设立内容发生变更的,经营企业应当在《加工贸易手册》有效期内办理变更手续;需要报原审批机关批准的,还应当报原审批机关批准,另有规定的除外。

相关链接

加工贸易货物监管涉及的专业名词

加工贸易企业,包括经海关注册登记的经营企业和加工企业。

经营企业,是指负责对外签订加工贸易进出口合同的各类进出口企业和外商投资企业,以及经批准获得来料加工经营许可的对外加工装配服务公司。

加工企业,是指接受经营企业的委托,负责对进口料件进行加工或者装配,并且具有法人资格的生产企业,以及由经营企业设立的虽不具有法人资格,但是实行相对独立核算并已经办理工商营业证(执照)的工厂。

单位耗料量,简称单耗,是指加工贸易企业在正常生产条件下加工生产单位出口成品所耗用的进口料件的数量。

异地加工贸易,是指加工贸易经营单位将进口料件委托另一个直属海关关区内的加工生产企业开展的加工业务。

深加工结转,是指加工贸易企业将保税进口料件加工的产品转至另一海关关区内的加工贸易企业进一步加工后复出口的经营活动。

承揽者,是指与经营企业签订加工合同,承接经营企业委托的外发加工业务的企业或者个人。

外发加工,是指经营企业委托承揽者对加工贸易货物进行加工,在规定期限内将加工后的产品最终复出口的行为。

核销,是指加工贸易经营企业加工复出口或者办理内销等海关手续后,凭规定单证向海关报核,海关按照规定进行核查以后办理解除监管手续的行为。

2. 货物进出口

(1) 加工贸易货物进出境报关。

电子化手册管理下的加工贸易货物进出境,由加工贸易经营单位或其代理人,凭《加工贸易手册》、加工贸易进出口货物专用报关单等有关单证办理加工贸易货物进出口报关手续。其报关的具体要求如图4-2所示。

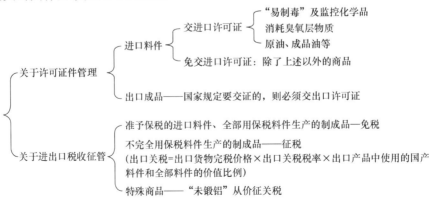

图 4-2 加工贸易货物进出境报关的具体要求

经营企业进口加工贸易货物，可以从境外或者海关特殊监管区域、保税监管场所进口，也可以通过深加工结转方式转入。经营企业出口加工贸易货物，可以向境外或者海关特殊监管区域、保税监管场所出口，也可以通过深加工结转方式转出。

（2）加工贸易货物深加工结转。

加工贸易货物深加工结转，是指加工贸易企业将保税进口料件加工的产品转至另一个海关关区内的加工贸易企业进一步加工后复出口的经营活动。

加工贸易企业开展深加工结转的，转入企业、转出企业应当向各自的主管海关申报，办理实际收发货以及报关手续。

有下列情形之一的，加工贸易企业不得办理深加工结转手续：

① 不符合海关监管要求，被海关责令限期整改，在整改期内的；

② 有逾期未报核手册的；

③ 由于涉嫌走私已经被海关立案调查，尚未结案的。

加工贸易企业未按照海关规定进行收发货的，不得再次办理深加工结转手续。

（3）异地加工贸易。

异地加工贸易，是指加工贸易经营单位将进口料件委托另一个直属海关关区内加工生产企业开展的加工业务。

① 经营企业与加工企业开展异地加工业务，双方应当签订符合《中华人民共和国合同法》规定的"委托加工合同"。

② 经营企业与加工企业双方应当遵守国家对加工贸易管理的有关规定，经营企业不得将保税进口料件转卖给加工企业。

③ 经营企业开展异地加工贸易，应当凭其所在地外经贸主管部门核发的《加工贸易业务批准证》和加工企业所在地外经贸主管部门出具的《加工贸易加工企业生产能力证明》，填制《中华人民共和国海关异地加工贸易申报表》（以下简称《申报表》），向经营企业主管海关办理异地加工手续。

④ 经营企业主管海关在办理异地加工手续时，对于办理过异地加工贸易业务的经营单位，应当查阅由加工企业主管海关反馈的《中华人民共和国海关异地加工贸易回执》。经核实合同执行情况正常的，在《申报表》（一式二联）内批注签章，与《加工贸易业务批准证》《加工贸易加工企业生产能力证明》一并制作关封，交经营企业凭以向加工企业主管海关办理手册设立手续。

⑤ 加工企业主管海关凭经营企业提供的《加工贸易业务批准证》、委托加工合同、《加工贸易加工企业生产能力证明》《申报表》及其他有关单证办理手册设立手续。如果由加工企业向海关办理手册设立手续的，应当持有经营企业出具的委托书。

⑥ 海关对开展异地加工贸易的经营单位和加工企业实行信用分类管理，如果两者的管理类别不相同，按照其中较低类别采取监管措施。

（4）加工贸易货物外发加工。

加工贸易货物外发加工，是指经营企业因受自身生产特点和条件限制，经海关批准并办理有关手续，委托承揽企业对加工贸易货物进行加工，在规定期限内将加工后的产品运回本企业并最终复出口的行为。

经营企业开展外发加工业务，应当按照外发加工的相关管理规定自外发之日起3个工作日内向海关办理备案手续。

① 经营企业开展外发加工业务,不得将加工贸易货物转卖给承揽者;承揽者不得将加工贸易货物再次外发。

② 经营企业将全部工序外发加工的,应当在办理备案手续的同时向海关提供相当于外发加工货物应缴税款金额的保证金或者银行、非银行金融机构保函。

③ 外发加工的成品、剩余料件以及生产过程中产生的边角料、残次品、副产品等加工贸易货物,经营企业向所在地主管海关办理相关手续后,可以不运回本企业。

（5）加工贸易货物应当专料专用。

① 经海关核准,经营企业可以在保税料件之间、保税料件与非保税料件之间进行串换,但是被串换的料件应当属于同一企业,并且应当遵循同品种、同规格、同数量、不牟利的原则。

② 来料加工保税进口料件不得串换。

（6）由于加工工艺需要使用非保税料件的,经营企业应当事先向海关如实申报使用非保税料件的比例、品种、规格、型号、数量。同时在海关核销时应当在出口成品总耗用量中予以核扣。

（7）经营企业进口料件由于质量存在瑕疵、规格型号与合同不符等原因,需要返还原供货商进行退换,以及由于加工贸易出口产品售后服务需要而出口未加工保税料件的,可以直接向口岸海关办理报关手续;已经加工的保税进口料件不得进行退换。

相关链接

加工贸易货物抵押

经经营企业申请,海关批准,加工贸易货物可以抵押。但有下列情形之一的,不予办理抵押手续:

1. 抵押影响加工贸易货物生产正常开展的;
2. 抵押加工贸易货物或其使用的保税料件涉及进出口许可证件管理的;
3. 抵押加工贸易货物属于来料加工货物的;
4. 以合同为单元进行管理,抵押期限超过《加工贸易手册》有效期限的;
5. 以企业为单元进行管理,抵押期限超过1年的;
6. 经营企业或加工企业涉嫌走私、违规,被海关立案调查、侦查,案件未审结的;
7. 经营企业或加工企业因为管理混乱被海关要求整改,在整改期内的;
8. 海关认为不予批准的其他情形。

经营企业在申请办理加工贸易货物抵押手续时,应向主管海关提交正式书面申请、银行抵押贷款书面意向材料以及海关认为必要的其他单证等。经审核符合条件的,经营企业在缴纳相应保证金或者银行、非银行金融机构保函后,主管海关准予其向境内银行办理加工贸易货物抵押,并将抵押合同、贷款合同复印件留存主管海关备案。保证金或者保函按抵押加工贸易货物对应成品所使用全部保税料件应缴税款金额收取。

3. 合同核销

合同核销,是指加工贸易企业在加工贸易合同履行完毕或终止后,按照规定处理完剩余货物,在规定的时间内,按照规定的程序向该企业主管海关申请核销,要求结案的行为。

(1) 核销时间。

经营企业应当在规定的期限内将进口料件加工复出口,并且自《加工贸易手册》项下最后一批成品出口或者《加工贸易手册》到期之日起30日内向海关报核;经营企业对外签订的合同提前终止的,应当自合同终止之日起30日内向海关报核。

(2) 核销单证。

经营企业报核时应当向海关如实申报进口料件、出口成品、边角料、剩余料件、残次品、副产品以及单耗等情况,并且按照规定提交相关单证。

(3) 海关核销。

海关核销可以采取纸质单证核销、电子数据核销的方式,必要时可以下厂核查,企业应当予以配合;海关应当自受理报核之日起30日内予以核销。特殊情况需要延长的,经直属海关关长或者其授权的隶属海关关长批准可以延长30日。

(4) 其他要求。

① 加工贸易保税进口料件或者成品因故转为内销的,海关凭主管部门准予内销的有效批准文件,对保税进口料件依法征收税款并且加征缓税利息,另有规定的除外;同时进口料件属于国家对进口有限制性规定的,经营企业还应当向海关提交进口许可证件。

② 经营企业因故将加工贸易进口料件退运出境的,海关凭有关退运单证核销。

③ 经营企业在生产过程中产生的边角料、剩余料件、残次品、副产品和受灾保税货物,按照海关对加工贸易边角料、剩余料件、残次品、副产品和受灾保税货物的管理规定办理,海关凭有关单证核销。

④ 经营企业遗失《加工贸易手册》的,应当及时向海关报告;海关按照有关规定处理后对遗失的《加工贸易手册》予以核销。

⑤ 对经核销结案的《加工贸易手册》,海关向经营企业签发《加工贸易结案通知书》。

⑥ 经营企业已经办理担保的,海关在核销结案后按照规定解除担保。

⑦ 加工贸易货物的手册设立和核销单证自《加工贸易手册》核销结案之日起留存3年。

⑧ 加工贸易企业出现分立、合并、破产、解散或者其他停止正常生产经营活动情形的,应当及时向海关报告,并且办结海关手续。

⑨ 加工贸易货物被人民法院或者有关行政执法部门封存的,加工贸易企业应当自加工贸易货物被封存之日起5个工作日内向海关报告。

4. 其他加工贸易货物的监管规定

(1) 其他加工贸易货物的含义。

其他加工贸易货物,是指在加工贸易货物生产过程中产生的剩余料件、边角料、残次品、副产品、受灾保税货物和经批准不再出口的成品、半成品、料件等。

① 剩余料件。

剩余料件,是指在生产过程中剩余的可以用来继续加工成品的料件。

② 边角料。

边角料,是指加工过程中,在海关核准的单耗内产生的无法再用于该合同项下的数量合理的废料、碎料、下脚料等。

③ 残次品。

残次品,是指在加工过程中产生的有严重缺陷或者不能达到出口要求的产品(成品、半成品)。

④ 副产品。

副产品,是指与加工出口合同规定的制成品时同时产生的,且出口合同未规定应当复出口的一个或一个以上的其他产品。

⑤ 受灾保税货物。

受灾保税货物,是指在加工过程中因不可抗力原因或海关认可的正当理由造成的损毁、灭失或短少,使得产品无法复出口的保税进口料件或加工产品。

(2) 监管方式。

对其他加工贸易货物的监管方式主要包括内销、结转、退运、放弃和销毁。

① 内销报关。

A. 加工贸易货物因故需转内销的,应经商务主管部门审批。

B. 经批准转内销的加工贸易货物属许可证管理的,补交许可证件。

C. 申请内销的剩余料件,如果金额占该加工贸易合同项下实际进口料件总额3%及以下且总值在人民币1万元以下(含1万元),免予审批,免交许可证。

D. 内销征税,应遵循的相关规定参见表4-3。

表4-3 加工贸易其他货物征税规定

征税的数量	剩余料件和边角料内销	直接按申报数量计征进口税
	制成品和残次品	以单耗关系折算出料件耗用数量计征税款
	副产品	按报验状态计征进口税
征税的完税价格	进料加工(进口料件、制成品、残次品)内销时	根据料件的原进口成交价格为基础确定完税价格
	来料加工(料件、制成品、残次品)内销时	以接受内销申报的同时或大约同时进口的与料件相同或者类似的货物的进口成交价格为基础确定完税价格
	加工企业内销加工过程中产生的副产品或者边角料	以内销价格作为完税价格
征税的税率	适用海关接受申报办理纳税手续之日实施的税率	
征税的缓税利息	除了边角料以外,均应缴纳缓税利息	

② 结转报关。

加工贸易企业申报将剩余料件结转到另一个加工贸易合同使用,限同一经营企业、同一加工企业、同样进口料件和同一加工贸易方式。凡具备条件的,海关按规定核定单耗后,企业可以办理该合同核销及其剩余料件结转手续。剩余料件转入合同已经商务主管部门审批的,由原审批部门按变更方式办理相关手续,若剩余料件的转入量不增加已批合同的进口总量,则免于办理变更手续;转入合同为新建合同的,由商务主管部门按现行加工贸易审批管理规定办理。

加工贸易企业申报剩余料件结转有下列情形之一的,企业缴纳不超过结转保税料件应

缴纳税款金额的风险担保金后,海关予以办理:

A. 同一经营企业申报将剩余料件结转到另一个加工贸易企业的;

B. 剩余料件转出金额达到该加工贸易合同项下实际进口料件总额50%及以上的;

C. 剩余料件所属加工贸易合同办理2次以及2次以上延期手续的。

剩余料件结转涉及不同主管海关的,在双方海关办理相关手续,并由转入地海关收取风险担保金。

上述须缴纳风险担保金的加工贸易企业有下列情形之一的,免于缴纳风险担保金:

A. 适用加工贸易 A 类管理的;

B. 已实行台账实转的合同,台账实转金额不低于结转保税料件应缴税款金额的。

原企业发生搬迁、合并、分立、重组、改制、股权变更等法律规定的情形,且现企业继承原企业主要权利义务或者债权债务关系的,剩余料件结转不受同一经营企业、同一加工企业、同一贸易方式限制。

③ 退运报关。

加工贸易企业因故将剩余料件、边角料、残次品、副产品等退运出境的,持《加工贸易手册》等向口岸海关报关,办理出口手续,留存有关报关单备查。

④ 放弃报关。

向海关提出书面申请,经批准并开具放弃加工贸易货物交接单,加工贸易企业凭交接单将货物运到海关指定仓库,并办理货物报关手续。未得到海关批准的,该货物只能按退运、征税内销、销毁处理。

⑤ 销毁。

加工贸易货物销毁处置,是指加工贸易企业对因故无法内销或者退运的边角料、剩余料件、残次品、副产品或者受灾保税货物,向海关申报,委托具有法定资质的单位,采取焚烧、填埋和用其他无害化方式,改变货物物理、化学和生物等特性的处置活动。

海关凭相关单证、处置单位出具的接收单据和处置证明等资料办理核销手续。

海关可以派员监督处置,加工贸易企业以及有关处置单位应当给予配合。加工贸易企业因处置获得的收入,应当向海关如实申报,海关比照边角料内销征税的管理规定办理征税手续。

(3) 受灾保税货物的监管。

加工贸易企业应在受灾后7日内向主管海关书面报告,并提供有关证明材料,海关可派员核查取证。

① 由于不可抗力原因造成的受灾加工贸易货物,若全部灭失或失去使用价值,可以由海关审定予以免税。

② 需销毁的受灾货物,同其他加工贸易货物销毁处理一样;可再利用的,按照海关审定的加工贸易货物价格,按照对应的税率缴纳进口税和缓税利息。

③ 对非不可抗力因素造成的受灾加工贸易货物,海关按照原进口货物成交价格审定完税价格,照章征税。

④ 因不可抗力原因造成的受灾加工贸易货物处理时,属于许可证管理的,免交许可证。

(四) 电子账册管理下的加工贸易货物报关流程

1. 联网监管的含义

海关对加工贸易企业实施联网监管,是指加工贸易企业通过数据交换平台或者其他计算机网络方式向海关报送能满足海关监管需要的物流、生产经营等数据,海关对数据进行核对、核算,并结合实物进行核查的一种海关保税加工监管方式。

海关为联网企业建立电子底账,联网企业只设立一个电子账册。根据联网企业的生产情况和海关的监管需要确定核销周期,并按照该核销周期对实行电子账册管理的联网企业进行核销。

2. 电子账册的建立

电子账册的建立要经过加工贸易企业的联网监管的申请和审批、加工贸易业务的申请和审批、建立商品归并关系和电子账册三个步骤。

(1) 联网监管的申请和审批。

加工贸易企业在向海关申请联网监管前,应当先向企业所在地商务主管部门办理前置审批手续,由商务主管部门对加工贸易经营范围依法进行审批。

经商务主管部门审批同意后,加工贸易企业向所在地直属海关提出书面申请,经审核符合联网监管条件的,主管海关制发《海关实施加工贸易联网监管通知书》。

(2) 加工贸易业务的申请和审批。

联网企业的加工贸易业务由商务主管部门审批。商务主管部门总体审定联网企业的加工贸易资格、业务范围和加工生产能力。

商务主管部门收到联网企业的申请后,对非国家禁止开展的加工贸易业务,予以批准,并签发《联网监管企业加工贸易业务批准证》。

(3) 建立商品归并关系和电子账册。

① 联网企业凭商务主管部门签发的《联网监管企业加工贸易业务批准证》向所在地主管海关申请建立电子账册。

② 电子账册包括《经营范围电子账册》(即 IT 账册)和《便捷通关电子账册》(即 E 账册)。《经营范围电子账册》不能直接报关,主要是用来检查控制《便捷通关电子账册》进出口商品的范围。《便捷通关电子账册》用于加工贸易货物的备案、通关和核销。

③ 电子账册是在商品归并关系确立的基础上建立起来的,没有商品归并关系就不能建立电子账册。

④ 商品归并关系,是指海关与联网企业根据监管的需要按照中文品名、HS 编码、价格、贸易管制等条件,将联网企业内部管理的"料号级"商品与电子账册备案的"项号级"商品归并或拆分,建立一对多或多对一的对应关系。

3. 报关程序

电子账册管理下的加工贸易货物报关需经过三个环节,即备案、货物报关和海关核销。

(1) 备案。

①《经营范围电子账册》备案。

联网企业凭商务主管部门的批准证通过网络向海关办理《经营范围电子账册》备案,备案内容包括:经营单位名称和代码;加工单位名称和代码;批准证件编号;加工生产能力;加工贸易进口料件和成品范围(商品编码前 4 位)。

②《便捷通关电子账册》备案。

联网企业通过网络向海关办理《便捷通关电子账册》备案手续,备案内容包括:企业基本情况表;料件与成品部分;单耗关系(包括成品版本号,对应料件的净耗、耗损率等)。

其他部分可以同时申请备案也可以分阶段申请备案,但是料件的备案必须在相关料件进口前备案。成品和单耗关系最迟在相关成品出口前备案。

海关将根据联网企业的加工能力设定电子账册最大周转金额,并将对部分高风险或需要重点监管的料件设定最大周转数量。电子账册进口料件的金额、数量加上电子账册剩余料件的金额、数量不得超过最大周转金额和最大周转数量。

③ 备案变更。

A.《经营范围电子账册》变更。

联网企业的经营范围、加工能力发生变更时,经商务主管部门批准后,通过网络向海关办理申请变更,海关予以审核通过,出具《加工贸易业务批准证证明》。

B.《便捷通关电子账册》变更。

《便捷通关电子账册》的最大周转金额、核销期限等需要变更时,联网企业应向海关提交申请,海关批准后直接变更。基本情况表内容发生改变,只要未超出经营范围和加工能力,不必报商务主管部门审批,可以通过网络直接向海关申请变更。

(2)货物报关。

电子账册下联网企业的加工贸易货物报关与电子化手册模式一样,适用进出口报关阶段程序的,也有进出境货物报关、深加工结转报关与其他加工贸易货物报关。

(3)报核。

① 企业报核。

海关对采用电子账册管理模式的联网企业报核期限,一般规定180日为一个报核周期。首次报核期限,从电子账册建立之日起180日后的30日内;以后报核期限,从上次报核之日起180日后的30日内。

企业必须在规定的期限内完成报核手续,确有正当理由不能按期报核的,经主管海关批准可以延期,但延长期限不得超过60日。

② 海关核销。

海关核销的基本要求是掌握联网企业在某个时段所进口的各项保税加工料件的使用、流转、损耗的情况,确认是否符合以下的平衡关系:

进口保税料件(含深加工结转进口)＝出口成品折料(含深加工结转出口)＋内销料件＋内销成品折料＋剩余料件＋损耗－退运成品折料。

(五)出口加工区及其货物的报关程序

1. 出口加工区的含义

出口加工区,是指经国务院批准在我国境内设立的,由海关对进出区货物及区内相关场所进行封闭式监管的特定区域。

出口加工区具有从事保税加工、保税物流及研发、检测、维修等业务的功能。

出口加工区内设置出口加工企业、仓储物流企业,以及经海关核准专门从事区内货物进出的运输企业。

2. 海关监管

(1)出口加工区内不得经营商业零售,不得建立营业性的生活消费设施。

(2) 与海关实行电子计算机联网,进行电子数据交换。

(3) 加工区与境外进出的货物,除了国家另有规定以外,不实行进出口许可证件管理。因国内技术无法达到产品要求,须将国家禁止出口商品运至出口加工区内进行某项工序加工的,应报商务主管部门审批,海关根据出料加工的相关管理规定进行监管,其运入出口加工区的货物,不予签发出口退税报关单。

(4) 境内区外的货物进入出口加工区视同出口,办理出口手续,可以办理出口退税。

(5) 从境外运入出口加工区的加工贸易货物全额保税,出口加工区区内开展加工贸易业务,不实行"加工贸易银行保证金台账"制度,但适用电子账册管理,实行备案电子账册滚动累扣、核扣,每6个月核销一次。

(6) 出口加工区内企业从境外进口的自用的生产、管理所需设备、物资,除了交通车辆和生活用品以外,予以免税。

3. 报关程序

出口加工区在进出口货物之前,应向出口加工区主管海关申请建立电子账册,包括《加工贸易电子账册》(即H账册)和《企业设备电子账册》。

(1) 与境外之间进出境货物的报关。

出口加工区企业从境外运进货物或运出货物到境外,由收发货人填写"中华人民共和国海关出口加工区进(出)境货物备案清单"[以下简称"进(出)境货物备案清单"],向出口加工区海关报关。

跨关区进出境的出口加工区货物,除了邮递物品、个人随身携带物品、跨关区进口车辆和出区在异地口岸拼箱出口货物以外,按"转关运输"中的直转转关方式办理转关。对于同一直属海关的关区内进出境的出口加工区货物,可以按直通式报关。

(2) 出口加工区与境内区外其他地区之间进出货物的报关。

① 出口加工区货物运往境内区外(出区进入国内市场)。

出口加工区货物运往境内区外的货物,按照对进口货物的有关规定办理报关手续。

由区外企业录入《进口货物报关单》,凭发票、装箱单、相应的许可证件等单证向出口加工区海关办理进口报关手续。

进口报关结束后,区内企业填制《中华人民共和国海关出口加工区出境货物备案清单》(以下简称《出境货物备案清单》),凭发票、装箱单、电子账册编号向出口加工区海关办理出区报关手续。

出口加工区海关放行货物后,向区外企业签发进口货物报关单付汇证明联,向区内企业签发出口加工区出境货物备案清单收汇证明联。

相关链接

出口加工区货物运往境内区外的特殊规定

1. 出口加工区企业内销加工制成品,以海关接受内销申报的同时或大约同时进口的相同或类似货物进口成交价格为基础审查确定完税价格。

2. 内销的副产品,以内销价格作为完税价格,由区外企业缴纳进口关税和进口环节海关代征税,免于交付缓税利息。属许可证件管理的,出具有效的进口许可证件。

3. 出口加工区内企业产生的边角料、废品、残次品等原则上应复运出境。若出区内销按照对区外其他加工贸易货物内销的相关规定办理：

（1）边角料、废品内销，海关按照报验状态归类后适用的税率和审定的价格计征税款，免予提交许可证件；

（2）边角料、废品以处置方式销毁的，或者属于禁止进口的固体废物需出区进行利用或者处置的，区内企业持处置单位的《危险废物经营许可证》复印件以及出口加工区管委会和所在地地（市）级环保部门的批准文件向海关办理有关手续；

（3）对无商业价值且不属于禁止进口的固体废物的边角料和废品，需运往区外以处置之外的其他方式销毁的，应凭出口加工区管委会的批件，向主管海关办理出区手续，海关予以免税，并免予核验进口许可证件；

（4）残次品出区内销，按成品征收进口关税和进口环节海关代征税，属于进口许可证件管理的，企业应当向海关提交相应许可证件；对属于《法检目录》内的出区内销残次品，须经出入境检验检疫机构按照国家技术规范的强制性要求检验合格后，方可内销。

4. 出口加工区内企业在需要时，可以将有关模具、半成品运往区外进行加工生产，应报经出口加工区主管海关关长批准，由接受委托的区外企业，向加工区主管海关缴纳货物应征关税和进口环节增值税等值的保证金或银行保函后方可办理出区手续。加工产品完毕后，加工产品应按期（一般为6个月）退回出口加工区，区内企业向出口加工区主管海关提交运出出口加工区时填写的《委托区外加工申请书》及相关单证，办理验放核销手续。

加工区主管海关办理验放核销手续后，退还保证金或撤销保函。

5. 出口加工区内使用的机器、设备、模具和办公用品等，需运往境外进行维修、测试或校验时，区内企业或管理机构应向海关提出申请，并经主管海关核准、登记、查验后，方可出区维修、测试或校验。

区内企业将模具运往境内区外维修、测试或检验时，应留存模具所生产产品的样品，准备海关对运回出口加工区的模具进行核查。按"修理物品"监管，不得用于境内区外加工和使用。

6. 运往境内区外维修、测试或检验的机器、设备、模具和办公用品等，不得用于境内区外加工生产和使用。应自运出之日起60日内运回加工区。因特殊情况不能如期运回的，区内企业应于期限届满前7日内，向主管海关说明情况，并申请延期。申请延期以1次为限，延长期不得超过30日。

7. 运往境内区外维修的机器、设备、模具和办公用品等，运回加工区时，要以海关能辨认其为原物或同一规格的新零件、配件或附件为限，但更换新零件、配件或附件的，原零件、配件或附件应一并运回出口加工区。

② 境内区外货物运入出口加工区。

境内区外运往出口加工区的货物，按照对出口货物的有关规定办理报关手续。由区外企业录入《出口货物报关单》，凭购销合同（协议）、发票、装箱单等单证向出口加工区海关办理出口报关手续。

出口报关结束后，区内企业填制《中华人民共和国海关出口加工区进境货物备案清单》，凭购销发票、装箱单、电子账册编号等单证向出口加工区海关办理进区报关手续。

出口加工区海关查验、验放货物后,向区外企业签发出口货物报关单收汇证明联和出口退税证明联,向区内企业签发出口加工区进境货物备案清单付汇证明联。

从境内区外运进加工区供区内企业使用的国产机器、设备、原材料、零部件、元器件、包装物料、基础设施,加工企业和行政管理部门生产、办公用品所需合理数量的基建物资等,按照对出口货物的管理规定办理出口报关手续,海关签发出口退税报关单退税证明联(不予退税的基建物资除外)。境内区外企业依据出口货物报关单退税证明联向税务部门办理出口退(免)税手续。

(3) 出口加工区深加工结转货物报关。

出口加工区深加工结转货物,是指出口加工区内企业经海关批准并办理相关手续,将本企业加工生产的产品直接或通过保税仓库企业转入其他出口加工区、保税区等海关特殊监管区域内及区外加工贸易企业进一步加工后复出口的经营活动。

出口加工区企业开展深加工结转时,转出企业凭出口加工区管委会的批复,向所在地的出口加工区海关办理备案手续后方可开展货物的实际结转;对转入其他出口加工区、保税区等海关特殊监管区域的,转入企业凭其所在区域管委会的批复办理结转手续,对转入出口加工区、保税区等海关特殊监管区域外加工贸易企业的,转入企业凭商务主管部门的批复办理结转手续。

对结转至海关特殊监管区域外加工贸易企业的货物,海关按照对保税加工进口货物的有关规定办理手续。

结转产品如果属于加工贸易项下进口许可证管理商品的,企业应向海关提供相应的有效的许可证件。

对转入海关特殊监管区域的,转出企业和转入企业分别向自己的主管海关办理结转手续,对转入海关特殊监管区域外加工贸易企业的,转出企业和转入企业在转出地主管海关办理结转手续。

对转入海关特殊监管区域的深加工结转,除了特殊情况以外,比照转关运输方式办理结转手续;不能按照转关运输方式办理结转手续的,在向主管海关提供相应的担保后,由企业自行运输。

对转入特殊监管区域外加工贸易企业的深加工结转报关程序如下。

① 转入企业在《中华人民共和国海关出口加工区货物深加工结转申请表》(一式四联)中填写本企业的转入计划,凭申请表向转入地海关备案。

② 转入地海关备案后,留存申请表第一联,其余三联退换转入企业送交出口加工区转出企业。

③ 转出企业自转入地海关备案之日起 30 日内,持申请表其余三联,填写本企业的相关内容后,向主管海关办理备案手续。

④ 转出地海关审核后,留存申请表第二联,将第三联、第四联分别交给转出企业、转入企业。

⑤ 转出企业、转入企业办理结转备案手续后,凭双方海关核准的申请表进行实际收发货。转出企业的每批次发货记录应当在一式三联的《出口加工区货物实际结转情况登记表》上如实登记,转出地海关在卡口签注登记表后,货物出区。

⑥ 转出企业、转入企业每批实际发货、收货后,可以凭申请表和转出地海关签注的登记表分批或集中办理报关手续。转出企业、转入企业每批实际发货、收货后,应当在实际发货、收货之日起 30 日内办结该批货物的报关手续。转入企业填报结转用《进口货物报关单》,转出企业填报结转用出口备案清单。

一份结转用《进口货物报关单》对应一份结转用出口备案清单。

区内转出的货物因质量不符等原因发生退运、退换的,转入企业为特殊监管区域以外的加工贸易企业的,按退运货物或退换货物办理相关手续。

(4) 出口加工区机器设备出区办理。

① 从境外进入出口加工区的特定减免税设备。

A. 从境外进入出口加工区按规定予以免税的机器设备,海关在规定的监管年限内实施监管。监管年限自货物进境放行之日起计算,期限为 5 年。使用完毕,原则上应退运出境。

B. 需要在监管年限内出区内销的,海关按照特定减免税货物的管理规定征收税费。监管年限届满的,出区时不再征收税款。从境外进入出口加工区时免于提交《机电产品进口许可证》的,其出区时,海关凭与其入境状态一致的《机电产品进口许可证》验放。

C. 在监管年限内转让给区外进口同一货物享受减免税优惠待遇的企业的,由区外企业按照特定减免税货物的管理规定办理进口手续,监管年限继续计算;若出区转为加工贸易不作价设备的,由区外企业按照加工贸易不作价设备的管理规定办理进口手续,监管年限继续计算。

② 从境内区外采购入区予以退税的机器设备。

从境内区外采购入区予以退税的机器设备若需内销出区,在办理进口手续时,按照报验状态征税,免于提交相应的进口许可证件。

从境内区外采购入区的海关监管年限内的特定减免税进口的机器设备和加工贸易不作价设备,监管年限继续计算,监管年限届满的,出区时不再征税。在海关监管年限内的,出区时按照海关特定减免税货物的管理规定征收税款。

(六) 珠海园区进出货物报关程序

1. 相关定义

珠澳跨境工业区,是指经国务院批准设立,在我国珠海经济特区和澳门特别行政区之间跨越珠海和澳门关境线,由中国海关和澳门海关共同监管的海关特殊监管区域。

珠澳跨境工业区由珠海园区和澳门园区两部分组成。

珠海园区,是指经国务院批准设立的珠澳跨境工业区由中国海关按照《海关法》和其他有关法律、行政法规进行监管的珠海经济特区部分的园区。

澳门园区,是指经国务院批准设立的珠澳跨境工业区由澳门特别行政区海关按照澳门特别行政区的有关规定进行监管的澳门特别行政区部分的园区。

2. 珠海园区的功能

珠海园区具备从事保税物流、保税加工和国际转口贸易的功能。珠海园区可以开展以下业务:

(1) 加工制造;

(2) 检测、维修、研发;

(3) 储存进出口货物及其他未办结海关手续货物;

(4) 国际转口贸易；

(5) 国际采购、分销和配送；

(6) 国际中转；

(7) 商品展示、展销；

(8) 经海关批准的其他加工和物流业务。

3. 珠海园区的管理

珠海园区实行保税区政策，与中华人民共和国关境内的其他地区之间进出货物在税收方面实行出口加工区政策。

(1) 禁止事项。

① 法律、行政法规禁止进出口的货物、物品，不得进出珠海园区。

② 珠海园区内不得建立商业性生活消费设施。

③ 除了安全保卫人员和企业值班人员以外，其他人员不得在珠海园区居住。

(2) 企业管理。

珠海园区内的企业应当具有法人资格，具备向海关缴纳税款及履行其他法定义务的能力，并且在区内拥有专门的营业场所。

特殊情况下，经直属海关批准，区外法人企业可以依法在珠海园区内设立分支机构。

区内企业应当按照《中华人民共和国海关对报关单位注册登记管理规定》及相关规定向海关办理注册登记、变更、注销、行政许可延续及换证等手续。

区内企业应当依据《中华人民共和国会计法》（以下简称《会计法》）及国家有关法律、行政法规的规定，设置符合海关监管要求的账簿、报表，记录本企业的财务状况和有关进出珠海园区货物、物品的库存、转让、转移、销售、加工、使用和损耗等情况，如实填写有关单证、账册，凭合法、有效凭证记账并且进行核算。

海关对区内企业实行电子账册监管制度和计算机联网管理制度。

(3) 加工贸易管理。

区内企业自开展业务之日起，应当每年向珠海园区主管海关办理报核手续，珠海园区主管海关应当自受理报核申请之日起 30 日内予以核销。区内企业有关账册、原始单证应当自核销结束之日起至少保留 3 年。

区内企业开展加工贸易不实行加工贸易银行保证金台账制度。

区内加工贸易货物内销不征收缓税利息。

(4) 特殊情况处理。

遭遇不可抗力的，海关监管货物被盗窃的，区内企业分立、合并、破产的，区内企业应当在情况发生之日起 5 个工作日内书面报告海关，并且办理相关手续。

因不可抗力造成珠海园区内货物损坏、灭失的，区内企业应当及时书面报告珠海园区主管海关，并且提供保险、灾害鉴定部门的有关证明。经珠海园区主管海关核实确认后，按照以下规定处理：

① 货物灭失，或者虽未灭失但完全失去使用价值的，海关依法办理核销和免税手续。

② 进境货物损坏，失去原使用价值但可以再利用的，区内企业可以向海关办理退运手续。要求运往区外的，由区内企业提出申请，并且经珠海园区主管海关核准后，按照出区时

的实际状态办理海关手续。

③ 区外进入珠海园区的货物损坏,失去原使用价值但可以再利用,并且向区外出口企业进行退换的,可以退换为与损坏货物同一品名、规格、数量、价格的货物,并且向珠海园区主管海关办理退运手续。

因保管不善等非不可抗力因素造成货物损坏、灭失的,按照以下规定办理:

① 对于从境外进入珠海园区的货物,区内企业应当按照一般进口货物的规定,以货物进入珠海园区时海关接受申报之日适用的税率、汇率,依法向海关缴纳损毁、灭失货物原价值的进口环节海关代征税;

② 对于从境内区外进入珠海园区的货物,区内企业应当重新缴纳出口退还的国内环节有关税款,海关根据有关单证办理核销手续。

4. 与境外之间进出货物报关程序

海关对珠海园区与境外之间进出的货物,实行备案制管理,由货物的收发货人或其代理人填写"进(出)境货物备案清单",向海关备案。

对于珠海园区与境外之间进出的货物,可以办理集中申报手续。

珠海园区与境外之间进出的货物应当向珠海园区主管海关申报。珠海园区与境外之间进出货物的进出境口岸不在园区主管海关管辖区域的,区内企业应当按照转关运输或者异地报关等方式办理有关手续。

珠海园区与境外之间进出的货物,不实行进出口配额、许可证件管理。

5. 与境内区外其他地区之间进出货物

海关对珠海园区与境内区外之间进出货物的监管分出区和进区两种情况。

(1) 出区。

珠海园区内货物运往区外视同进口。

珠海园区内货物运往区外,由区内企业填制《出境货物备案清单》向珠海园区主管海关办理申报手续,区外收货人或其代理人填制《进口货物报关单》向珠海园区主管海关办理申报手续。

区内企业跨关区配送货物或者异地企业跨关区到珠海园区提取货物,可以在珠海园区主管海关办理申报手续,也可以按照规定在异地企业所在地海关办理申报手续。

海关按照货物进口的有关规定办理手续。需要征税的,按照货物出区时的实际状态征税;属于许可证件管理商品的,区内企业或者区外收货人还应当向海关出具进口许可证件。

(2) 进区。

货物从境内区外进入珠海园区视同出口。海关按照货物出口的有关规定办理手续。属于出口应税商品的,按照有关规定进行征税;属于配额、许可证件管理商品的,区内企业或者区外发货人还应当向海关出具出口配额、许可证件。

二、保税物流货物

(一) 保税物流货物概述

1. 保税物流货物的含义

保税物流货物,是指经海关批准未办理纳税手续进境在境内进行分拨、配送或储存后复运出境的货物,也称保税仓储货物。

2. 保税物流货物的监管模式

保税物流货物的监管模式如图 4-3 所示。

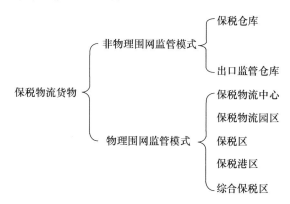

图 4-3 保税物流货物的监管模式

(1) 保税仓库。

保税仓库,是指经海关批准设立专门存放加工贸易货物及其他未办结海关手续货物的仓库。

(2) 出口监管仓库。

出口监管仓库,是指经海关批准设立对已办结海关出口手续的货物进行存储、保税物流配送、提供流通性增值服务的海关专用监管仓库。

(3) 保税物流中心。

保税物流中心,是指经海关总署批准,由中国境内一家企业法人经营,多家企业进入并从事保税仓储物流业务的海关集中监管场所。

(4) 保税物流园区。

保税物流园区,是指经国务院批准,在保税区规划面积内或者毗邻保税区的特定港区内设立的,专门发展现代国际物流的海关特定监管区域。

(5) 保税区。

保税区,是指经国务院批准,在我国境内设立的由海关进行监管的特定区域。

(6) 保税港区。

保税港区,是指经国务院批准,设立在国家对外开放的口岸港区和与之相连的特定区域内,具有口岸、物流、加工等功能的海关特殊监管区域。

(7) 综合保税区。

综合保税区,是指集保税区、出口加工区、保税物流园区、港口的功能于一身,可以发展国际中转、配送、采购、转口贸易和出口加工区等业务,是国内功能最全的海关特殊监管区域。

3. 监管特征

(1) 设立审批。

① 设立保税仓库、出口监管仓库和保税物流中心,须经过海关审批。

② 保税物流园区、保税区和保税港区需经国务院审批,凭国务院同意设立的批复设立,并经海关等部门验收合格才能存放保税物流货物。

(2) 准入保税。

按批准存放范围准予货物进入监管场所或者区域,不符合规定存放范围的货物不准存入,准予进入成为海关保税物流货物的监管目标之一。除了自用物资以外,被准予进入专用监管场所或特殊监管区域的进境货物均保税。

(3) 纳税暂缓。

凡进境进入保税物流监管场所或特殊监管区域的保税物流货物在进境时都可以暂时不办理进口纳税手续,等到运离保税监管场所时才办纳税手续,或者征税,或者免税。

内销时保税物流货物不需要征收缓税利息。

(4) 监管延伸。

① 监管地点可以延伸到专用监管场所或者特殊监管区域。

② 监管时间延伸参见表4-4。

表4-4 保税物流货物的监管期限

类 型	存放保税物流货物的时间
保税仓库	1年,可以申请延长,延长的期限最长不超过1年
出口监管仓库	6个月,可以申请延长,延长的最长时间为6个月
保税物流中心	2年,可以申请延长,延长的期限最长不超过1年
保税物流园区	没有限制
保税区	没有限制
保税港区	没有限制
综合保税区	没有限制

(5)"运离"结关。

除了暂准运离(维修、测试、展览等)需要继续监管以外,每一批货物运离保税监管场所或者特殊监管区域,都必须根据货物的实际流向办结海关手续。

(二) 保税仓库

1. 保税仓库的含义

保税仓库,是指经海关批准设立的专门存放加工贸易货物及其他未办结海关手续货物的仓库。保税仓库分为公用型保税仓库、自用型保税仓库和专用型保税仓库三类。

2. 存放货物的范围

(1) 加工贸易进口货物。
(2) 转口货物。
(3) 供应国际航行的船舶航空器的油料、物料和维修用零部件。
(4) 供应维修外国产品所进口寄售的零配件。
(5) 外商进境暂存货物。
(6) 未办结海关手续的一般贸易进口货物。
(7) 经海关批准的其他未办结海关手续的进境货物。

3. 保税仓库设立应当具备的条件

(1) 具有企业法人的资格。

(2) 注册资本最低限额为 300 万元人民币。

(3) 具备向海关缴纳税款的能力。

(4) 经营特殊许可商品存储的,应当持有规定的特殊许可证件。

(5) 经营备料保税仓库的加工贸易企业,年出口额最低为 1 000 万美元。

(6) 具有专门存储加工贸易货物的营业场所并符合海关对保税仓库布局的要求:

① 具备符合海关监管要求的安全隔离设施、监管设施和办理业务必需的其他设施;

② 具备符合海关监管要求的保税仓库计算机管理系统并与海关联网;

③ 具备海关监管要求的保税仓库管理制度、符合《会计法》要求的会计制度;

④ 符合国家土地管理、规划、交通、消防、安全、质检、环保等方面法律、行政法规及有关规定;

⑤ 公用型保税仓库的面积最低为 2 000 平方米,液体危险品保税仓库的容积最低为 5 000 立方米,寄售维修保税仓库的面积最低为 2 000 平方米。

企业申请设立保税仓库的,应向仓库所在地主管海关提交书面申请,由直属海关审批。

4. 保税仓库监管和报关要点

(1) 保税仓库所存货物的储存期限为 1 年。若因特殊情况需要延长储存期限的,应向主管海关申请延期,经海关批准可以延长,延长的期限最长不超过 1 年。

(2) 保税仓库所存货物是海关监管货物,未经海关批准并按规定办理有关手续,任何人不得出售、转让、抵押、质押、留置、移作他用或者进行其他处置。

(3) 货物在仓库储存期间发生损毁或者灭失,除了不可抗力因素以外,保税仓库应当依法向海关缴纳损毁、灭失货物的税款,并承担相应的法律责任。

(4) 保税仓库货物可以进行包装、分级分类、印刷运输标志、分拆、拼装等简单加工,不得进行实质性加工。

(5) 保税仓库经营企业应于每月 5 个工作日之前以电子数据和书面形式向主管海关申报上一个月仓库收、付、存情况,并随附有关的单证,由主管海关核销。

5. 保税仓库货物报关程序

(1) 进仓报关。

保税仓库货物进境入仓时,除了易制毒化学品、监控化学品、消耗臭氧层物质以外,免领进口许可证件。

① 如果仓库主管海关与进境口岸不是同一直属海关的,按转关方式来办理,可以按提前报关转关方式申报,也可以按直转转关方式申报。

② 如果仓库主管海关与进境口岸是同一直属海关的,经批准,可以不按转关运输方式办理,由经营企业直接在口岸海关办理报关手续,口岸海关放行后,经营企业自行提取货物入仓。

(2) 出仓报关。

保税仓库货物出仓可能出现进口报关(进入国内市场)和出口报关(复运出口)。

① 进口报关(进入国内市场)。

转为正式进口的同一批货物,要填制两张报关单,一张办理出仓报关手续,由保税仓库经营企业填制《出口货物报关单》；另一张办理进口申报手续，按照实际进口监管方式，填制《进口货物报关单》。进口手续大体分为：

A. 出仓用于加工贸易，按保税加工报关程序办理；

B. 出仓作为特定减免税货物，按特定减免税货物报关流程办理；

C. 出仓进入国内市场，按一般进口货物报关流程办理；

D. 寄售维修零配件申请以保修期内免费出仓的，由保税仓库经营企业办理进口报关手续，填制《进口报关单》，贸易方式栏填"无代价抵偿货物"，并确认免税出仓的维修件在保修期内不超过原设备进口之日起3年。

② 出口报关（复运出口）。

保税仓库出仓复运出境货物，应当按转关运输方式办理出仓手续。是同一直属海关的，经批准，可以不按转关运输方式办理。

③ 集中报关。

加工贸易货物出库批量少批次频繁，经海关批准可以办理定期集中报关手续。

（三）出口监管仓库

1. 出口监管仓库的含义

出口监管仓库，是指经过海关批准设立，对已办结海关出口手续的货物进行存储、保税物流配送、提供流通性增值服务的海关专用监管仓库。

出口监管仓库分为出口配送型仓库和国内结转型仓库。出口配送型仓库，是指存储以实际离境为目的的出口货物的仓库。国内结转型仓库，是指存储用于国内结转的出口货物的仓库。

2. 存放货物的范围

（1）一般贸易出口货物。

（2）加工贸易出口货物。

（3）从其他海关特殊监管区域、场所转入的出口货物。

（4）其他已办结海关出口手续的货物。

（5）出口配送型仓库可以存放为拼装出口货物而进口的货物。

3. 出口监管仓库的设立

（1）申请设立的条件。

① 具有企业法人的资格。

② 具有进出口经营权和仓储经营权。

③ 注册资本300万元人民币以上。

④ 具备向海关缴纳税款的能力。

⑤ 具有专门存储货物的场所，出口配送型仓库的面积不低于5 000平方米，国内结转型仓库的面积不低于1 000平方米。

（2）申请设立和审批。

申请人应当向仓库所在地主管海关提交书面申请，海关受理、审查，对符合条件的，作出准予设立的决定，并出具批准文件。

(3) 验收和运营。

获得批准之日起,1年内申请人向海关申请验收,申请验收应当符合以下条件:

① 符合申请设立出口监管仓库的5项条件;

② 具备符合海关监管要求的安全隔离设施、监管设施和办理业务必需的其他设施;

③ 具备符合海关监管要求的计算机管理系统,并与海关联网;

④ 建立了出口监管仓库的章程、机构设置、仓储设施及账册管理和会计制度等仓库管理制度;

⑤ 自有仓库的,具有出口监管的产权证明,租赁仓库的,具有租赁期限5年以上的租赁合同;

⑥ 消防验收合格。

验收合格,经直属海关注册登记并核发《中华人民共和国海关出口监管仓库注册登记证书》投入运营,证书的有效期为3年。

4. 出口监管仓库的监管与报关要点

(1) 出口监管仓库必须专库专用,不得转租、转借给他人经营,不得下设分库。

(2) 出口监管仓库经营企业应当如实填写有关单证、仓库账册,真实记录并全面反映其业务活动和财务情况,编制仓库月度进、出、转、存情况表和年度财务会计报告,并定期报送主管海关。

(3) 出口监管仓库所存货物的储存期限为6个月,特殊情况需要延长的,不得超过6个月。

(4) 出口监管仓库所存货物,是海关监管货物,未经海关批准并按规定办理有关手续,任何人不得出售、转让、抵押、质押、留置、移作他用或者进行其他处置。

(5) 货物在仓库储存期间发生损毁或者灭失,除了不可抗力原因以外,出口监管仓库应当依法向海关缴纳损毁、灭失货物的税款,并承担相应的法律责任。

(6) 经主管海关同意,可以在出口监管仓库内进行品质检验、分级分类、分拣分装、印刷运输标志、改换包装等流通性增值服务。

5. 出口监管仓库货物报关程序

(1) 进仓报关。

① 出口货物存入出口监管仓库,发货人或其代理人应填制《出口货物报关单》。按国家规定应当提交出口许可证件和缴纳出口关税的,发货人或其代理人必须提交许可证件和缴纳出口关税。

② 发货人或其代理人按照海关规定提交报关必需单证和仓库经营企业填制的《出口监管仓库货物入仓清单》。

③ 对经批准享受入仓即可退税政策的出口监管仓库,海关签发出口货物报关单退税证明联。对不享受入仓即退税政策的出口监管仓库,海关在货物实际离境后签发出口货物报关单退税证明联。

(2) 出仓报关。

出口监管仓库货物出仓可能出现出口报关和进口报关两种情况。

① 出口报关。

仓库经营企业或其代理人需提交报关必需单证和《出口监管仓库货物出仓清单》。

② 进口报关。

出口监管仓库货物转进口的,应当经海关批准,按进口货物的有关规定办理相关手续。

A. 用于加工贸易的,由加工贸易企业按加工贸易货物的报关程序办理进口报关手续。

B. 作为特定减免税货物的,按特定减免税的报关程序办理进口报关手续。

C. 进入国内市场的货物,按一般进口货物的报关程序办理进口报关手续。

(3) 结转报关。

经转入方、转出方所在地主管海关批准,并按照转关运输的规定办理相关手续后,出口监管仓库之间、出口监管仓库与保税区、出口加工区、珠海园区、保税物流园区、保税港区、保税物流中心等其他特殊海关监管区域和海关监管场所之间可以进行货物流转。

(4) 更换报关。

对于已经存入出口监管仓库,因质量原因要求更换的。在被更换货物出仓之前,更换货物应当先行入仓,且应当与原货物在商品编码、品名、规格型号、数量、价值等方面均相同。

(四) 保税物流中心

1. 保税物流中心的含义

保税物流中心,是指经海关批准,由中国境内一家企业法人经营,多家企业进入并从事保税仓储物流业务的海关集中监管场所。

2. 存放货物的范围

(1) 国内出口货物。

(2) 转口货物和国际中转货物。

(3) 外商暂存货物。

(4) 加工贸易进出口货物。

(5) 供应国际航行船舶和航空器的物料、维修用零部件。

(6) 供维修外国产品所进口寄售的零配件。

(7) 未办结海关手续的一般贸易进口货物。

(8) 经海关批准的其他未办结海关手续的货物。

3. 允许开展业务的范围

(1) 保税存储进出口货物及其他未办结海关手续货物。

(2) 对所存货物开展流通性简单加工和增值服务。

(3) 全球采购和国际分拨、配送。

(4) 转口贸易和国际中转业务。

(5) 经海关批准的其他国际物流业务。

4. 禁止开展业务的范围

(1) 商业零售。

(2) 生产和加工制造。

(3) 维修、翻新和拆解。

(4) 存储国家禁止进出口货物,以及危害公共安全、公共卫生或者健康、公共道德或者秩序和国家限制进出口货物。

(5) 存储法律、法规明确规定不能享受保税政策的货物。
(6) 其他与物流中心无关的业务。

5. 设立条件

(1) 保税物流中心的设立。

保税物流中心经营企业需满足以下资格条件：

① 经工商行政管理部门注册登记，具有独立的企业法人资格；
② 注册资本不低于5 000万元人民币；
③ 具备对中心内企业进行日常管理的能力；
④ 具有协助海关对进出中心的货物和中心内企业的经营行为实施监管的能力；
⑤ 经营面积上，要求东部地区不低于10万平方米，中西部地区不低于5万平方米。

申请企业向所在地直属海关提出申请，直属海关受理，报海关总署审批，并由海关总署出具批准申请企业筹建保税物流中心的文件。

保税物流中心验收合格后，由海关总署向企业核发"保税物流中心验收合格证书"和"保税物流中心注册登记证书"，颁发保税物流中心标牌。

(2) 保税物流中心内企业的设立。

企业进入保税物流中心的条件如下：

① 具有独立法人资格的企业注册资本最低限额为500万元人民币；
② 属企业分支机构的，该企业注册资本不低于1 000万元人民币。

企业申请进入保税物流中心应当向所在地主管海关提交书面申请，主管海关受理后报直属海关审批。直属海关对经批准的企业核发"中华人民共和国海关保税物流中心企业注册登记证书"。

6. 海关监管和报关要点

(1) 保税物流中心经营企业应当设立管理机构负责其日常工作，保税物流中心经营企业不得在本中心内直接从事保税仓储物流的经营活动。

(2) 保税物流中心内货物保税存储期限为2年，除了特殊情况以外，延期不得超过1年。

(3) 经海关批准，可以分批进出货物，月度集中报关，但集中申报不得跨年度办理。

(4) 未经海关批准，保税物流中心不得擅自将所存货物抵押、质押或进行其他处置。保税物流中心货物可以在中心内企业之间进行转让、转移，但必须向海关办理相关海关手续。

(5) 保税仓储货物在存储期间发生损毁或者灭失的，除了不可抗力原因以外，保税物流中心经营企业向海关缴纳税款，并承担相应的法律责任。

7. 保税物流中心货物报关程序

(1) 保税物流中心与境外之间进出货物。

① 货物收发货人或其代理人应向保税物流中心主管海关办理相关手续。
② 不实行进出口配额、许可证件管理。
③ 从境外进入保税物流中心内的货物，凡属于规定存放货物范围内的货物予以保税。
④ 属于保税物流中心企业进口自用的办公用品、交通运输工具、生活消费品等，以及保税物流中心开展综合物流服务所需进口的机器、装卸设备、管理设备等，按照进口货物的有关规定和税收政策办理相关手续。

(2) 保税物流中心与境内之间的进出货物报关。

① 货物出保税物流中心。

A. 货物出保税物流中心进入关境内其他地区视同进口。按照货物进入境内的实际流向和实际状态填制《进口货物报关单》,办理进口报关手续。

B. 货物出保税物流中心运往境外填制《出口货物报关单》,办理出口报关手续。

② 货物入保税物流中心。

A. 货物从境内进入保税物流中心视同出口,办理出口报关手续。若需缴纳出口关税的,应当按照规定纳税;属许可证件管理的商品,还应当向海关出具有效的出口许可证件。

B. 从境内运入保税物流中心的原进口货物,境内发货人应当向海关办理出口报关手续,经主管海关验放;已经缴纳的关税和进口环节海关代征税,不予退还。

C. 从境内运入保税物流中心已办结报关手续的货物,或者从境内运入保税物流中心供中心内企业自用的国产设备以及转关出口货物,海关签发出口退税报关单证明联。

D. 从境内运入保税物流中心的下列货物,海关不签发出口退税报关单证明联:

a. 供中心企业自用的生活消费品、交通运输工具;

b. 供中心企业自用的各种进口设备;

c. 特殊监管区域之间往来的货物。

(五) 保税物流园区

1. 保税物流园区的含义

保税物流园区,是指经国务院批准,在保税区规划面积或者毗邻保税区的特定港区内设立的、专门发展现代国际物流的海关特殊监管区域。

2. 允许开展业务的范围

(1) 存储进出口货物及其他未办结海关手续的货物。

(2) 对所存货物开展流通性简单加工和增值服务。

(3) 国际转口贸易。

(4) 国际采购、分配和配送。

(5) 国际中转。

(6) 检测、维修。

(7) 商品展示。

(8) 经海关批准的其他国际物流业务。

3. 禁止开展业务的范围

(1) 除了安全人员和相关部门、企业值班人员以外,其他人员不得在园区内居住。

(2) 园区内不得建立工业生产加工场所和商业性消费设施。

(3) 园区内不得开展商业零售、加工制造、翻新、拆解及其他与园区无关的业务。

(4) 法律、法规禁止进出口的货物、物品不得进出园区。

4. 海关监管和报关要点

(1) 海关对园区企业实行电子账册监管制度和计算机联网管理制度。

(2) 园区货物不设存储期限,但园区企业自开展业务之日起,应当每年向园区主管海关办理报核手续。园区主管海关应当自受理报核申请之日起30日内予以"核库"。企业有关账册、原始数据应当自"核库"结束之日起至少保留3年。

(3) 园区企业可以对所存货物开展流通性简单加工和增值服务,包括分级分类、分拆分拣、分装、计量、组合包装、"打膜"、印刷运输标志、改换包装、拼装等具有商业增值的辅助性作业。

(4) 经主管海关批准,园区企业可以在园区综合办公区专用的展示场所举办商品展示活动。展示的货物应当在园区主管海关备案,并接受海关监管。

(5) 供园区内行政管理机构及其经营主体和园区内企业使用的机器、设备和办公用品等需要运往园区外进行检测、维修的,应当向园区主管海关提出申请,经主管海关核准、登记后可以运往园区外。

(6) 除了已经流通性简单加工的货物以外,园区外进入园区的货物,因质量、规格型号与合同不符等原因,需原状返还出口企业进行更换的,园区企业应当在货物申报进入园区之日起1年内向园区主管海关申请办理退换手续。

(7) 除了法律、行政法规规定不得声明放弃的货物以外,园区企业可以申请放弃货物。放弃的货物由主管海关依法提取变卖,变卖收入由海关按照有关规定处理。依法变卖后,园区企业凭放弃该批货物的申请和园区主管海关提取变卖该货物的有关单证办理核销手续;确因无使用价值无法变卖并经海关核准的,由园区企业自行处理,园区主管海关直接办理核销手续。放弃货物在海关提取变卖前所需的仓储等费用,由园区企业自行承担。

(8) 因不可抗力因素造成园区货物损坏、损毁、灭失的,园区企业应当及时书面报告园区主管海关,说明理由并提供保险、灾害鉴定部门的有关证明。经主管海关核实确认后,按照下列规定处理。

① 货物灭失或者完全失去使用价值的,海关予以办理核销和免税手续。

② 进境货物损坏、损毁,失去原使用价值但可再利用的,园区企业可以向园区主管海关办理退运手续。若不退运出境并要求运往区外的,由区内企业提出申请,并经主管海关核准,根据受灾货物的使用价值估价、征税后运出园区外。

③ 园区外进入园区的货物损坏、损毁,失去原使用价值但可再利用,且需向出口企业进行退换的,可以退换为与损坏货物同一品名、规格、数量、价格的货物,并向园区主管海关办理退运手续。

(9) 因保管不善等非不可抗力因素造成货物损坏、损毁、灭失的,按下列规定办理:

① 对于从境外进入园区的货物,园区企业应当按照一般进口货物的规定,以货物进入园区时海关接受申报之日适用的税率、汇率,依法向海关缴纳损毁、灭失货物原价值的关税、进口环节增值税和消费税;

② 对于从园区外进入园区的货物,园区企业应当重新缴纳因出口而退还的国内环节有关税收,海关据此办理核销手续。

5. 保税物流园区货物报关程序

(1) 保税物流园区与境外之间进出货物。

海关对园区和境外之间进出货物,实行备案制管理,适用"进(出)境货物备案清单"。

① 境外进入园区：不实行许可证件管理。
② 园区运往境外：从园区运往境外的货物，免征出口关税，不实行许可证件管理。
（2）保税物流园区与境内区外之间进出口货物。
① 园区货物运往园区外，视同进口。

供园区内行政管理机构及其经营主体和园区内企业使用的机器、设备和办公用品等需要运往园区外进行检测、维修的，应当向园区主管海关提出申请，经主管海关核准、登记后可以运往园区外。并自运出之日起60日内运进园区内。特殊情况不能如期运回，应当于期满前10日内向主管海关申请延期，延长期限不得超过30日。

② 区外货物运入园区，视同出口。

除了已经流通性简单加工的货物以外，园区外进入园区的货物，因质量、规格型号和合同不符等原因，应当在货物申报进入园区之日起1年内向园区主管海关申请办理退换手续。

③ 与特殊区域之间进出口货物。

保税物流园区与其他特殊监管区域、保税监管场所之间往来货物，继续实行保税监管。

（六）保税区

1. 保税区的含义

保税区，是指经国务院批准在中国境内设立的由海关进行监管的特定区域。

2. 保税区的功能

保税区具有出口加工、转口贸易、商品展示、仓储运输等多种功能。

3. 监管要求

（1）保税区与境内其他地区之间，应当设置符合海关监管要求的隔离设施。
（2）在保税区内设立的企业，应当向海关办理注册手续。
（3）保税区内企业与海关实行电子计算机联网，进行电子数据交换。
（4）海关对进出保税区的货物、物品、运输工具、人员及保税区内有关场所，有权进行检查。
（5）运输工具和人员进出保税区，应当经由海关指定的专用通道，并接受检查。
（6）未经海关批准，从保税区到非保税区的运输工具和人员不得运输、携带保税区内的免税货物、加工贸易货物。
（7）国家禁止进出口的货物、物品、不得进出保税区。
（8）为保税加工、保税仓储、转口贸易、展示而进口进入保税区的货物免税。
（9）保税区享有以下免税优惠：
① 保税区内生产性的基础设施建设项目所需的机器、设备和其他基建物资，予以免税；
② 保税区内企业自用的生产、管理设备和自用合理数量的办公用品及其所需的维修零配件，生产用燃料、建设生产厂房、仓储设施所需的物资、设备，除了交通车辆和生活用品以外，予以免税；
③ 保税区行政管理机构自用合理数量的管理设备和办公用品及其所需的维修零配件，予以免税。

4. 保税区进出货物报关程序

保税区进出货物报关程序参见表4-5。

表 4-5 保税区进出货物报关程序

进出境报关	与境外之间进出境货物,属自用的	报关制:填写进出口报关单	
	与境外之间进出境货物,属非自用的	备案制:填写"进(出)境货物备案清单"	
进出区报关	加工贸易货物进出区	进区	报出口:填写《出口报关单》 提供有关许可证件,出口应征收出口关税的商品须缴纳出口关税 海关不签发报关单退税证明联
		出区	报进口,根据货物的不同流向,填写不同的《进口报关单》
	进出区外发加工	进区加工	凭外发加工合同向保税区海关备案,加工出区后核销,不填写进出口货物报关单
		出区外发加工	由区外加工企业向其所在地海关办理加工贸易备案手续,加工期限6个月+6个月
	设备进出区	进出区	进出区都要向保税区海关备案 设备进区,不填写报关单,不缴纳出口税,海关不签发出口报关单退税证明联。设备是从国外进口已征进口税的,不退进口税 设备退出区外,不必填写报关单,但要向保税区海关办理销案

5. 保税区货物监管和报关要点

(1) 保税区与境外之间进出口的货物,除了"易制毒"化学品、监控化学品、消耗臭氧层物质等国家规定的特殊货物以外,不实行进出口许可证件管理,免交验许可证件。

(2) 国家明令禁止进出口的货物和列入加工贸易禁止类商品目录的商品在保税区内也不准开展加工贸易。

(3) 从非保税区进入保税区的货物,按照出口货物办理手续。相关企业在办结海关手续后,可以办理结汇、外汇核销、加工贸易核销等手续。出口退税必须在货物实际报关离境后才能办理。

(4) 保税区内的转口货物可以在区内仓库或者保税区内其他场所进行分级、挑选、印刷运输标志、改换包装等简单加工。

(5) 保税区内加工企业加工的制成品及其在加工过程中产生的边角余料运往境外时,应当按照国家有关规定向海关办理手续,除了法律、行政法规另有规定以外,免征出口关税。

(6) 保税区内加工企业将区内加工贸易料件及制成品、在加工过程中产生的副产品、残次品、边角料,运往非保税区时,应当依照国家有关规定向海关办理进口报关手续,并依法纳税,免交付缓税利息。

(7) 用含有境外保税进口料件加工的制成品销往非保税区时,海关对其制成品按照所含进口料件数量征税;对所含进口料件的品名、数量、价值申报不实的,海关按照进口制成品征税。

（七）保税港区

1. 保税港区的含义

保税港区，是指经国务院批准，设立在国家对外开放的口岸港区和与其相连的特定区域内，具有口岸、物流、加工等功能的海关特殊监管区域。

2. 保税港区的功能

保税港区具有保税加工、保税物流的功能。

3. 保税港区的业务范围

保税港区内可以开展下列业务：

(1) 存储进出口货物和其他未办结海关手续的货物；
(2) 国际转口贸易；
(3) 国际采购、分销、配送和中转；
(4) 研发、加工、制造、检测和售后服务维修；
(5) 商品展示；
(6) 港口作业；
(7) 经海关批准的其他业务。

4. 保税港区货物监管与报关要点

(1) 区内企业开展加工贸易，不实行保证金台账制度和合同核销制度，海关对保税港区内加工贸易货物不实行单耗标准管理。

(2) 因不可抗力造成保税港区货物损坏、损毁、灭失的，区内企业应当及时书面报告保税港区主管海关，说明理由并提供有关灾害鉴定部门的相关证明。经主管海关核实确认后，按照下列规定处理：

① 货物灭失或者完全失去使用价值的，海关予以办理核销和免税手续；

② 进境货物损坏、损毁，失去原使用价值但可再利用的，区内企业可以向保税港区主管海关办理退运手续。若不退运出境并要求运往区外的，由区内企业提出申请，并经主管海关核准，根据受灾货物的使用价值估价、征税后运出园区外；

③ 区外进入保税港区的货物损坏、损毁，失去原使用价值但可再利用，且需向出口企业进行退换的，可以退换为与损坏货物同一品名、规格、数量、价格的货物，并向保税港区主管海关办理退运手续。

(3) 因保管不善等非不可抗力因素造成货物损坏、损毁、灭失的，按下列规定办理：

① 对于从境外进入保税港区的货物，区内企业应当按照一般贸易进口货物的规定，以货物进入保税港区时海关接受申报之日适用的税率、汇率，依法向海关缴纳损毁、灭失货物原价值的关税、进口环节增值税和消费税；

② 对于从区外进入保税港区的货物，保税港区企业应当重新缴纳因出口而退还的国内环节有关税收，海关据此办理核销手续；

③ 从区外进入保税港区供保税港区行政管理机构和区内企业使用的生活消费用品和交通运输工具，海关不予签发出口货物报关单证明联；

④ 从区外进入保税港区的原进口货物、包装物料、设备等，区外企业应该提供清单，按

照出口货物的有关规定办理申报手续,海关不予签发出口货物报关单退税证明联,原已缴纳的关税、进口环节税不予退还。

(八) 综合保税区

1. 综合保税区的含义

综合保税区,是指经国务院批准,设立在内陆地区的具有保税港区功能的海关特殊监管区域。综合保税区和保税港区一样,是我国开放层次最高、优惠政策最多、功能最齐全、手续最简化的特殊开放区域。

2. 综合保税区的功能

综合保税区集保税区、出口加工区、保税物流区、港口的功能于一身。

3. 综合保税区的业务范围

综合保税区内可以开展下列业务:

(1) 存储进出口货物和其他未办结海关手续的货物;
(2) 国际转口贸易;
(3) 国际采购、分销、配送和中转;
(4) 研发、加工、制造、检测和售后服务维修;
(5) 商品展示;
(6) 港口作业;
(7) 经海关批准的其他业务。

4. 综合保税区货物监管与报关要点

(1) 海关对综合保税区实行封闭管理,境外货物进入综合保税区,实行保税管理;境内其他地区货物进入保税区,视同出境;同时,外经贸、外汇管理部门也对综合保税区实行相对优惠的政策。

(2) 企业在综合保税区开展口岸作业业务,海关、商检等部门在园区内查验货物后,可以在任何口岸(海港或空港)转关出口,无须再开箱查验。

(3) 国外货物入区保税;货物出区进入国内销售按货物进口的有关规定办理报关,并按货物实际状态征税;国内货物入区视同出口,实行退税;区内企业之间的货物交易不征收增值税和消费税。

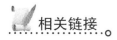
相关链接

中国(上海)自由贸易试验区

中国(上海)自由贸易试验区(以下简称上海自贸区),是中国政府设立在上海的区域性自由贸易园区,属中国自由贸易区范畴。上海自贸区于2013年8月22日经国务院正式批准设立,于9月29日上午10时正式挂牌开张。上海自贸区的总面积为28.78平方千米,相当于上海市面积的1/226,范围涵盖上海市外高桥保税区(核心)、外高桥保税物流园区、洋山保税港区和上海浦东机场综合保税区等四个海关特殊监管区域。

便利通关监管要点及上海自贸区的业务范围介绍如下。

1. 先进区，后报关

对于一线进境货物，海关依托信息化系统，允许企业凭进境货物的舱单信息先提货进区；上海海关所辖口岸监管场所经营人凭电子信息办理相关货物的提离手续；货物运至区内后，企业再在规定时限内向海关进行进境备案清单申报。

2. 区内自行运输

上海自贸区内企业，可以使用经海关备案的自有车辆或委托取得相关运输资质的境内运输企业车辆，在上海自贸区内自行结转货物。

3. 加工贸易工单式核销

对实行海关联网监管并符合一定条件的企业，取消单耗管理核销模式，实行以每日工单数据为基础的核销模式。

4. 保税展示交易

允许上海自贸区内企业在向海关提供足额税款担保（保证金或银行保函）后，在区外或区内指定场所进行保税货物的展示及交易。

5. 境内外维修

支持上海自贸区内企业开展高技术、高附加值、无污染的境内外维修业务，海关参照保税加工的监管模式，依托信息化管理系统实施管理。

6. 期货保税交割

允许企业在上海自贸区4个海关特殊监管区域内以保税监管状态的货物作为期货交割标的物，开展期货实物交割。业务品种扩大到上海期货交易所全部上市的商品品种。

7. 融资租赁

允许在上海自贸区范围内开展融资租赁业务。允许承租企业分期缴纳租金，对融资租赁货物按照海关审查确定的租金分期征收关税和增值税。

8. 批次进出、集中申报

上海自贸区改变传统逐票申报方式，改"一票一报"为"多票一报"，允许企业的货物分批次进出，在规定期限内集中办理海关报关手续。

9. 简化通关作业随附单证

对一线进出境备案清单以及二线不涉税的进出口货物报关单取消随附单证的要求，但海关保留必要时要求企业提供随附单证的权力。

10. 统一备案清单

统一简化上海自贸区备案清单格式，申报要素统一规范为30项。

11. 内销选择性征税

对设在上海自贸区内的企业生产、加工并经二线销往国内市场的货物，企业可以根据其对应进口料件或实际状态中选择缴纳进口关税。

12. 集中汇总纳税

将传统的海关主导型的税收征管模式转变为企业主动型的征管模式。深化税收征管环节的"前推"和"后移"，在有效担保的前提下，企业在规定的纳税周期内，对已放行货物向海关自主集中缴付税款,推进征缴电子化,海关由实时性审核转为集约化后续审核和税收稽核。

13. 保税物流联网监管

将传统的阶段性盘库方式改为动态、实时的仓库核查模式。对符合条件的使用仓储管理系统的企业,实施"系统联网＋库位管理＋实时核注"的监管模式,对货物进、出、转、存情况做到实时掌控和动态核查。

14. 智能化卡口验放管理

区内简化卡口操作环节,升级改造卡口设施,实现自动比对、自动判别、自动验放,缩短车辆过卡时间,从而提升通关效率。

第四节 特定减免税货物的报关程序

一、概述

（一）特定减免税货物的含义

特定减免税货物,是指海关根据国家的政策规定准予减税或免税进境,专门使用于特定地区、特定企业、特定用途的货物。

（二）特定减免税货物的特征

1. 特定条件下可减免进口关税

特定减免税是关税优惠政策的重要组成部分。它是国家无偿向符合条件的进口商品使用单位提供的关税优惠,其目的是优先发展特定地区的经济,鼓励外商投资,促进国有大中型企业和科、教、文、卫事业的发展。因而,这种关税优惠具有特定性。进口货物必须按照规定的使用条件在规定的地区、企业或按照规定的用途使用。

如果进口的减免税货物在规定的监管期限内,因故脱离规定的使用范围,出售、转让或移作他用,丧失进口税优惠的特定性,须经海关核准,并应在折旧后补缴原本减免的进口税。

2. 进口时需向海关提交许可证件

特定减免税货物的去向是实际进口,因此,按照国家有关进出境管制的原则规定,凡涉及许可证、检验检疫、机电产品进口审查等各项进出境管制的,均应在进口申报时向海关交验许可证件。

3. 进口验放后仍在一定期限内接受海关监管

特定减免税货物在完成进口申报、配合海关查验、缴清或免纳税款,海关放行手续后,仍然要在规定的年限内,在规定的地区或企业内,按照规定的范围或用途使用。因此,特定减免税进口货物属于需接受海关后续监管的货物。

根据海关的规定,特定减免税货物的海关监管年限为:

（1）船舶、飞机为8年;

(2) 机动车辆为 6 年；

(3) 其他货物为 5 年。

监管年限自货物放行之日起计算。海关监管期限届满时由企业向海关申请，办理解除海关监管手续。

（三）特定减免税货物的范围

1. 特定地区的进口货物

所谓特定地区，是指我国关境内由行政法规规定的某一特别限定区域，享受减免税优惠的货物只能在这一专门规定的区域内使用。如保税区和出口加工区进口区内生产性基础设施建设项目所需的机器、设备和其他基建物资等自用物资，按照规定予以免税。

2. 特定企业的进口货物

特定企业的进口货物，是指依法批准的外商投资企业（包括中外合资经营企业、中外合作经营企业和外商独资经营企业）在投资总额内进口的设备等自用商品（国家规定的《外商投资项目不予免税的进口商品目录》中所列商品除外）。

相关链接

> **外商投资企业的种类**
>
> 外商投资企业是一个总的概念，包括所有含有外资成分的企业。依照外商在企业注册资本和资产中所占股份和份额的不同，以及其他法律特征的不同，外商投资企业可以分为以下三种类型。
>
> 1. 中外合资经营企业
>
> 中外合资经营企业的主要法律特征是：外商在企业注册资本中的比例有法定要求；企业采取有限责任公司的组织形式。故此种合营又称为股权式合营。
>
> 2. 中外合作经营企业
>
> 中外合作经营企业的主要法律特征是：外商在企业注册资本中的份额无强制性要求；企业采取灵活的组织管理、利润分配、风险分担方式。故此种合营又称为契约式合营。
>
> 3. 外商独资经营企业（外资企业）
>
> 外商独资经营企业（外资企业）的主要法律特征是：企业全部资本均为外商拥有。

3. 特定用途的进口货物

特定用途的进口货物包括：科学研究机构和学校进口的专用科教用品；残疾人专用品及残疾人组织和单位进口的货物；国家重点项目进口货物；通信、港口、铁路、公路、机场建设进口设备等。

特定减免税货物及减免税种类参见表 4-6。

表 4-6 特定减免税货物及减免税种类

减免税种类	特定减免税货物
免征关税、进口环节增值税、消费税	1. 科教用品 2. 科技开发用品 3. 救灾捐赠物资 4. 残疾人专用品
免征关税、进口环节增值税	1. 重大技术装备 2. 扶贫慈善捐赠物资 3. 海上石油、陆上石油项目进口物资 4. 远洋渔业项目进口自捕水产品
免征关税	1. 外商投资项目投资额度内进口自用设备 2. 外商投资企业自有资金项目 3. 国内投资项目进口自用设备 4. 贷款项目进口物资 5. 贷款中标项目进口零部件 6. 集成电路项目进口物资

（四）特定减免税货物的管理要点

（1）减免税备案、审批、税款担保和后续管理业务等相关手续应当由进口货物减免税申请人或其代理人办理。

（2）减免税申请人，是指根据有关进口税收优惠政策和有关法律、法规的规定，可以享受进口税收优惠，并依法向海关申请办理减免税相关手续的具有独立法人资格的企事业单位、社会团体、国家机关；符合规定的非法人分支机构；经海关总署审查确认的其他组织。

（3）减免税货物凭税款担保放行手续的相关规定。

① 有下列情形之一的，减免税申请人可以向海关申请凭税款担保先予办理货物放行手续：

A. 主管海关按照规定已经受理减免税备案或者审批申请，尚未办理完毕的；

B. 有关进口税收优惠政策已经国务院批准，具体实施措施尚未明确，海关总署已确认减免税申请人属于享受该政策范围的；

C. 其他经海关总署核准的情况。

② 国家对进口货物有限制性规定，应当提供许可证件而不能提供的，以及法律、行政法规规定不得担保的其他情形，不得办理减免税货物凭税款担保放行手续。

③ 减免税申请人在货物申报进口前向主管海关提出申请，海关准予担保的，出具《中华人民共和国海关准予办理减免税货物税款担保证明》，进口地海关凭主管海关出具的担保证明，办理货物的税款担保和验放手续。

④ 税收担保期限不超过 6 个月，经直属海关关长或其授权人批准可以予以延期，延期时间自保税担保期限届满之日起算，延长期限不超过 6 个月。特殊情况仍需延期的，应当经海关总署批准。

（4）在海关监管年限内，减免税申请人应当自进口减免税货物放行之日起，在每年的第一季度向主管海关递交《减免税货物使用状况报告书》，报告减免税货物使用状况。在海关监管年限及其后 3 年内,海关可以对减免税申请人进口和使用减免税货物情况实施稽查。

(5) 减免税货物转让给进口同一货物享受同等减免税优惠待遇的其他单位的,不予恢复减免税货物转出申请人的减免税额度,减免税货物转入申请人的减免税额度按照海关审定的货物结转时的价格、数量或者应缴税款予以扣减。

(6) 减免税货物因品质或规格原因原状退运出境时:

① 以无代价抵偿方式进口同一类型货物的,不予恢复其减免税额度;

② 未以无代价抵偿方式进口同一类型货物的,可以恢复其减免税额度。减免税申请人在原减免税货物退运出境之日起 3 个月内向海关申请,经批准可恢复其减免税额度。

二、报关程序

特定减免税货物的报关程序包括以下三个阶段:

减免税申请(前期阶段)→进口报关(进出境阶段)→后续处置与申请解除监管(后续阶段)。

(一) 减免税申请(前期阶段)

1. 减免税备案、审批

(1) 减免税申请人应当向其所在地海关申请办理减免税备案、审批手续。

(2) 当投资项目所在地海关与减免税申请人所在地海关不是同一海关的,减免税申请人应当向投资项目所在地海关申请办理减免税备案、审批手续。

2. 减免税申请所需单证

(1)《进出口货物征免税申请表》。

(2) 企业营业执照或事业单位法人证书、国家机关设立文件、社团登记证书、民办非企业单位登记证书、基金会登记证书等证明材料。

(3) 进口合同、发票及相关货物的产品情况资料。

(4) 享受税收优惠政策资格的证明材料及其他材料。

3. 减免税证明

经主管海关审核,确定减免税申请人所申请货物的免税方式,符合的签发《中华人民共和国海关进出口货物征免税证明》(以下简称《进出口货物征免税证明》)。

4. 进出口货物征免税证明的使用

(1)《进出口货物征免税证明》的有效期为 6 个月,特殊情况可延长,延长的最长期限为 6 个月。

(2)《进出口货物征免税证明》实行一份证明只能验放一批货物的原则,即一份征免税证明上的货物只能在一个进口口岸一次性进口。若一批特定减免税货物分两个口岸或分两次进口,则应分别申领《进出口货物征免税证明》。

(二) 进口报关(进出境阶段)

特定减免税货物的进口报关程序包括进口申报、配合海关查验、持证免税证明办理减免进口税费手续和海关放行提取货物四个阶段,与本章第二节内容相似的部分不再赘述,不同点包括以下三个方面。

(1) 进口申报所需单证除了基本的必备单证以外,还需要向海关提交《进出口货物征免税证明》。海关在审单时从计算机中调阅相关的电子数据进行核对,并在征税环节给予减税或免税。

(2) 一般不豁免进口许可证件,但是特殊情况除外:

① 外资企业和香港、澳门、台湾同胞及华侨的投资企业进口本企业自用的机器设备,免进口许可证件;

② 外商投资企业进口本企业自用的投资总额内的设备,涉及机电产品自动进口许可管理的,免自动进口许可证件。

(3)《进口货物报关单》上"备案号"一栏,需填写《进出口货物征免税证明》的12位编号。

(三) 后续处置与申请解除监管(后续阶段)

1. 后续处置

减免税货物的后续处置包括变更使用地点,结转,转让,移作他用,变更,终止,退运、出口,贷款抵押八种情况。

(1) 变更使用地点。

在海关监管年限内,减免税货物应当在主管海关核准的地点使用。需要变更使用地点的,减免税申请人应当向主管海关提出申请,说明理由,经海关批准后方可变更使用地点。

(2) 结转。

减免税申请人须按照下列规定办理减免税货物结转手续:

① 转出申请人向转出地主管海关提出申请,转出地主管海关审核通知转入地主管海关;

② 转入申请人向转入地主管海关办理审批手续,海关签发《进出口货物征免税证明》;

③ 转出申请人、转入申请人分别向各自主管海关办理减免税货物出口报关、进口报关手续;

④ 转出地主管海关办理转出减免税货物的解除监管手续,转入地海关在剩余监管年限内继续实施后续监管。

(3) 转让。

减免税货物在海关监管期内发生转让的,减免税申请人应当事先向其主管海关申请办理减免税货物补缴税款和解除监管手续。

(4) 移作他用。

减免税货物在海关监管区内如果发生以下情况:

① 将减免税货物交给减免税申请人以外的其他单位使用;

② 未按照原定用途、地区使用减免税货物;

③ 未按照特定地区、特定企业或者特定用途使用减免税货物的其他情形。

减免税申请人须向其主管海关提出申请,并按照移作他用的时间补缴相应税款;若时间不能确定的,应提交税款担保,担保不得低于剩余监管年限应补缴税款总额。

(5) 变更。

减免税申请人若发生分立、合并、股东变更、改制等情形,权利义务承受人应自营业执照颁发之日起30日内,向原减免税申请人的主管海关报告主体变更情况及原减免税申请人进口减免税货物的情况。

（6）终止。

减免税申请人若发生破产、改制或其他情形导致减免税申请人终止的,原减免税申请人或其他当事人应自资产清算之日起30日内向主管海关申请办理补缴税款和解除监管手续。

（7）退运、出口。

减免税货物退运出境或者出口的,减免税申请人应持《出口报关单》向主管海关办理原进口减免税货物的解除监管手续,海关不再补征相关税款。

（8）贷款抵押。

减免税申请人若需使用减免税货物办理贷款抵押的,须提前向主管地海关提出书面申请,并提供下列形式的担保：

① 与货物应缴税款等值的保证金；

② 境内金融机构提供的相当于货物应缴税款的保函；

③ 减免税申请人、境内金融机构共同向海关提交《进口减免税货物贷款抵押承诺保证书》。

若向境外金融机构办理贷款抵押的,应当提交与货物应缴税款等值的保证金或者境内金融机构提供的相当于货物应缴税款的保函。

需要注意的是,减免税申请人不得以减免税货物向金融机构以外的公民、法人或者其他组织办理贷款抵押。

2. 解除监管

（1）监管期满自动解除监管。

对于特定减免税货物,监管年限届满时,自动解除海关监管。纳税义务人需要有关解除监管证明的,可以至监管年限届满之日起1年内,持有关单证向海关申领解除监管证明。海关应当自收到申请之日起20日内核实情况,填发解除监管证明。

（2）监管期内申请解除监管。

① 在海关监管年限内的进口减免税货物,减免税申请人书面申请提前解除监管的,应当向主管海关申请办理补缴税款和解除监管手续。

② 按照国家有关规定在进口时免予提交许可证件的进口减免税货物,减免税申请人还应当补交有关许可证件。

第五节　暂准进出境货物的报关程序

一、概述

（一）暂准进出境货物的含义

暂准进出境货物,是指为了特定的目的,经海关批准暂准进境或暂准出境,并在规定的时限内复运出境或复运进境的货物。

（二）暂准进出境货物的范围

根据《关税条例》的规定,暂准进出境货物分为两大类。

第一类暂准进出境货物的范围一共包含九项：

(1) 在展览会、交易会、会议及类似活动中展示或者使用的货物；
(2) 文化、体育交流活动中适用的表演、比赛用品；
(3) 进行新闻报道或者摄制电影、电视节目使用的仪器、设备及用品；
(4) 开展科研、教学、医疗活动使用的仪器、设备和用品；
(5) 上述四项所列活动中使用的交通工具及特种车辆；
(6) 货样；
(7) 供安装、调试、检测、修理设备时使用的仪器及工具；
(8) 盛装货物的容器；
(9) 其他用于非商业目的的货物。

第二类暂准进出境货物是指除了第一类以外的暂准进出境货物，如工程施工中使用的设备、仪器及用品。

本节只介绍第一种暂准进出境货物。

(三) 暂准进出境货物的特征

1. 暂时免予缴纳税费

第一类暂准进出境货物，在进境或出境时向海关缴纳相当于应纳税款的保证金或者提供其他担保的，暂时免于缴纳全部税费。

第二类暂准进出境货物，应当按照该货物的完税价格和其在境内滞留时间与折旧时间的比例计算征收进口关税。

2. 免予交验进出口许可证件

货物暂准进出境使用后还需在规定期限复出口或复进口，因而并不属于实际的进出口货物。因此，国家的贸易管制，特别是许可证管理，原则上不适用该项通关制度下的进出口货物(租赁方式进口除外)。但是，货物的暂准进出境涉及国家其他进出境管制的(主要是动植物检疫、食品卫生检测、枪支弹药或无线电器材等)，不论其是否实际进出口，仍须在进出口前，向有关主管部门申请批准，并凭证申报。

由于以租赁方式进口的设备，一般在租赁期满时，已按租金方式全部支付货款，并在办理象征性转让手续后归境内承租人所有，因此，进口贸易管制制度将其等同于实际进口管理，进口时应按规定呈验各类许可证件。

3. 规定期限内按原状复运进出境

暂准进出境货物应自进境或者出境之日起6个月内原状复运出境或复运进境。特殊情况下，经收发货人申请，可以延长该期限。

4. 按货物实际流向办结海关手续

暂准进出境货物都必须在规定期限内，由货物的收发货人根据货物的实际流向，向海关办理核销结关手续。

二、报关程序

按照我国海关对暂准进出境货物的监管方式，可以将上述第一类暂准进出境货物分为以下四种监管模式：

（1）使用 ATA 单证册报关的暂准进出境货物（指使用 ATA 单证册报关的第 1 项货物）；

（2）不使用 ATA 单证册报关的展览品（指包含在第 1 项货物中的进出境展览品，但不含使用 ATA 单证册报关的展览品）；

（3）集装箱箱体（指包含在第 8 项"盛装货物的容器"中的暂准进出境的集装箱箱体）；

（4）其他暂准进出境货物（指第 1 项、第 8 项以外的暂准进出境货物）。

（一）使用 ATA 单证册报关的暂准进出境货物

1. ATA 单证册在我国的适用范围

ATA 由法文 Admission Temporaire 与英文 Temporary Admission 的首字母组成，表示暂准进口。ATA 单证册在我国的适用范围仅限于展览会、交易会、会议及类似活动的货物。即第一类暂准进出境货物所包括的 9 项内容里面的第一种情况。除此之外的货物，我国海关不接受持 ATA 单证册办理进出口申报手续。

2. ATA 单证册制度

（1）ATA 单证册的含义。

ATA 单证册制度作为一种国际通行的海关制度，是由世界海关组织和国际商会（ICC）共同创设，其宗旨是对临时进出口货物实施统一和简化的海关报关手续，以促进国际经贸、科技和文化体育交流。

（2）ATA 单证册的格式。

一份 ATA 单证册一般由 8 页 ATA 单证组成：一页绿色封面单证；一页黄色出口单证；一页白色进口单证；一页白色复出口单证；两页蓝色过境单证；一页黄色复进口单证；一页绿色封底。

（3）ATA 单证册的使用。

① 中国国际商会是我国 ATA 单证册的出证和担保机构。

② 海关总署在北京海关设立 ATA 核销中心。

③ ATA 单证册下暂准进境货物未能按规定复运出境或过境的，ATA 核销中心向中国国际商会提出追索；自提出追索之日起 9 个月内，中国国际商会向海关提供货物已经复运出境或者已经办理进口手续证明的，ATA 核销中心可以撤销追索；9 个月期满后未能提供证明的，中国国际商会应向海关支付税款和罚款。

④ 适用 ATA 单证册的展览品复运出境时，因故未经我国海关核销或签注，ATA 核销中心凭由另一缔约国海关签注的该批货物已经从该国进境的证明，对 ATA 单证册予以核销，ATA 单证册持证人应向海关交纳调整费。在我国海关尚未发出《ATA 单证册追索通知书》前，凭其他国海关出具的货物运离我国关境的证明要求予以核销单证册的，海关免予收取调整费。

3. ATA 单证册下货物暂准进出境期限及 ATA 单证册有效期

使用 ATA 单证册报关的货物暂准进出境期限为自货物进出境之日起 6 个月，超过 6 个月的，ATA 单证册持证人可以向海关申请延期，延期最多不超过 3 次，每次延长期限不超过

6个月。

ATA单证册项下货物延长复运出境、进境期限的,ATA单证册持证人应当在规定期限届满30个工作日前向货物暂准进出境申请核准地海关提出延期申请,直属海关受理延期申请的,于受理申请之日起20个工作日内制发《中华人民共和国海关货物暂时进/出境延期申请批准决定书》(以下简称《货物暂时进/出境延期申请批准决定书》)(或《中华人民共和国海关货物暂时进/出境延期申请不予批准决定书》,以下简称《货物暂时进/出境延期申请不予批准决定书》)。

参加展期在24个月以上展览会的展览品,在18个月的延长期届满后仍需要延期的,由主管地直属海关报海关总署审批。

4. 适用ATA单证册的暂准进出境货物的申报

(1) 进境申报。

进境货物收货人或其代理人持ATA单证册向海关申报进境展览品时,先在核准的出证协会即中国国际商会以及其他商会,将ATA单证册上的内容预录入,然后向展览会主管海关提交纸质ATA单证册、提货单等单证。

海关在白色进口单证上签注,并留存白色进口单证(正联),退还其存根联和ATA单证册其他各联给货物收货人或其代理人。

(2) 出境申报。

出境货物发货人或其代理人持ATA单证册向海关申报出境展览品时,向出境地海关提交国家主管部门的批准文件、纸质ATA单证册、装货单等单证。

海关在绿色封面单证和黄色出口单证上签注,留存黄色出口单证(正联),退还其余各联。

(3) 过境申报。

过境货物承运人或其代理人持ATA单证册向海关申报,将货物通过我国转运至第三国参加展览会的,不必填制《过境货物报关单》。

海关在两份蓝色过境单证上分别签注后,留存蓝色过境单证(正联),退还其余各联。

(4) 担保和许可证件。

持ATA单证册向海关申报进出境展览品,不需向海关提交进出口许可证件。但是,如果进出境展览品及相关货物受公共道德、公共安全、公共卫生、动植物检疫、濒危野生动植物保护、知识产权保护等限制的,展览品收发货人或其代理人应当向海关提交进出口许可证件。

(5) ATA单证册印刷文字与申报文字。

ATA单证册的文字必须使用英语或法语,如果需要,也可以同时使用第三种语言印刷。我国海关接受中文或英文填写的ATA单证册的申报,用英文填写的,海关可以要求提供中文译本,用其他文字填写的ATA单证册,必须提供忠实于原文的中文译本或英文译本。

(6) ATA单证册项下暂准进出境货物的核销结关。

ATA单证册的持证人在规定期限内将进境展览品和出境展览品复运进出境,海关在ATA白色复出口单证和黄色复进口单证上分别签注,留存单证正联,存根联随ATA单证册其他联退给持证人,正式核销结关。

(二) 不使用 ATA 单证册报关的展览品

1. **展览品的范围**

(1) 进境展览品的范围。

① 在展览会中展示或示范用的货物、物品;为示范展出的机器或器具所需用的物品、展览者设置临时展台的建筑材料及装饰材料;供展览品做示范宣传用的电影片、幻灯片、录像带、录音带、说明书、广告、光盘、显示器材等。

② 与展出活动有关的物品,包括:

A. 在展览活动中的小件样品,包括原装进口的或者在展览期间用进口的散装原料制成的食品或者饮料的样品;

B. 为展出的机器或器具进行操作示范,并在示范过程中被消耗或被损坏的物料;

C. 展出者为修建、布置或装饰展台而进口的一次性廉价物品,如油漆、涂料、壁纸;

D. 参展商免费提供并在展出中免费散发的与展出活动有关的宣传印刷品、商业目录、说明书、价目表、广告招贴、广告日历、未装框照片等;

E. 供各种国际会议使用或与其有关的档案、记录、表格及其他文件。

上述货物、物品应当符合下列条件:

A. 由参展人免费提供并在展览期间专供免费分送给观众使用或者消费的;

B. 单价较低,做广告样品用的;

C. 不适用于商业用途,并且单位容量明显小于最小零售包装容量的;

D. 食品及饮料的样品虽未包装分发,但确实在活动中消耗掉的。

③ 在展览会中使用,但不属于展览品的物品有以下两种:

A. 展览会期间出售的小卖品,属于一般进口货物范围;

B. 展览会期间使用的含酒精饮料、烟草制品、燃料,虽然不是按一般进口货物管理,但海关对这些商品一律征收关税。

(2) 出境展览品的范围。

① 国内单位赴国外举办展览会或参加外国博览会、展览会而运出的展览品。

② 与展览活动有关的宣传品、布置品、招待品及其他公用物品。

③ 与展览活动有关的小卖品、展卖品。

2. **展览品的暂准进出境期限**

进境展览品的暂准进境期限是 6 个月,即自展览品进境之日起 6 个月内复运出境,出境展览品的暂准出境期限为自展览品出境之日起 6 个月内复运进境。超过 6 个月的,进出境展览品的收发货人可以向海关申请延期,延期最多不超过 3 次,每次延长期限不超过 6 个月。

展览品申请延长复运出境、进境期限的,展览品收发货人应在规定期限届满 30 个工作日前向货物暂准进出境申请核准地海关提出延期申请。直属海关受理延期申请的,于受理申请之日起 20 个工作日内制发《货物暂时进/出境延期申请批准决定书》(或《货物暂时进/出境延期申请不予批准决定书》)。

参展期在 24 个月以上的展览品,在 18 个月的延长期届满后仍需要延期的,由主管地直属海关报海关总署审批。

3. 展览品的进出境申报

(1) 进境申报。

展览品进境之前,展览会主办单位应当将举办展览会的批准文件连同展览品清单一起送展出地海关,办理备案登记手续。

展览品进境申报手续可以在展出地海关办理。从非展出地海关进口的,可以申请在进境地海关办理转关运输手续,将展览品在海关监管下从进境口岸转运至展览会举办地主管海关办理申报手续。

展览会主办单位或其代理人应当向海关提交报关单、展览品清单、提货单、发票、装箱单等。展览品中涉及检验检疫、知识产权等管制的,还应向海关提交有关许可证件。展览会主办单位或其代理人应向海关提供担保。

海关一般在展览会举办地对展览品开箱查验。展览品开箱前,展览会主办单位或其代理人需通知海关。海关查验时,展览品所有人或其代理人应当到场,负责搬移、开拆、重封货物包装等。

展览会展出或使用的印刷品、音像制品及其他需要审查的物品,还要经过海关的审查,才能展出或使用。对我国政治、经济、文化、道德有害的以及侵犯知识产权的印刷品、音像制品不得展出,由海关没收、退运出境或责令更改后使用。

(2) 出境申报。

展览品出境申报手续应当在出境地海关办理。在境外举办展览会或参加境外展览会的企业应当向海关提交国家主管部门的批准文件、报关单、展览品清单一式两份等单证。

展览品属于应当缴纳出口关税的,向海关缴纳相当于税款的保证金;属于国家出口管制的,需提交相关出口许可证件。随展览品出境的小卖品、展卖品,应当按照一般出口申报。

海关对展览品开箱查验,核对展览品清单。查验完毕,海关留存一份清单,另一份封入关封交还给进出口货物收发货人或其代理人,凭以办理展览品复运进境申报手续。

4. 展览品的核销结关

(1) 复运进出境。

进境展览品和出境展览品在规定期限内复运出境或复运进境后,海关分别签发报关单证明联,展览品所有人或其代理人凭以向主管海关办理核销结关手续。

展览品未能在规定期限内复运进出境的,展览会主办单位或出境举办展览会的单位应当向主管海关申请延期,在延长期内办理复运进出境手续。

(2) 转为正式进出口。

进境展览品在展期期间被人购买的,由展览会主办单位或其代理人向海关办理进口申报、纳税手续,其中属于许可证件管理的,还应当提交进口许可证件。出口展览品在境外参加展览会后被销售的,由海关核对展览品清单后要求企业补办有关正式出口手续。

(3) 展览品放弃或赠送。

展览会结束后,进口展览品的所有人决定将展览品放弃给海关的,由海关变卖后将款项上缴国库。有单位接受放弃展览品的,应当向海关办理进口申报、纳税手续。展览品的所有人决定将展览品赠送的,受赠人应当向海关办理进口手续,海关根据进口礼品或经贸往来赠送品的规定办理。

(4) 展览品毁坏、丢失、被窃。

展览品因毁坏、丢失、被窃而不能复运出境的,展览会主办单位或其代理人应当向海关报告。对于毁坏的展览品,海关根据毁坏程度估价征税;对于丢失或被窃的展览品,海关按照进口同类货物征收进口税。展览品因不可抗力遭受损毁或灭失的,海关根据受损情况,减征或免征进口税。

(三) 集装箱箱体

1. 集装箱的含义

集装箱是一种以轻金属制造的有一定规格的运输设备,作为货物运输的一种辅助设备,是货物安全运输和快速装卸的保障。集装箱运输就是把货物集装在一个特定的箱子内作为一个运送单元而进行的运输。

2. 集装箱的范围

集装箱箱体既是一种运输设备,又可能成为购进或售出的货物。

当货物用集装箱装载进出口时,集装箱箱体就作为一种运输设备;当一个企业购买进口或销售出口集装箱时,集装箱箱体又成为普通的进出口货物。

集装箱箱体作为货物进出口是一次性的,而在通常情况下,是作为运输设备暂准进出境的。这里介绍的是后一种情况。

3. 暂准进出境集装箱箱体的报关手续

(1) 境内生产的集装箱及我国营运人购买进口的集装箱投入国际运输前,营运人应当向其所在地海关办理登记手续。

海关准予登记并符合规定的集装箱箱体,无论是否装载货物,海关准予暂时进境和异地出境,营运人或者其代理人无须对箱体单独向海关办理报关手续,进出境时也不受规定的期限限制。

(2) 境外集装箱箱体暂准进境,无论是否装载货物,承运人或者其代理人应当对箱体单独向海关申报,并应当于入境之日起6个月内复运出境。因特殊情况不能复运出境的,营运人应向暂准进境地海关提出延期申请,经海关核准后,可以延期,但延期最长不得超过3个月。

(四) 其他暂准进出境货物

1. 其他暂准进出境货物的范围

暂准进出境货物一共有九项,除了第1项使用ATA单证册报关的展览会、交易会、会议及类似活动下的货物、第1项不使用ATA单证册报关的展览品,以及第8项盛装货物的容器(集装箱箱体)以外,其余的均属于其他暂准进出境货物的范围。

2. 其他暂准进出境货物的期限

暂准进口货物应当自进境之日起6个月内复运出境,暂准出口货物应当自出境之日起6个月内复运进境,超过6个月的,进出口货物的收发货人可以向海关申请延期,延期最多不超过3次,每次延长期限不超过6个月。在18个月的延长期届满后仍需要延期的,由主管地直属海关报海关总署审批。

3. 其他暂准进出境货物的行政许可

(1) 暂准进出境申请和许可。

暂准进出境货物收发货人应当向海关提交《货物暂时进/出境申请书》、暂准进出境货物清单、发票、合同或者协议等单据。海关审核后制发批准决定书或不批准决定书。

(2) 延期申请和许可。

暂准进出境货物收发货人在规定期限届满30个工作日前应当向货物暂准进出境核准地海关提出延期申请。

① 直属海关受理延期申请的,于受理申请之日起20个工作日内制发《货物暂时进/出境延期申请批准决定书》(或《货物暂时进/出境延期申请不予批准决定书》)。

② 隶属海关受理延期申请的,于受理申请之日起10个工作日审查,将审查意见报送直属海关。直属海关于收到审查意见之日起10个工作日制发相应的决定书。

③ 申请延长超过18个月的,应当向主管地直属海关提出申请,直属海关于受理申请之日起10个工作日审查,将审查意见报送海关总署。海关总署于收到审查意见之日起10个工作日制发相应的决定书。

4. 其他暂准进出境货物的进出境申报

(1) 进境申报。

暂准进口货物进境时,收货人或其代理人应当向海关提交主管部门允许货物为特定目的而暂准进境的批准文件、《进口货物报关单》、商业及货运单据等,向海关办理暂准进境申报手续。

暂准进口货物一般不必提交进口货物许可证件,但对国家规定需要实施检验检疫的,或者为公共安全、公共卫生、知识产权保护等实施管制措施的,仍应当提交有关的许可证件。

暂准进口货物进境时免缴进口税,但进口货物的收货人或其代理人须向海关提供担保。

(2) 出境申报。

暂准出口货物出境,发货人或其代理人应向海关提交主管部门允许货物为特定目的暂准出境的批准文件、《出口货物报关单》、货运和商业单据等,向海关办理暂准出境申报手续。

暂准出口货物除了特殊属于出口管制的商品需提交出口许可证以外,不需交验许可证件。

5. 核销结关

(1) 复运进出境。

其他暂准进出境货物复运出境、复运进境,进出口货物收发货人或其代理人必须留存海关签章的复运进出境的报关单,以备报核。

(2) 转为正式进口。

暂准进口货物因特殊情况不再复运出境而转为正式进口的,由进口货物收货人或其代理人向海关提出申请,提交有关许可证件,办理货物正式进口的报关纳税手续。

(3) 放弃。

暂准进口货物在境内完成暂准进口的特定目的后,如果货物所有人不准备将货物复运出境,可以向海关声明将货物放弃,海关按放弃货物的有关规定处理。

(4)结关。

其他暂准进出境货物复运出入境,或者转为正式进口,或者放弃以后,收发货人应当持经海关签注的《进口货物报关单》或《出口货物报关单》或有关处理放弃货物的收据,以及其他有关单证,向海关报核,申请结关。海关经审核,退还保证金,或办理其他担保销案手续,予以结关。

第六节　其他进出境货物的报关程序

一、转关运输货物

（一）相关概念

1. 转关运输

转关运输,是指进出口货物在海关的监管下,从一个海关运至另一个海关办理海关手续的行为,包括进口转关运输、出口转关运输和境内转关运输三种形式。

2. 转关货物

转关货物是指:

(1) 由进境地入境,向海关申请转关、运往另一设关地点办理进口海关手续的货物;

(2) 在启运地已办理出口海关手续运往出境地,由出境地海关监管放行的货物;

(3) 从境内一个设关地点运往境内另一个设关地点,需经海关监管的货物。

转关货物未经海关许可,不得开拆、提取、交付、发运、调换、改装、抵押、质押、留置、转让、更换标记、移作他用或者进行其他处置。

3. 进境地

进境地,是指货物进入关境的口岸。

4. 出境地

出境地,是指货物离开关境的口岸。

5. 指运地

指运地,是指进口转关货物运抵报关的地点。

6. 启运地

启运地,是指出口转关货物报关发运的地点。

7. 承运人

承运人,是指经海关核准,承运转关货物的企业。

（二）转关运输的范围

1. 申请转关运输应符合的条件

(1) 转关的指运地和启运地必须设有海关。

(2) 转关的指运地和启运地应当设有经海关批准的监管场所。

(3) 转关的承运人应当在海关注册登记,承运车辆符合海关监管要求,并承诺按海关对转关路线范围和途中运输时间所作的限定,将货物运往指定的场所。

2. 不得申请转关运输的货物

(1) 进口固体废物(废纸除外)。
(2) 进口易制毒化学品、监控化学品、消耗臭氧层物质。
(3) 进口汽车类,包括成套的散件和二类底盘。
(4) 国家检验检疫部门规定必须在口岸检验检疫的商品(活动物、包装破损的货物)。

(三) 转关运输的方式

1. 提前报关转关

提前报关转关,是指进口货物在指运地海关先申报,再到进境地海关办理进口转关手续,出口货物在货物未运抵启运地监管场所前先申报,货物运抵监管场所后再办理出口转关手续的转关运输方式。

2. 直转转关

进口直转转关,是指在进境地海关办理转关手续,货物运抵指运地再在指运地海关办理报关手续的进境货物的进口转关运输方式。

出口直转转关,是指在货物运抵启运地海关监管场所报关后,在启运地海关办理出口转关手续的出境货物的出口转关运输方式。

3. 中转转关

中转转关,是指在收发货人或其代理人向指运地或启运地海关办理进出口报关手续后,由境内承运人或其代理人统一向进境地或启运地海关办理进口或出口转关手续的转关运输方式(需境内换装运输工具)。

(四) 报关要点

1. 转关运输的期限

(1) 提前报关转关的期限。

① 进口转关货物应在电子数据申报之日起 5 日内,向进境地海关办理转关手续。

② 出口转关货物应于电子数据申报之日起 5 日内,运抵启运地海关监管场所,办理转关和验放手续。

(2) 直转转关的期限。

直转转关的进口货物,应当自运输工具申报进境之日起 14 日内向进境地海关办理转关手续,在海关限定期限内运抵指运地海关之日起 14 日内,向指运地海关办理报关手续。逾期缴纳滞报金。

2. 转关运输申报单证的法律效力

转关货物申报的电子数据与书面单证具有同等的法律效力。

(五) 进口货物转关的报关程序

1. 提前报关方式的转关

提前报关方式的转关必须先在指运地申报录入,然后在进境地完成转关,再回到指运地完成报关。

(1) 进口货物收货人或其代理人在进境地海关办理进口货物转关手续前,在指运地海关填报录入《进口货物报关单》,计算机自动生成《中华人民共和国海关进口转关货物申报表》(以下简称《进口转关货物申报表》),传输至进境地海关。

(2) 进口货物收货人或其代理人在电子数据申报后,5日内向进境地海关申请办理转关手续,逾期未办,指运地海关撤销已经录入的电子数据。

(3) 需要提交以下单证:

① 《进口转关运输货物核放单》[广东省内公路运输的,提交《中华人民共和国海关进境汽车载物清单》(以下简称《进境汽车载物清单》)];

② 《汽车载货登记簿》或《船舶监管簿》;

③ 提货单。

(4) 进境地海关办理相关手续,并对装有相关货物的集装箱或运输工具施加关封、在《汽车载货登记簿》或《船舶监管簿》上批注签章,对转关货物进行实际放行。

(5) 货物运抵指运地后,指运地海关验核货物并向进境地海关发送转关货物的核销回执。

(6) 进口货物收货人或其代理人向海关提交纸质的报关单及其他单据,按照正常的报关程序报关。

2. 直转方式的转关

直转方式下,货物的收货人或其代理人在进境地海关录入转关申报数据,持有关单证直接办理转关手续。

(1) 进口货物的收货人或其代理人自运输工具申报进境之日起14日内在进境地海关录入转关申报数据,办理转关手续,逾期缴纳滞报金。

(2) 需要提交以下单证:

① 《进口转关货物申报表》(广东省内公路运输的,提交《进境汽车载物清单》);

② 《汽车载货登记簿》或《船舶监管簿》。

(3) 在海关指定的时间内运抵指运地,自货物到达指运地之日起14日内,进口货物的收货人或其代理人向指运地海关办理申报,逾期缴纳滞报金。

3. 中转方式的转关

中转方式的转关一般采用提前报关转关。

(1) 具有全程提运单、需换装境内运输工具的中转转关货物,收货人或其代理人向指运地海关办理进口报关手续。

(2) 收货人或其代理人5日内向进境地海关提交单据办理转关手续。

(3) 需提交以下单证:

① 《进口转关货物申报表》;

② 运输工具纸质舱单(空运方式提交联程舱单);

③ 《中华人民共和国进口货物中转通知书》等。

(六) 出口货物转关的报关程序

1. 提前报关的转关

(1) 发货人或其代理人在货物运抵启运地海关监管场所前,先向启运地海关申报录入

《出口货物报关单》电子数据,由启运地海关提前受理电子申报,生成《中华人民共和国海关出口转关货物申报单》(以下简称《出口转关货物申报单》)数据,传送到出境地海关。

(2) 货物在电子申报之日起5日内,运抵启运地海关的监管场所并办理转关手续。

(3) 需要提交以下单证:

① 《出口货物报关单》;

② 《汽车载货登记簿》或《船舶监管簿》;

③ 广东省内公路运输的,提交《中华人民共和国海关出境汽车载货清单》(以下简称《出境汽车载货清单》)。

(4) 运抵出境地,办理出境手续,要提交的单证如下:

① 启运地海关签发的《出口货物报关单》;

② 《出口转关货物申报单》或《出境汽车载货清单》;

③ 《汽车载货登记簿》或《船舶监管簿》。

2. 直转方式的转关

(1) 发货人或其代理人在货物运抵启运地海关监管场所后,进入报关程序,向启运地海关申报录入《出口货物报关单》电子数据,由启运地海关提前受理电子申报,生成《出口转关货物申报单》数据,传送到出境地海关。

(2) 在启运地办理转关手续,所需单证如下:

① 《出口货物报关单》;

② 《汽车载货登记簿》或《船舶监管簿》;

③ 广东省内运输的出境汽车,提交《出境汽车载货清单》。

(3) 货物到达出境地时,办理出境手续所需单证如下:

① 《出口货物报关单》;

② 《出口转关货物申报单》或《出境汽车载货清单》;

③ 《汽车载货登记簿》或《船舶监管簿》。

3. 中转方式的转关

(1) 具有全程提运单、需换装境内运输工具的出口中转转关货物,发货人或其代理人向启运地海关办理出口报关手续。

(2) 由承运人或其代理人按运输货物分列舱单,向启运地海关办理货物转关手续。

(3) 所需单证包括《出口转关货物申报单》、舱单、《汽车载货登记簿》或《船舶监管簿》。

(4) 海关核发《中华人民共和国出口货物中转通知书》,承运人或其代理人凭以办理中转货物的出境手续。

二、过境货物、转运货物、通运货物

(一) 过境货物

1. 过境货物的含义

过境货物,是指从境外启运,在我国境内不论是否换装运输工具,通过我国陆路运输,继续运往境外的货物。

2. 过境货物的范围

(1) 准予过境的货物。

① 与我国有过境货物协定国家的货物。

② 同我国签有铁路联运协定的国家收发货的货物,按照有关协定准予过境。

③ 未签有上述协定,经国家有关部门批准,并向入境地海关备案后准予过境的货物。

(2) 禁止过境的货物。

① 来自或运往我国停止或禁止贸易的国家和地区的货物。

② 各种武器、弹药、爆炸品及军需品(通过军事途径运输的除外)。

③ 各种烈性毒药、麻醉品和鸦片、吗啡等毒品。

④ 我国法律、法规禁止过境的其他货物、物品。

3. 海关对过境货物的监管

(1) 监管的目的。

① 防止过境货物在我国境内运输过程中滞留在国内。

② 防止国内货物混入过境货物出境。

③ 防止禁止过境货物从我国过境。

(2) 对过境货物经营人的要求。

① 过境货物经营人办理注册登记手续。

② 运输工具应当具有海关认可的加封条件或装置。海关认为必要时,对过境货物及其装置进行加封。

③ 运输部门及过境货物经营人应当负责保护海关封志的完整,不得擅自开启或损毁。

(3) 对过境货物监管的其他规定。

① 民用爆炸品、医用麻醉品等的过境运输,应经海关总署与有关部门批准后,方可过境。

② 有伪报货名和国别,借以运输我国禁止过境货物的,以及其他违反我国法律、行政法规行为的,海关可以依法将货物扣留处理。

③ 海关可以对过境货物实施查验,海关在查验过境货物时,经营人或承运人应当到场,负责搬移货物,开拆、封装货物。

④ 过境货物在境内发生损毁或者灭失的(除了不可抗力因素造成的以外),经营人应当负责向出境地海关补办进口纳税手续。

4. 过境货物的报关程序

(1) 过境货物的进出境报关。

① 进境。

A. 经营人或报关单位,向进境地海关递交《过境货物报关单》以及其他单证(提运单、装箱单),办理过境手续。

B. 进境地海关审核查验无误后,在提运单加盖"海关监管货物"戳记,并将《过境货物报关单》和过境货物清单制作"关封"后,加盖"海关监管货物"专用章,连同提运单交经营人或报关企业。

C. 经营人或报关单位将上述单证交出境地海关验核。

② 出境。

A. 经营人或报关单位应及时向出境地海关申报,并递交进境地海关签发的"关封"和其他单证。

B. 出境地海关审核后,加盖"放行章",在海关的监管下出境。

(2) 期限。

过境货物的过境期限为自进境之日起 6 个月,特殊原因可以申请延长 3 个月。如果超过规定的期限 3 个月仍未过境的,海关依法提取变卖处理。

(3) 过境货物在境内暂存和运输的规定。

① 过境货物需卸货储存时,应存入海关指定或同意的仓库或场所。

② 过境货物应按照运输主管部门规定的路线运输。

③ 海关可以根据情况需要派员押运过境货物。

④ 过境货物在境内运输发生损毁和灭失的(除了不可抗力以外),应由经营人或报关企业负责补交进口税款。

(二) 转运货物

1. 转运货物的含义

转运货物,是指由境外启运,通过我国境内设立海关的地点换装运输工具,不通过境内陆路运输,继续运往国外的货物。

2. 办理转运手续的条件

必须具备下列条件之一,方可按转运手续办理:

(1) 持有转运或联运提单的;

(2)《进口载货清单》上注明是转运货物的;

(3) 持有普通提货单,但在卸货前向海关声明转运的;

(4) 误卸下的进口货物,经运输工具经营人提供证明文件的;

(5) 因特殊原因申请转运,获海关批准的。

3. 报关程序

(1) 装有转运货物的运输工具进境后,承运人在《进口载货清单》上列明转运货物的名称、数量、起运地和到达地,并向主管海关申报进境。

(2) 经海关同意后,在海关指定地点换装运输工具。

(3) 在规定时间内运送出境。

4. 海关对转运货物的监管要点

(1) 海关对转运货物进行监管的目的,是为了防止货物在口岸换装过程中误进口或误出口。

(2) 外国转运货物在中国口岸存放期间,不得开拆、改换包装或进行加工。

(3) 转运货物必须在 3 个月内办理海关有关手续并转运出境,超出规定期限 3 个月仍未转运出境或办理其他海关手续的,海关将提取依法变卖处理。

(4) 海关对转运的外国货物有权进行查验。

（三）通运货物

1. 通运货物的含义

通运货物，是指从境外启运，由船舶、航空器运载进境，并由原运载工具运载出境的货物。

2. 报关程序

（1）运输工具进境时，运输工具的负责人应凭注明通运货物名称和数量的《船舶进口报告书》或飞机《进口载货舱单》向进境地海关申报。

（2）海关接受申报后，在货物进境和离境时核查，并监管货物实际离境。

相关链接

过境货物、转运货物和通运货物的比较

过境货物、转运货物和通运货物的相同点在于其启运地和目的地都在境外。过境货物、转运货物和通运货物的不同点参见表4-7。

表4-7 过境货物、转运货物和通运货物的区别

货物类型	运输形式	是否在我国境内换装运输工具
过境货物	通过我国境内陆路运输	不论是否换装运输工具
转运货物	不通过我国境内陆路运输	换装运输工具
通运货物	不通过我国境内陆路运输	不换装运输工具

三、进出境快件

（一）进出境快件的概述

1. 进出境快件的含义

进出境快件，是指进出境快件运营人，以向客户承诺的快速商业运作方式承揽、承运的进出境的货物、物品。

2. 进出境快件运营人

进出境快件运营人（以下简称运营人），是指在中华人民共和国境内依法注册，在海关登记备案的从事进出境快件运营业务的国际货物运输代理企业。

运营人申请办理进出境快件代理报关业务的，应当按照海关对国际货物运输代理企业的注册管理规定在所在地海关办理登记手续。

运营人不得以任何形式出租、出借、转让本企业的进出境快件报关权，不得代理非本企业承揽、承运的货物、物品的报关。

3. 进出境快件的分类

进出境快件可以分为文件类、个人物品类和货物类三类。

（1）文件类进出境快件。

文件类进出境快件，是指根据规定予以免税的无商业价值的文件、资料。

(2) 个人物品类进出境快件。

个人物品类进出境快件,是指海关法规规定自用、合理数量范围内的进出境的旅客分离运输行李物品、亲友间相互馈赠物品和其他个人物品。

(3) 货物类进出境快件。

货物类进出境快件,是指除了前两类货物以外的进出境快件。

(二) 进出境快件的申报

1. 申报方式

运营人采用纸质文件方式或电子数据交换方式向海关办理进出境快件的报关手续。

2. 申报期限

进境快件应当自运输工具申报进境之日起 14 日内申报,出境快件在运输工具离境 3 小时之前向海关申报。

3. 申报单证

进出境快件申报需要提供以下单证。

(1) 文件类进出境快件报关时,运营人应当向海关提交《中华人民共和国海关进出境快件 KJ1 报关单》、总运单(副本)和海关需要的其他单证。

(2) 个人物品类进出境快件报关时,运营人应当向海关提交《中华人民共和国海关进出境快件个人物品申报单》、每一进出境快件的分运单、进境快件收件人或出境快件发件人身份证件复印件和海关需要的其他单证。

(3) 货物类进出境快件报关时,运营人应当按下列情形分别向海关提交报关单证。

① 对关税税额在人民币 50 元以下的货物和海关规定准予免税的货样、广告品,应提交《中华人民共和国海关进出境快件 KJ2 报关单》、每一进境快件的分运单、发票和海关需要的其他单证。

② 对应予征税的货样、广告品(法律、法规规定实行许可证件管理的、需进口付汇的除外),应提交《中华人民共和国海关进出境快件 KJ3 报关单》、每一进境快件的分运单、发票和海关需要的其他单证。

③ 其他进境的货物类快件,一律按进口货物相应的报关程序,提交申报单证。

(4) 出境的货物类快件报关时,运营人应按下列情形分别向海关提交申报单证。

① 对货样、广告品(法律、行政法规规定实行许可证管理的、应征出口关税的、需出口收汇的、需出口退税的除外),应提交《中华人民共和国海关进出境快件 KJ2 报关单》、每一出境快件的分运单、发票和海关需要的其他单证。

② 其他出境的货物类快件,一律按出口货物相应的报关程序,提交申报单证。

四、租赁货物

(一) 租赁货物的含义及范围

1. 租赁货物的含义

租赁,是指所有权和使用权之间的一种借贷关系,即资产所有者(出租人)按契约规定,将租赁货物租给使用人(承租人),承租人在规定期限内支付租金并享有对租赁物件使用权的一种经济行为。

2. 租赁的范围

国际租赁大体有两种：一种是金融租赁；另一种是经营租赁。

金融租赁带有融资性质，采用这种租赁方式进境的货物，一般是不复运出境的，租赁期满，出租人会以很低的名义价格转让给承租人，租金是分期支付的，租金的总额一般都大于货价。

经营租赁进口的货物一般都是暂时性的，按合同规定的期限复运出境，租金的总额一般都小于货价。

(二) 租赁货物的报关程序

1. 金融租赁进口货物的报关程序

(1) 按货物的完税价格缴纳税款。

收货人或其代理人在金融租赁货物进口时向海关提交租赁合同，按进口货物的实际价格向海关申报，并提交相关的许可证件和其他单证，海关审查确定货物的完税价格计算税款数额，缴纳进口税费后放行。放行后，海关不再对货物进行监管。

(2) 按租金分期缴纳税款。

收货人或其代理人在金融租赁货物进口时向海关提交租赁合同，按照第一期应当支付的租金和进口货物的实际价格分别填制报关单向海关申报，并提交相关的许可证件和其他单证，按海关审查确定第一期租金的完税价格计算税款数额，缴纳有关的税费。海关放行后，还需要对货物进行监管。纳税义务人在每次支付租金后的 15 日内（含第 15 日）按支付租金额向海关申报。在租赁期届满之日起 30 日内，向海关办结海关手续。

2. 经营租赁进口货物的报关程序

收货人或其代理人在金融租赁货物进口时向海关提交租赁合同，按照第一期应当支付的租金和进口货物的实际价格分别填制报关单向海关申报，并提交相关的许可证件和其他单证，按海关审查确定第一期租金或租金总额的完税价格计算税款数额，缴纳有关的税费。海关放行后，还需要对货物进行监管。纳税义务人在每次支付租金后的 15 日内（含第 15 日）按支付租金额向海关申报。在租赁期届满之日起 30 日内，向海关办结海关手续。

五、无代价抵偿货物

(一) 无代价抵偿货物的含义

无代价抵偿货物，是指进出口货物在海关放行后，因残损、缺少、品质不良或规格不符，由进出口货物的发货人、承运人或者保险公司免费补偿或更换的与原货物相同或者与合同规定相符的货物。

收发货人申报进出口的无代价抵偿货物，与退运出境或者退运进境的原货物不完全相同或者与合同规定不完全相符的，经收发货人说明理由，海关审核认为理由正当且税则号列未发生改变的，仍属于无代价抵偿货物的范围。

税则号列不一致，应当按"一般进出口货物"的有关规定向海关申报，缴纳进口税款。

（二）无代价抵偿货物的特征

（1）免交进出口许可证件。

（2）不征收进口关税、进口环节增值税和消费税。

假如进出口与原货物或合同规定不完全相符的无代价抵偿货物，应当按规定计算与原进出口货物的税款差额。

① 高出原征收税款应当征收超出部分的税款。

② 低于原征收税款，原进出口的发货人、承运人或者保险公司同时补偿货款的，应当退还补偿货款部分的税款，未补偿货款的，不予退还。

（3）现场放行后，海关不再进行监管。

（三）报关程序

无代价抵偿货物分为两类：一类是短少抵偿；另一类是残损、品质不良或规格不符货物的更换。更换货物的应将原货退运或放弃交海关处理，补偿货物才能按无代价抵偿货物免税免证。否则未退运的原货物必须补税补证后，补偿货物才能按无代价抵偿货物免税免证。

1．需要办理海关手续的情形

（1）退运进出境。

原进口货物的收货人或其代理人应当办理被更换的原进口货物中残损、品质不良或规格不符货物的退运出境的报关手续。被更换的原进口货物退运出境时不征收出口关税。

原出口货物的收货人或其代理人应当办理被更换的原出口货物中残损、品质不良或规格不符货物的退运进境的报关手续。被更换的原出口货物退运进境时不征收进口关税和进口环节海关代征税。

（2）放弃，交由海关处理。

被更换的原进口货物中残损、品质不良或规格不符货物不退运出境，但原进口货物的收货人愿意放弃，交由海关处理的，海关应当依法处理。

（3）不退运出境，也不放弃，或不退运进境。

被更换的原进口货物中残损、品质不良或规格不符货物不退运出境且不放弃交由海关处理的，或者被更换的原出口货物中残损、品质不良或规格不符的货物不退运进境，原进出口货物的收发货人应当按有关规定缴纳出口关税或进口关税和进口环节海关代征税。

2．申办海关手续的期限

向海关申报进出口无代价抵偿货物应当在原进出口合同规定的索赔期限内，且不超过原货物进出口之日起3年。

3．报关应提供的单证

（1）进口申报时，除了填写《进口货物报关单》和随附货运商业发票之外，还需提供下列单证：

① 原《进口货物报关单》；

② 原进口货物退运出境的《出口货物报关单》或者原进口货物交由海关处理的货物放弃处理证明（短少抵偿的除外）；

③ 原进口货物税款缴纳书或者《进出口货物征免税证明》；

④ 买卖双方签订的索赔协议。
(2) 出口无代价抵偿货物需提供的单证：
① 原《出口货物报关单》；
② 原出口货物退运进境的《进口货物报关单》或者已经办理纳税手续的单证（短少抵偿的除外）；
③ 原出口货物税款缴纳书；
④ 买卖双方签订的索赔协议；
⑤ 商检证书。

六、进出境修理货物

（一）进出境修理货物的含义

进境修理货物，是指运进境进行维护修理后复运出境的机械器具、运输工具或者其他货物以及为维修这些货物需要进口的原材料、零部件。

出境修理货物，是指运出境进行修护修理后复运进境的机械器具、运输工具或者其他货物以及为维修这些货物需要出口的原材料、零部件。

（二）进出境修理货物的特征

(1) 进境维修货物免纳税费，但要提供担保，并接受海关的后续监管。

(2) 出境维修货物在保修期内并由境外免费维修的，免征税费；在保修期外（或虽然在保修期内但境外维修收费的），按境外修理费和料件费审定完税价格，计征税费。

(3) 免交许可证件。

（三）报关程序

1. 进境修理货物

(1) 经营人提交相关单证申报，并提供担保。

(2) 进境修理的期限为6个月，经申请可以延长6个月。

(3) 修理货物复出境时，正常销案，退保证金或撤销担保；未正常销案，未复出境部分办理申报纳税手续。

2. 出境修理货物

(1) 经营人提交相关单证申报。

(2) 出境修理的期限为6个月，经申请可以延长6个月。

(3) 保修期外实际支付的修理费和材料费，需征税。

(4) 未按时复运进境的，按一般出口货物处理；超时复运进境的，按一般进口货物处理。

七、出料加工货物

（一）出料加工货物的含义

出料加工货物，是指我国境内企业运到境外进行技术加工后复运进境的货物。

出料加工原则上不能改变原出口货物的物理形态。对完全改变原出口货物物理形态的出境加工，属于一般出口。

（二）报关程序

出料加工货物的报关程序分为前期备案—进出境申报—核销。

1. 前期备案

开展出料加工的经营企业应到主管海关办理出料加工合同的备案申请手续。受理备案的应当核发《出料加工登记手册》。

2. 进出境申报

（1）出境申报。

出料加工货物出境，应向海关提交登记手册、《出口货物报关单》、货物单据及其他海关需要的单证申报出口，属许可证件管理的商品，免交许可证件；属应征出口税的，须提供担保。

出料加工货物自运出境之日起6个月内应当复运进境，经海关批准，可以延期，延长的期限不得超过3个月。

（2）进境申报。

海关对出料加工复进口的货物，以境外加工费、材料费、复运进境的运输及其相关费用和保险费审查确定完税价格征收进口关税和进口环节海关代征税。

3. 核销

出料加工货物未按海关允许期限复运进境的，海关按一般进出口货物办理，将货物出境时收取的税款担保金转为税款。

货物进口时按一般进口货物征收进口关税和进口环节海关代征税。

八、溢卸、误卸、放弃、超期未报关货物

（一）溢卸货物或误卸货物

1. 相关概念

（1）进口溢卸货物。

进口溢卸货物，是指未列入《进口载货清单》、运单的货物，或多于《进口载货清单》、运单所列数量的货物。

（2）进口误卸货物。

进口误卸货物，是指应运往境外港口、车站或境内其他港口、车站的货物，在本港（车站）卸下的货物。

2. 溢卸货物或误卸货物的报关程序

进口溢卸货物、进口误卸货物经海关审定确实的，由载运该货物的原运输工具负责人，自该运输工具卸货之日起3个月内，向海关申请办理退运出境手续；或者由该货物的收发货人，自该运输工具卸货之日起3个月内，向海关申请办理退运或申报进口手续。

经载运该货物的原运输工具负责人或该货物的收发货人申请，海关批准，可以延期3个月办理直接退运出境或申报进口手续。

超出上述规定的期限,未向海关办理退运或者申报进口手续的,由海关提取依法变卖处理。

（二）放弃货物

1. 放弃货物的含义

放弃货物,是指进口货物的收发货人或其所有人声明放弃,由海关提取依法变卖处理的货物(根据有关规定不得放弃的货物除外)。

2. 放弃货物的范围

国家禁止或限制进口的废物、对环境造成污染的货物不得声明放弃。

3. 放弃进口货物变卖价款的处理

放弃进口货物,海关将依法提取变卖,变卖进口货物所得的价款,先拨付变卖处理实际支付的费用后,再扣除运输、装卸、储存等费用。假如不足以支付运输、装卸、储存等费用的,按比例分摊。

变卖价款扣除相关费用后尚有余款的,上缴国库。

（三）超期未报关货物

1. 超期未报关货物的含义

超期未报关货物,是指在规定的期限内未办结海关手续的海关监管货物。

2. 超期未报关货物的范围

（1）自运输工具申报进境之日起,超过 3 个月未向海关申报的进口货物。

（2）在海关批准的延长期满仍未办结海关手续的溢卸货物、误卸货物。

（3）超过规定期限 3 个月未向海关办理复运出境或其他海关手续的加工贸易货物。

（4）超过规定期限 3 个月未向海关办理复运出境或其他海关手续的暂准进境货物。

（5）超过规定期限 3 个月未运输出境的过境货物、转运货物和通运货物。

3. 处理方法

对超期未报关进口货物由海关提取依法变卖处理。

（1）属于《法检目录》范围的,检验检疫费用和其他变卖处理实际支出的费用从变卖款中支付。

（2）变卖所得的价款,扣除相关费用和税款的顺序：拨付变卖处理支出的费用—运费、装卸、储存费用—进口关税—进口环节海关代征税(增值税和消费税)—滞报金。

所得价款不足以支付同一顺序的相关费用的,按照比例支付。

（3）有余款的,自变卖之日起 1 年内,经进口货物收发货人申请,予以返还。逾期,余款上缴国库。

（4）收发货人应按照规定补办进口申报手续。

九、退运货物和退关货物

（一）退运货物

退运进出口货物,是指货物因质量不良或交货时间延误等原因,被国内外买方拒收造成的退运货物,或因错发、错运、溢装、漏卸造成退运的货物。

1. 一般退运货物

(1) 一般退运货物的含义。

一般退运货物,是指已经办理进出口申报手续且海关已放行的退运货物(但加工贸易退运货物除外)。

(2) 报关程序。

① 退运进口分以下两种情形。

第一种情形:出口货物已经收汇核销的,需提交以下单证:

A. 原货物出口时的《出口报关单》;

B. 加盖有已核销专用章的出口收汇核销单出口退税专用联或税务局出具的《出口商品退运已补税证明》;

C. 保险公司证明或承运人溢装、漏卸的证明;

D. 并同时签发一份《进口货物报关单》。

第二种情形:出口未收汇,需提交以下单证:

A. 原《出口货物报关单》;

B.《出品收汇核销单》;

C. 报关单退税联;

D. 并同时签发一份《进口货物报关单》。

因品质或规格原因,出口货物自出口之日起 1 年内原状退货复运进境的,海关核实后,不予征收进口税。原出口时已征收出口关税的,只要重新缴纳因出口而退还的国内环节税的,自缴纳出口税款之日起 1 年内准予退还。

② 退运出口。

退运出口需提交以下单证:

A. 原货物进口时的《进口报关单》;

B. 保险公司证明或承运人溢装、漏卸的证明;

C. 并同时签发一份《出口货物报关单》。

2. 直接退运货物

直接退运货物,是指在进境后、办结海关放行手续前,进口货物收发货人、原运输工具负责人或其代理人申请直接退运境外,或者海关根据国家有关规定责令直接退运境外的全部或部分货物。

(1) 当事人申请直接退运货物。

在货物进境后、办结海关放行手续前,有下列情形之一的,当事人可以向海关申请办理直接退运手续:

① 因国家贸易管理政策调整,收货人无法提供相关证件的;

② 属于错发、误卸或者溢卸货物,能够提供发货人或者承运人书面证明文书的;

③ 收发货人双方协商一致同意退运,能够提供双方同意退运的书面证明文书的;

④ 有关贸易发生纠纷,能够提供法院判决书、仲裁机构仲裁决定书或者无争议的有效货物所有权凭证的;

⑤ 货物残损或者国家检验检疫不合格，能够提供国家检验检疫部门根据收货人申请而出具的相关检验证明文书的。

办理直接退运手续的进口货物未向海关申报的，当事人应当向海关提交《进口货物直接退运申请表》以及证明进口实际情况的合同、发票、装箱清单、提运单或者载货清单等相关单证、证明文书，按照规定填制报关单，办理直接退运的申报手续。

办理直接退运手续的进口货物已向海关申报的，当事人应当向海关提交《进口货物直接退运申请表》、原报关单或者转关单以及证明进口实际情况的合同、发票、装箱清单、提运单或者载货清单等相关单证、证明文书，先行办理报关单或者转关单删除手续。

对海关已经确定布控、查验或者认为有走私违规嫌疑的货物，不予办理直接退运。布控、查验或者案件处理完毕后，按照海关有关规定处理。

（2）海关责令直接退运货物。

在货物进境后、办结海关放行手续前，有下列情形之一依法应当退运的，由海关责令当事人将进口货物直接退运境外：

① 进口国家禁止进口的货物，经海关依法处理后的；
② 违反国家检验检疫政策法规，经国家检验检疫部门处理并且出具《检验检疫处理通知书》或者其他证明文书后的；
③ 未经许可擅自进口属于限制进口的固体废物用作原料，经海关依法处理后的；
④ 违反国家有关法律、行政法规，应当责令直接退运的其他情形。

对需要责令进口货物直接退运的，由海关根据相关政府行政主管部门出具的证明文书，向当事人制发《中华人民共和国海关责令进口货物直接退运通知书》（以下简称《责令直接退运通知书》）。当事人收到《责令直接退运通知书》之日起 30 日内，应当按照海关要求向货物所在地海关办理进口货物直接退运的申报手续。当事人办理进口货物直接退运申报手续的，除了另有规定之外，应当先行填写《出口货物报关单》向海关申报，然后填写《进口货物报关单》办理直接退运申报手续，《进口货物报关单》应当在"关联报关单"栏填报出口货物报关单号。

进口货物直接退运的，应当按照《中华人民共和国海关进出口货物报关单填制规范》（以下简称《进出口货物报关单填制规范》）填制进出口货物报关单，并符合下列要求：

① "备注"栏填写《进口货物直接退运表》或者责令直接退运通知书编号；
② "监管方式"栏均填写"直接退运"（代码"4500"）。

经海关批准或者责令直接退运的货物不需要交验进出口许可证或者其他监管证件，免予征收进出口环节税费及滞报金，不列入海关统计。

由于承运人的责任造成货物错发、误卸或者溢卸的，当事人办理直接退运手续时可以免予填制报关单。

进口货物直接退运应当从原进境地口岸退运出境。由于运输原因需要改变运输方式或者由另一口岸退运出境的，应当经由原进境地海关批准后，以转关运输方式出境。

保税区、出口加工区以及其他海关特殊监管区域和保税监管场所进口货物的直接退运参照以上规定办理。

（二）退关货物

1. 退关货物的含义

退关货物，是指出口货物在向海关申报出口并经海关放行后，因故未能装上运输工具，发货单位申请将货物退运出海关监管区不再出口的行为。

2. 报关程序

（1）出口货物发货人应在得知出口货物未装上运输工具，并决定不再出口之日起 3 日内，向海关申请退关。

（2）经海关核准且撤销出口申报后方能将货物运出海关监管场所。

（3）已缴纳出口税的退关货物，可以在缴纳税款之日起 1 年内，向海关申请退税。

（4）办理退关手续后，海关对所有的单证予以注销，并删除有关报关电子数据。

十、跨境贸易电子商务进出境货物、物品

（一）跨境贸易电子商务的相关含义

跨境贸易电子商务，是指分属不同关境的交易主体，通过电子商务平台达成交易、进行支付结算，并通过跨境物流送达商品、完成交易的一种国际商业活动。电子商务企业或个人通过经海关认可并且与海关联网的电子商务交易平台实现跨境交易进出境货物、物品的，必须接受海关监管。

电子商务企业，是指通过自建或者利用第三方电子商务交易平台开展跨境贸易电子商务业务的境内企业，以及提供交易服务的跨境贸易电子商务第三方平台提供企业。

个人，是指境内居民。

电子商务交易平台，是指跨境贸易电子商务进出境货物、物品实现交易、支付、配送并经海关认可且与海关联网的平台。

电子商务通关服务平台，是指由电子口岸搭建，实现企业、海关以及相关管理部门之间数据交换与信息共享的平台。

电子商务通关管理平台，是指由中国海关搭建，实现对跨境贸易电子商务交易、仓储、物流和通关环节电子监管执法的平台。

（二）监管要求

电子商务企业应提交《中华人民共和国海关跨境贸易电子商务进出境货物申报清单》（以下简称《货物清单》），采取"清单核放、汇总申报"方式办理电子商务进出境货物报关手续；个人应提交《中华人民共和国海关跨境贸易电子商务进出境物品申报清单》（以下简称《物品清单》），采取"清单核放"方式办理电子商务进出境物品报关手续。《货物清单》《物品清单》与进出口货物报关单等具有同等法律效力。

存放电子商务进出境货物、物品的海关监管场所的经营人，应向海关办理开展电子商务业务的备案手续，并接受海关监管。未办理备案手续的，不得开展电子商务业务。

电子商务企业或个人、支付企业、海关监管场所经营人、物流企业等，应按照规定通过电子商务通关服务平台适时向电子商务通关管理平台传送交易、支付、仓储和物流等数据。

开展电子商务业务的企业，若需向海关办理报关业务，应按照海关对报关单位注册登记

管理的相关规定,在海关办理注册登记。若需要变更注册登记信息、注销的,应按照注册登记管理的相关规定办理。

开展电子商务业务的海关监管场所经营人应建立完善的电子仓储管理系统,将电子仓储管理系统的底账数据通过电子商务通关服务平台与海关联网对接;电子商务交易平台应将平台交易电子底账数据通过电子商务通关服务平台与海关联网对接;电子商务企业、支付企业、物流企业应将电子商务进出境货物、物品交易原始数据通过电子商务通关服务平台与海关联网对接。

电子商务企业应将电子商务进出境货物、物品信息提前向海关备案,货物、物品信息应包括海关认可的货物10位海关商品编码及物品8位税号。

(三) 通关管理

电子商务企业或个人、支付企业、物流企业应在电子商务进出境货物、物品申报前,分别向海关提交订单、支付、物流等信息。

电子商务企业或其代理人应在运载电子商务进境货物的运输工具申报进境之日起14日内,电子商务出境货物运抵海关监管场所后、装货24小时前,按照已向海关发送的订单、支付、物流等信息,如实填制《货物清单》,逐票办理货物通关手续。个人进出境物品,应由本人或其代理人如实填制《物品清单》,逐票办理物品通关手续。

除了特殊情况之外,《货物清单》《物品清单》进出口货物报关单应采取通关无纸化作业方式进行申报。

电子商务企业或其代理人应于每月10日前(当月10日是法定节假日或者法定休息日的,顺延至其后的第一个工作日,第12月的清单汇总应于当月最后一个工作日前完成),将上月结关的《货物清单》依据清单表头同一经营单位、同一运输方式、同一启运国/运抵国、同一进出境口岸,以及清单表体同一10位海关商品编码、同一申报计量单位、同一法定计量单位、同一币制规则进行归并,按照进出境分别汇总形成进出口货物报关单向海关申报。

电子商务企业或其代理人未能按规定将《货物清单》汇总形成进出口货物报关单向海关申报的,海关将不再接受相关企业以"清单核放、汇总申报"方式办理电子商务进出境货物报关手续,直至其完成相应汇总申报工作。

电子商务企业在以《货物清单》方式办理申报手续时,应按照一般进出口货物有关规定办理征免税手续,并提交相关许可证件;在汇总形成进出口货物报关单向海关申报时,无须再次办理相关征免税手续及提交许可证件。

个人在以《物品清单》方式办理申报手续时,应按照进出境个人邮递物品有关规定办理征免税手续,属于进出境管制的物品,需提交相关部门的批准文件。

电子商务企业或个人修改或者撤销《货物清单》《物品清单》,应参照现行海关进出口货物报关单修改或者撤销等有关规定办理,其中,《货物清单》修改或者撤销后,对应的进出口货物报关单也应做相应的修改或者撤销。

进出口货物报关单上的"进出口日期"以海关接受进出口货物报关单申报的日期为准。

电子商务进出境货物、物品放行后,电子商务企业应按有关规定接受海关开展后续监管。

(四) 物流监控

(1) 电子商务进出境货物、物品的查验、放行均应在海关监管场所内完成。

(2) 海关监管场所经营人应通过已建立的电子仓储管理系统,对电子商务进出境货物、物品进行管理,并于每月 10 日前(当月 10 日是法定节假日或者法定休息日的,顺延至其后的第一个工作日)向海关传送上月进出海关监管场所的电子商务货物、物品总单和明细单等数据。

(3) 海关按规定对电子商务进出境货物、物品进行风险布控和查验。海关实施查验时,电子商务企业、个人、海关监管场所经营人应按照现行海关进出口货物查验等有关规定提供便利,电子商务企业或个人应到场或委托他人到场配合海关查验。

(4) 电子商务企业、物流企业、海关监管场所经营人发现涉嫌违规或走私行为的,应主动报告海关。

(5) 电子商务进出境货物、物品需转至其他海关监管场所验放的,应按照海关关于转关货物有关管理规定办理手续。

本章小结

1. 根据时间的先后可以将报关程序分为前期阶段、进出境阶段和后续阶段三个阶段。

2. 前期阶段,是指根据海关对保税货物、特定减免税货物、暂准进出境货物等的监管要求,进出口货物收发货人或其代理人在货物进出境以前,向海关办理手册设立、备案许可等手续的过程。

3. 进出境阶段,是指根据海关对进出境货物的监管制度,进出口货物收发货人或其代理人在进口货物进境、出口货物出境时,向海关办理进出口申报、配合查验、缴纳税费、提取或装运货物手续的过程。从海关的角度看,进出境阶段分为接受申报、查验、征税和放行四个步骤。

4. 后续阶段,是指根据海关对保税货物、特定减免税货物、暂准进出境货物等的监管要求,进出口货物收发货人或其代理人在货物进出境储存、加工、装配、使用后,在规定的期限内,按照规定的要求,向海关办理上述货物的核销、销案、申请解除监管手续的过程。

5. 一般进出口货物,是指在进出境环节缴纳了应纳的进出口税费并办结了所有必要的海关手续,海关放行后不再进行监管的进出口货物。一般进出口货物进出境之后可以直接进入生产领域和消费领域,不再受海关的监管。

6. 保税货物,是指经海关批准未办理纳税手续进境,在境内储存、加工、装配后复运出境的货物。根据进入关境的目的不同,保税货物可以分为加工贸易货物和保税物流货物。

7. 特定减免税货物,是指海关根据国家的政策规定准予减税或免税进境,专门使用于特定地区、特定企业、特定用途的货物。

8. 暂准进出境货物,是指为了特定的目的,经海关批准暂准进境或暂准出境,并在规定的时限内复运出境或复运进境的货物。

9. 其他进出境货物包括转关运输货物,过境货物,转运货物,通运货物,进出境快件,租赁货物,无代价抵偿货物,进出境修理货物,出料加工货物,溢卸、误卸、放弃、超期未报关货物,退运货物和退关货物,跨境贸易电子商务进出境货物、物品等。

本章知识点结构图

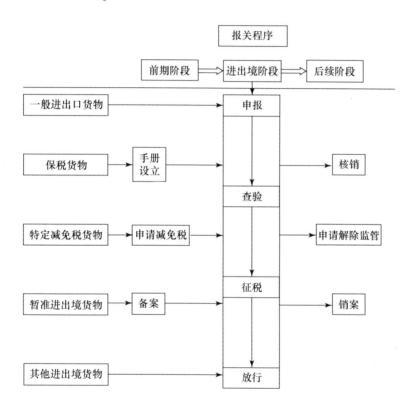

本章习题

一、单项选择题

1. 根据《海关法》的规定,进口货物的收货人向海关申报的时限是( )。
   A. 自运输工具申报进境之日起 7 日内
   B. 自运输工具申报进境之日起 10 日内

C. 自运输工具申报进境之日起 14 日内
D. 自运输工具申报进境之日起 15 日内

2. 出口货物的发货人或其代理人除了海关特准的以外,根据规定应当在货物运抵监管区后,（　　）向海关申报。
   A. 装货前 24 小时
   B. 装货的 24 小时以前
   C. 货物运抵口岸 24 小时内
   D. 承载的运输工具起运（或起航）的 24 小时前

3. 电子化手册管理的加工贸易货物,报核期限是在手册有效期到期之日起或最后一批成品出运后（　　）内向海关报核。
   A. 15 天　　　　B. 25 天　　　　C. 30 天　　　　D. 60 天

4. 加工贸易剩余料件结转至另一个加工贸易合同出口时,必须符合一定的条件。下列选项中不属于这些条件的是（　　）。
   A. 同一经营单位　　　　　　B. 同一加工厂
   C. 同样的进口料件　　　　　D. 同样的产品

5. 出口加工区企业进口免税的机器设备等应填制（　　）。
   A. 出境货物备案清单　　　　B. 进境货物备案清单
   C. 进口货物报关单　　　　　D. 出口货物报关单

6. 保税区与境外之间进出的货物,属自用的,采用（　　），填写（　　）。
   A. 备案制,进(出)境货物备案清单　　B. 报关制,进出口货物报关单
   C. 备案制,进出口货物报关单　　　　D. 以上答案都不对

7. 《进出口货物征免税证明》的有效期为（　　）。
   A. 3 个月　　　　B. 6 个月　　　　C. 9 个月　　　　D. 1 年

8. A 企业与 B 企业都属于享受进口减免税优惠的企业,A 企业将特定减免税货物转让给 B 企业,应当由（　　）先向主管海关申领《进出口货物征免税证明》,凭以办理货物的结转手续。
   A. A 企业　　　　B. B 企业　　　　C. 其他企业　　　　D. 以上答案都不对

9. 享受特定减免税优惠进口的钢材,必须按照规定用途使用,未经海关批准不得擅自出售、转让、移作他用,按照现行规定,海关对其的监管年限为（　　）。
   A. 8 年　　　　B. 6 年　　　　C. 5 年　　　　D. 3 年

10. 北京某外企从美国购进大型机器成套设备,分三批运输进口,其中一批从天津进口,一批从青岛进口,一批从北京进口。该企业在向海关申请办理该套设备的减免税手续时,下列做法正确的是（　　）。
    A. 向北京海关分别申领两份《进出口货物征免税证明》
    B. 向北京海关分别申领三份《进出口货物征免税证明》
    C. 向天津海关申领一份《进出口货物征免税证明》,向青岛海关申领一份《进出口

货物征免税证明》

D. 向天津海关申领一份征免税证明,向青岛海关申领一份征免税证明,向北京海关领一份征免税证明

11. 下列货物或物品不适用暂准进出境货物通关制度的是(　　)。
   A. 展览会期间出售的小卖品
   B. 在展览会中展示或示范用的进口货物、物品
   C. 承装一般进口货物进境的外国集装箱
   D. 进行新闻报道使用的设备、仪器

12. 我国 ATA 单证册的签发机构是(　　)。
   A. 海关总署　　　　　　　　B. 中国国际商会
   C. 国务院　　　　　　　　　D. 对外经济贸易合作部

13. 对于应征税的进口货样广告品,报关时应提交的报关单是(　　)。
   A. 中华人民共和国海关进出境快件 KJ1 报关单
   B. 中华人民共和国海关进出境快件 KJ2 报关单
   C. 中华人民共和国海关进出境快件 KJ3 报关单
   D. 中华人民共和国海关进出境快件个人物品报关单

14. 无代价抵偿进口货物进口时,必须填写《进口货物报关单》,提供原《进口货物报关单》、税款缴纳证,海关认为需要时,还应提交(　　)的检验证明文件。
   A. 海关　　　　　　　　　　B. 进口单位
   C. 使用单位　　　　　　　　D. 国家进出口商检机构

15. 兰州某公司从天津新港进口一批货物,在天津新港海关办理进口转关手续,货物由转关运输货物承运人按照海关要求运至兰州并在兰州海关报关进口。在转关通关制度中,天津新港被称为(　　)。
   A. 进境地　　　B. 启运地　　　C. 指运地　　　D. 转关地

16. 加工贸易货物内销,海关按规定免征缓税利息的是(　　)。
   A. 副产品　　　　　　　　　B. 残次品
   C. 边角料　　　　　　　　　D. 不可抗力受灾保税货物

17. 某中外合资企业被海关核定为失信企业,根据《中华人民共和国海关企业信用管理暂行办法》的规定,该企业(　　)。
   A. 半年内不得开展加工贸易业务　　B. 1 年内不得开展加工贸易业务
   C. 3 年内不得开展加工贸易业务　　D. 不具备开展加工贸易的资格

18. 开展异地加工贸易业务,经营企业须向所在地主管海关提出申请,填制《中华人民共和国海关异地加工贸易申请表》,并提供(　　)。
   A. 经营企业所在地商务主管部门出具的《加工贸易业务批准证》和《加工贸易加工企业生产能力证明》
   B. 加工企业所在地商务主管部门出具的《加工贸易业务批准证》和《加工贸易加工

企业生产能力证明》

C. 经营企业所在地商务主管部门出具的《加工贸易业务批准证》和加工企业所在地商务主管部门出具的《加工贸易加工企业生产能力证明》

D. 加工企业所在地商务主管部门出具的《加工贸易业务批准证》和经营企业所在地商务主管部门出具的《加工贸易加工企业生产能力证明》

19. 某企业购进生产原料一批,其中80%的加工产品直接返销境外,20%的加工产品结转给另一关区其他加工贸易企业继续加工后返销境外。那么该企业将20%加工产品结转给另一关区其他加工贸易企业继续加工后返销的做法,在海关管理中称为(　　)。

    A. 跨关区异地加工　　　　　　　　B. 深加工结转
    C. 跨关区委托加工　　　　　　　　D. 外发加工

20. 上海某航运公司完税进口一批驳船,使用不久后发现大部分驳船油漆剥落,遂向境外供应商提出索赔,供应商同意减价60万美元,并应进口方的要求以等值的驳船用润滑油来补偿。该批润滑油进口时应当办理的海关手续是(　　)。

    A. 按一般贸易进口报关,缴纳进口税
    B. 按一般贸易进口报关,免纳进口税
    C. 按无代价抵偿货物报关,缴纳进口税
    D. 按无代价抵偿货物报关,免纳进口税

二、多项选择题

1. 下列属于一般进出口货物的特征的是(　　)。
    A. 在进出境时缴纳应当缴纳的进出口税费
    B. 进出口时若需提交许可证件的,提交相关的许可证件
    C. 海关放行即办结了海关手续
    D. 暂不纳税

2. 目前,我国的保税仓库有(　　)。
    A. 公用型保税仓库　　　　　　　　B. 自用型保税仓库
    C. 自立保税仓库　　　　　　　　　D. 专用型保税仓库

3. 下列货物与展出活动有关,但不是展览品,不按展览品申报进境的是(　　)。
    A. 展览会期间出售的小卖品
    B. 展览会期间使用的含酒精的饮料、烟叶制品、燃料
    C. 参展商随身携带进境的含酒精饮料、烟叶制品
    D. 供各种国际会议使用或与其有关的档案、记录、表格及其他文件

4. 下列暂准进出境货物应当按"其他暂准进出境货物"申报的是(　　)。
    A. 体育比赛用的比赛用品
    B. 安装设备时使用的工具
    C. 集装箱箱体

D. 来华进行文艺演出而暂时运进的器材、道具、服装等

5. 下列关于特定减免税货物管理的表述正确的是（　　）。
   A. 《进出口货物征免税证明》的有效期为6个月，特殊情况可以延长的最长期限为3个月
   B. 在特定条件和规定范围内使用可减免进口税费
   C. 除了另有规定以外，凡属于进口需要交验许可证件的货物，收货人都应当在进口申报时向海关提交进口许可证件
   D. 货物进口后在特定的海关监管期限内接受海关监管

6. 下列货物不得申请转关运输的是（　　）。
   A. 易制毒化学品   B. 监控化学品
   C. 消耗臭氧层物质   D. 汽车类，包括成套散件和二类底盘

7. 加工贸易剩余料件结转至另一个加工贸易合同出口时，必须符合一定的条件。下列选项中属于这些条件的是（　　）。
   A. 同一经营单位   B. 同一加工厂
   C. 同样的进口料件   D. 同样的产品

8. 按现行海关的规定，下列货物可以允许存入保税仓库的是（　　）。
   A. 由境内有经营权的外贸企业购买进口的进料加工业务备用料件
   B. 供应国际航行船舶的燃料和零配件
   C. 以寄售方式进口，用于进口机电产品维修业务的维修零配件
   D. 转口港澳的烟酒

9. 特定减免税货物的海关监管期限按照货物的种类各有不同。以下特定减免税货物的海关监管期限表述错误的是（　　）。
   A. 船舶、飞机、建材，8年；机动车辆，6年；其他货物，5年
   B. 船舶、飞机，8年；机动车辆，6年；其他货物，5年
   C. 船舶、飞机、建材，8年；机动车辆，家用电器，6年；其他货物，5年
   D. 船舶、飞机，8年；机动车辆，6年；其他货物，3年

10. 下列关于ATA单证册的表述正确的是（　　）。
    A. 是用于替代各缔约方海关暂准进出口货物报关单和税费担保的国际性通关文件
    B. 是国际统一通用的海关申报单证
    C. 我国由海关总署在北京海关设立ATA核销中心签发
    D. 我国海关只接受中文填写的ATA单证册

三、判断题

1. 所有的货物进出口都要经过前期的备案阶段。　　　　　　　　　　　　（　　）

2. 在一般情况下，进出口货物收发货人或其代理人应当先以纸制的报关单向海关申

报,然后再以电子数据报关单形式向海关申报。 （ ）

3. 如果一批特定减免税货物从不同的口岸进口,可以只办理一份《进出口货物征免税证明》。 （ ）

4. 加工贸易企业因自身生产工序的限制,需将加工过程中的某道工序委托其他加工企业(承揽企业)进行加工后,按期运回本企业并最终出口的行为叫跨关区异地加工贸易。
（ ）

5. 特定减免税货物一般不豁免进口许可证,另有规定的除外。 （ ）

6. 某经济特区内的一家外商投资企业以企业自用的名义进口了一辆旅行车,进口后即捐赠给当地的一个社会福利院,半年后被海关发现,因该企业从事公益活动,海关不得对此进行处罚。 （ ）

7. 过境货物自入境时起至出境时属于海关监管货物,未经海关许可不得开拆、提取、交付、发运、调换、转让、更换标记或是移作他用,但允许在海关监管下在边境换装运输工具。
（ ）

8. 任何企业都不得开展禁止类商品的加工贸易。 （ ）

9. 所谓异地加工贸易,是指加工贸易企业将保税料件加工的产品结转至另一直属海关关区内的加工贸易企业深加工后复出口的经营活动。 （ ）

10. 由于非不可抗力的原因造成的过境货物在境内发生损毁或灭失的,由于该批货物为过境货物,因此无须缴纳进口税费。 （ ）

第五章 进出口税费

◎ **本章学习目的**
　　1. 了解进出口税费的内容。
　　2. 掌握进出口货物完税价格的确定,进口货物原产地的确定及税率适用,进出口税费的计算,进出口税费的减征与免征,进出口税费的交纳与退补。

◎ **本章要点**
　　1. 进出口货物完税价格的确定。
　　2. 进出口货物原产地确定及税率适用。
　　3. 进出口税费计算。

第一节　进出口税费概述

　　进出口税费,是指在进出口环节中由海关依法征收的各种税费,包括关税、进口环节代征税(主要有消费税和增值税)、船舶吨税及海关监管手续费等(如图 5-1 所示)。依法征收税费是海关的重要任务之一。依法缴纳税费是相关纳税义务人的基本义务。进出口环节税费征纳的法律依据主要是《海关法》《关税条例》以及其他有关法律、法规等。

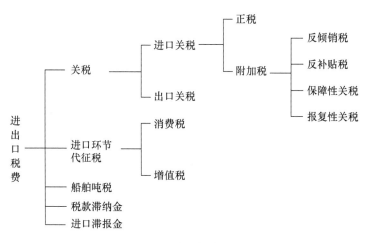

图 5-1　进出口税费的内容

一、关税

（一）关税的含义

关税是国家税收的重要组成部分,是由海关代表国家,按照国家制定的关税政策和有关法律、行政法规的规定,对准许进出关境的货物或物品向纳税义务人征收的一种流转税。其课税对象是进出关境的货物和物品。关税纳税义务人,是指依法负有直接向国家缴纳关税义务的法人或自然人,主要包括进出口货物的收发货人、进出境物品的所有人。

（二）关税的要素

1. 关税的征收主体

关税的征收主体是国家,《海关法》明确将征收关税的权力授予海关,由海关代表国家行使征收关税的职能。因此,未经法律授权,其他任何单位和个人均不得行使征收关税的权力。

2. 关税的征收对象

关税的征收对象,亦即关税征收客体,是进出一国关境的货物或物品,它是关税区别于其他税种的重要标志。

3. 关税纳税义务人

关税纳税义务人也称关税纳税主体或关税纳税人,是指依法负有直接向国家缴纳关税义务的法人或自然人。我国关税纳税义务人是进出口货物的收发货人和进出境物品的所有人。

（三）关税的分类

按照不同的分类标准,关税可以被分成不同的类别,以下是四种主要的分类。

1. 进口关税和出口关税

按照货物的流向分类,关税可以分为进口关税和出口关税。

（1）进口关税。

进口关税,是指海关对进入关境内的货物和物品征收的关税,这是关税最主要的一种。

（2）出口关税。

出口关税,是指海关以出境货物、物品为征税对象所征收的关税。世界各国普遍鼓励出口,一般不征收出口关税,征收的目的主要是限制和调控某些商品的过度、无序出口,特别是防止本国的一些重要自然资源和原材料无序出口。

2. 正税和附加税

按照是否依据关税税则征收,关税可以分为正税和附加税。

（1）正税。

正税即按《中华人民共和国进出口税则》（以下简称《进出口税则》）中法定进口税率征收的关税。

（2）附加税。

附加税,是指国家由于特定需要而对货物除了征收关税正税之外另行征收的关税,一般具有临时性特点。附加税主要包括反倾销税、反补贴税、保障性关税、报复性关税。进口附加税不能随意征收,只有符合 WTO 反倾销、《中华人民共和国反补贴条例》(以下简称《反补贴条例》)中有关反倾销税、反补贴税规定时才可以征收。

此外,为了应对他国对我国出口产品实施的歧视性关税或待遇,我国还相应对其产品征收报复性关税作为临时保障措施。临时保障措施适用的货物、国别、税率、期限和征收办法,由国务院关税税则委员会决定并公布。

3. 从价税、从量税、复合税与滑准税

按照计征标准或计税方法,关税可以分为从价税、从量税、复合税与滑准税。

(1) 从价税。

从价税是以货物或物品的完税价格作为计税依据,以应征税额占货物完税价格的百分比作为税率,并以此税率和实际完税价格相乘计算应征税额。我国对进出口货物的关税计征主要采用从价税标准。

(2) 从量税。

从量税是以货物或物品的数量、体积、重量等计量单位计征关税的方法。计税时以货物的数量(体积、重量)乘以每单位应纳税金额即可得出该货物的关税税额。

目前,我国对原油、啤酒、胶卷、冻鸡等进口商品征收从量税。

(3) 复合税。

复合税是对某些税目下的商品混合使用从价税和从量税计征关税,其计算公式为:

$$关税税额 = 货物数量 \times 单位税额 + 完税价格 \times 从价税率$$

目前,采用此方法计征关税的进口货物有录像机、放像机、摄像机、非家用型摄录一体机、部分数字照相机等。

(4) 滑准税。

滑准税,是指在海关《进出口税则》中预先按产品的价格高低分档制定若干不同的税率,然后根据进口商品价格的变动而增减进口税率的一种关税。当商品价格上涨时采用较低的税率,当商品价格下跌时采用较高的税率,其主要目的是为了稳定国内市场商品的价格。目前,我国对关税配额外进口的一定数量的棉花(税则号 5201.0000)实行 5%～40% 的滑准税,具体规定如下:

① 当进口棉花完税价格高于或等于 14 元/公斤时,按 0.570 元/公斤计征从量税;
② 当进口棉花完税价格低于 14 元/公斤时,暂定关税税率按下式计算:

$$R_i = P_t / P_i + \alpha \times P_i - 1$$

R_i—暂定关税税率,当 R_i 按上式计算值高于 40% 时,取值 40%;

P_t—常数,为 8.87;

P_i—关税完税价格,单位为元/公斤;

α—常数,2.908%;

对上式计算结果四舍五入保留 3 位小数。

4. 普通关税与优惠关税

按照是否施惠,关税可以分为普通关税与优惠关税。

(1) 普通关税。

普通关税又称一般关税,是对与本国未签署贸易或经济互惠等友好协定的国家(地区)原产的货物所征收的非优惠关税。目前,我国对少数与我国没有外交关系且不属于 WTO 成员的国家或地区的进口货物适用普通税率。

对无法判明原产地的货物,适用普通税率。

(2) 优惠关税。

优惠关税,是指对来自特定受惠国的进口货物征收的低于普通税率的优惠税率关税。优惠关税一般有最惠国待遇关税、协定优惠关税、特定优惠关税和普遍优惠制关税等。

① 最惠国待遇关税。

我国规定,原产于 WTO 成员国("互不适用"者除外)及与我国签订有最惠国待遇条款贸易协定的国家或地区的进口货物,适用最惠国税率。

原产于我国境内的进口货物,适用最惠国税率。

② 协定优惠关税。

我国规定,原产于与我国签订含有关税优惠条款的区域性贸易协定的国家或地区的进口货物,适用协定税率。目前,我国对亚太、东盟、香港 CEPA、澳门 CEPA、台湾农产品、ECFA(Economic Cooperation Framework Agreement,海峡两岸经济合作框架协议)、秘鲁、新加坡、智利、巴基斯坦、新西兰、哥斯达黎加等自由贸易协定或优惠安排项下进口货物适用协定优惠关税。

③ 特定优惠关税。

特定优惠关税又称特惠关税,原产于与我国签订含有特殊关税优惠条款的贸易协定的国家或地区的进口货物,适用特定优惠关税。目前,我国对孟加拉、老挝、缅甸、柬埔寨、埃塞俄比亚等共 40 个国家的部分进口商品实施特定优惠关税。

④ 普遍优惠制关税。

普遍优惠制关税,是指发达国家对进口原产于发展中国家的工业制成品、半成品和某些初级产品减低或取消进口关税的一种关税优惠。我国是发展中国家,对进口货物不存在普遍优惠制关税。

二、进口环节代征税

进口货物和物品在办理海关放行手续后,进入国内流通领域,与国内货物同等对待,所以应缴纳应征的国内税。为了简化征税手续,进口货物和物品的一些国内税依法由海关在进口环节征收。目前,进口海关代征税主要有增值税、消费税。

(一) 增值税

1. 增值税的含义

增值税(Value Added Tax)是以商品的生产、流通和劳务服务各个环节所创造的新增价值为课税对象的一种流转税。征收增值税有利于促进专业分工与协作,体现税负的公平合理,稳定国家财政收入,同时也有利于出口退税的规范操作。

2. 增值税的征纳

进口环节的增值税由海关征收,其他环节的增值税由税务机关征收。进口环节增值税的免税、减税项目由国务院规定,任何地区、部门都无权擅自决定增值税的减免。

增值税的纳税义务人(以下简称纳税人),为在中华人民共和国境内销售货物或者提供加工、修理修配劳务以及进口货物的单位和个人,纳税人或其代理人依照《中华人民共和国增值税暂行条例》向报关地海关申报缴纳增值税。进口环节增值税的征收管理,适用关税征收管理的规定。

3. 增值税的征收范围

根据确定增值税税率的基本原则,我国增值税设置了一档基本税率、一档低税率和对出口货物实施的零税率。

(1) 基本税率。

纳税人销售或进口货物,除了列举的以外,税率均为17%;提供加工、修理修配劳务的,税率也为17%。

(2) 低税率。

纳税人销售或进口下列货物的,税率为13%。

① 粮食、食用植物油;
② 自来水、暖气、冷气、热水、煤气、石油液化气、天然气、沼气、居民用煤炭制品;
③ 图书、报纸、杂志;
④ 饲料、化肥、农药、农机、农膜;
⑤ 国务院规定的其他货物。

4. 增值税的计算

进口环节的增值税以组成价格作为计税价格,征税时不得抵扣任何税额。其组成价格由关税完税价格(CIF 价格)加上关税组成;对于应征消费税的品种,其组成价格还要加上消费税。现行增值税的组成价格和应纳税额计算公式为:

$$增值税组成价格=进口关税完税价格+进口关税税额+消费税税额$$

$$应纳税额=增值税组成价格×增值税税率$$

(二) 消费税

1. 消费税的含义

消费税是以消费品或消费行为的流转额作为课税对象而征收的一种流转税。我国消费税的立法宗旨和原则是调节我国的消费结构,引导消费方向,确保国家财政收入。我国消费税的征收是在对货物普遍征收增值税的基础上,选择少数消费品再征收的税。

2. 消费税的征纳

消费税由税务机关征收,进口的应税消费品的消费税由海关征收。进口环节消费税除了国务院另有规定者以外,一律不得给予减税、免税。

在中华人民共和国境内生产、委托加工和进口《中华人民共和国消费税暂行条例》规定的消费品(以下简称应税消费品)的单位和个人,为消费税的纳税义务人,应当依照该条例缴纳消费税。进口的应税消费品,由纳税义务人(进口人或者其代理人)向报关地海关申报纳税。进口环节消费税的缴纳期限与关税相同。

3. 消费税的征收范围

消费税的征税范围,主要是根据我国社会经济发展现状和现行消费政策、人民群众的消费结构以及财政需要,并借鉴国外的通行做法确定的。消费税的征收范围,仅选择少数消费品征收。征税的消费品大体可以分为以下四种类型。

(1) 一些过度消费会对人的身体健康、社会秩序、生态环境等方面造成危害的特殊消费品,如烟、酒、酒精、鞭炮、焰火等。

(2) 奢侈品、非生活必需品,如贵重首饰及珠宝玉石、化妆品等。

(3) 高能耗的高档消费品,如小轿车、摩托车、汽车轮胎等。

(4) 不可再生和替代的资源类消费品,如汽油、柴油等。

4. 消费税的计算

我国消费税实行从价、从量的方法计征,其计算公式如下。

(1) 实行从价征收的消费税是按照组成的计税价格计算,其计算公式为:

$$应纳税额=消费税组成计税价格×消费税税率$$

$$消费税组成计税价格=(进口关税完税价格+进口关税税额)/(1-消费税税率)$$

(2) 实行从量征收的消费税的计算公式为:

$$应纳税额=应征消费税消费品数量×消费税单位税额$$

(3) 同时实行从量、从价征收的消费税是运用上述两种征税方法计算的税额之和,其计算公式为:

$$应纳税额=应征消费税消费品数量×消费税单位税额+消费税组成计税价格×消费税税率$$

三、船舶吨税

(一) 船舶吨税的含义

船舶吨税是由海关在设关口岸,对进出、停靠我国港口的国际航行船舶征收的一种使用税。其目的是用于航道设施的建设。

(二) 船舶吨税的征纳

根据《中华人民共和国船舶吨税暂行办法》(以下简称《船舶吨税暂行办法》)的规定,国际航行船舶在我国港口行驶,使用了我国的港口和助航设备,应缴纳一定的税费。凡征收了船舶吨税的船舶不再征收车船使用税;对已征收车船使用税的船舶,不再征收船舶吨税。

(三) 船舶吨税的征收范围

根据《船舶吨税暂行办法》的规定,应征吨税的船舶有以下四种:

(1) 在我国港口行驶的外国籍船舶;

(2) 外商租用(程租除外)的中国籍船舶;

(3) 中外合营海运企业自有或租用的中、外国籍船舶;

(4) 我国租用的外国籍国际航行船舶。

另外,香港、澳门作为特别行政区为单独关税区。对香港特别行政区香港海关、澳门特别行政区海关已经征收船舶吨税的外国籍船舶,进入内地港口时,仍应照章征收船舶吨税。

(四) 船舶吨税的免征范围

(1) 应纳税额在人民币 50 元以下的船舶。
(2) 自境外以购买、受赠、继承等方式取得船舶所有权的初次进口到港的空载船舶。
(3) 吨税执照期满后 24 小时内不上下客货的船舶。
(4) 非机动船舶(不包括非机动驳船)。
(5) 捕捞、养殖渔船。
(6) 避难、防疫隔离、修理、终止运营或者拆解,并不上下客货的船舶。
(7) 军队、武装警察部队专用或者征用的船舶。
(8) 依照法律规定应当予以免税的外国驻华使领馆、国际组织驻华代表机构及其有关人员的船舶。
(9) 国务院规定的其他船舶。

符合第二项至第四项规定的船舶,船舶负责人或其代理人应当向海关提供书面申请和相关证明材料。

符合第五项至第八项规定的船舶,船舶负责人或其代理人应当向海关提供海事部门、渔业船舶管理部门或者卫生检疫部门等部门、机构出具的具有法律效力的证明文件或者使用关系证明文件,申明免税的依据和理由。

(五) 船舶吨税的计算

1. 适用税率

船舶吨税的计征分为优惠税率和普通税率两种。凡是与我国签订互惠协议的国家或者地区适用船舶吨税优惠税率,未签订互惠协议的国家或地区适用船舶吨税普通税率。中国香港籍、中国澳门籍船舶适用船舶吨税优惠税率。

2. 船舶吨位

目前,国际上丈量吨位是按照船舱的结构是封闭式还是开放式分别计算,封闭式为大吨位,开放式为小吨位。装货多时用大吨位,装货少时用小吨位,根据我国现行规定,凡同时持有大小两种吨位证书的船舶,不论实际装货情况如何,一律按大吨位计征吨税。船舶吨税按净吨位计征,其计算公式如下:

$$净吨位 = 船舶的有效容积 \times 吨/立方米$$

船舶净吨位的尾数,按四舍五入的原则,半吨以下免征尾数,半吨以上按 1 吨计征,不足 1 吨的小型船舶,除了经海关总署特准免征者以外,一律按 1 吨计征。

3. 船舶吨税的征收和退补

船舶吨税的征收方法分为 1 年期缴纳、90 日期缴纳和 30 日期缴纳三种,并分别确定税额,缴纳期限由纳税义务人在申请完税时自行选择。

船舶吨税的起征日为船舶直达港口之日,即进口船舶应自船舶申报进口之日起征收,如果进境后驶达锚地的,以船舶抵达锚地之日起计算;进境后直接靠泊的,以靠泊之日起计算。

应税船舶在吨税执照期满后尚未离开港口的,应当申领新的吨税执照,自上一次执照期满的次日起续缴吨税。

船舶吨税的缴款期限为自海关填发《海关船舶吨税专用缴款书》之日起 15 日。

缴款期限届满日遇星期六、星期日等休息日或者法定节假日的,顺延至休息日或者法定节假日之后的第一个工作日。

国务院临时调整休息日与工作日的,按照调整后的情况计算缴款期限。未按期缴纳税款的,从滞纳税款之日起,按日加收滞纳税款 0.5‰的滞纳金。

海关发现少征或漏征税款的,应当自应税船舶应当缴纳税款之日起 1 年内,补征税款;如果少征和漏征税款是由于应税船舶的原因造成的,海关可以自应纳税款之日起 3 年内追征税款,并自应纳税款之日起按日加征少征或漏征税款 0.5‰的滞纳金。

4. 船舶吨税的计算

船舶吨税的计算公式为:

$$应纳船舶吨税税额 = 注册净吨位 \times 船舶吨税税率(元/净吨)$$

四、税款滞纳金

(一) 税款滞纳金的含义及作用

滞纳金是税收管理中的一种行政强制措施。在海关监管业务中,滞纳金则是指应纳关税或其他税费的单位或个人因在规定期限内未向海关缴纳税款,而依法应向海关缴纳的惩罚性款项。

按照规定,进出口关税、进口环节增值税、消费税、船舶吨税等的纳税人或其代理人,应当自海关填发税款缴款书之日起 15 日内缴纳税款,逾期缴纳的,海关依法在原应纳税款的基础上,按日加收滞纳税款 0.5‰的滞纳金。

征收滞纳金,目的在于通过使纳税人承担增加的经济制裁责任,促使其尽早履行纳税义务。

(二) 海关征收税款滞纳金的规定

海关对滞纳天数的计算是自滞纳税款之日起至进出口货物的纳税义务人缴纳税费之日止,其间的法定节假日不予扣除。在实际计算纳税期限时,应从海关填发税款缴款书之日的第二天起计算,当天不计入。缴纳期限届满日恰逢星期六、星期日等休息日或者法定节假日的,应当顺延至休息日或法定节假日之后的第一个工作日。国务院临时调整休息日与工作日的,则按照调整后的情况计算缴款期限。

进出口货物放行后,海关发现因纳税义务人违法规定造成少征或者漏征税款的,应当自缴纳税款或者货物放行之日起 3 年内,向纳税义务人追缴税款。如果是由于海关原因造成的少征或者漏征税款的,应当自缴纳税款或者货物放行之日起 1 年内,向纳税义务人追缴税款。

滞纳金的起征额为人民币 50 元,不足人民币 50 元的免予征收。

(三) 税款滞纳金的计算公式

税款滞纳金的计算公式如下:

$$关税滞纳金金额 = 滞纳关税税额 \times 0.5‰ \times 滞纳天数$$

$$进口环节海关代征税滞纳金金额 = 滞纳的进口环节海关代征税税额 \times 0.5‰ \times 滞纳天数$$

五、进口滞报金

(一)进口滞报金的含义

进口货物的申报期限为运载进口货物的运输工具申报进境之日起 14 日内,超过 14 日再申报进口,海关就要征收滞报金。

(二)海关征收进口滞报金的规定

滞报金计征起始日为运输工具申报进境之日起第 15 日,海关接受申报之日为截止日,起始日和截止日均计入滞报期间。

(1)进口货物收货人向海关传送报关单电子数据申报后,未在规定期限或者核准的期限内提交纸质报关单以及随附单证,被海关撤销报关单电子数据需重新申报产生滞报的,计征起始日以自运输工具申报进境之日起第 15 日为起始日,以海关重新接受申报之日为截止日。

(2)进口货物收货人申报后依法撤销原报关单电子数据重新申报的,滞报金的征收,以撤销原电子数据报关单之日起第 15 日为起始日,以海关重新接受申报之日为截止日。

(3)运输工具申报进境之日起超过 3 个月未向海关申报,由海关变卖处理,扣除相关的费用(如运输、装卸、储存等费用和税款等)后,收货人申请发还余款的,滞报金的征收以运输工具申报进境之日起第 15 日为起始日,以该 3 个月期限的最后一日为截止日。

进口滞报金的日征收金额为进口货物完税价格的 0.5‰,以人民币"元"为计征单位,不足人民币 1 元的部分免征。滞报金的起征点为人民币 50 元。

滞报金起征日遇有休息日或者法定节假日的,顺延至休息日或者法定节假日之后的第一个工作日。国务院临时调整休息日与工作日的,海关应当按照调整后的情况确定滞报金的起征日。

(三)进口滞报金的计算公式

进口滞报金的计算公式如下:

$$进口滞报金额 = 进口货物完税价格 \times 0.5‰ \times 滞报天数$$

六、进出口税费计算的要点

海关征收的关税、进口环节增值税、进口环节消费税、船舶吨税、税款滞纳金等税费一律以人民币计征,完税价格、税额采用四舍五入法计算至分,滞报金计算至元。

关税、进口环节增值税、进口环节消费税、船舶吨税、滞纳金、滞报金等税费的起征点均为人民币 50 元。

进出口货物的成交价格及有关费用以外币计价的,计算税款前海关按照该货物适用税率之日所适用的计征汇率折合成人民币计算完税价格。

海关每月使用的计征汇率为上一个月第三个星期三(第三个星期三为法定节假日的,顺延采用第四个星期三)中国人民银行公布的外币对人民币的基准汇率。以基准汇率币种(日元、美元、港元)以外的外币计价的,采用同一时间中国人民银行公布的现汇买入价和现汇卖出价的中间值(人民币后采用四舍五入法保留四位小数)。如果上述汇率发生重大变动,海关总署认为必要时,可以另行规定计征汇率,并对外公布。

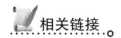

税款滞纳金、进口滞报金的计算举例

海关于 2014 年 11 月 14 日(周五)给某进口货物收货人开出税款缴款书,进口关税 100 万元人民币,进口增值税为 50 万元人民币,进口消费税为 30 万元人民币,请问税款的最后缴款期限是哪天?如果收货人因资金紧张,打算在 12 月 4 日缴纳税款,他需要缴纳多少滞纳金?

假设上述货物的进口日期为 11 月 2 日(周日),那么货物的进口申报期限是哪天?如果该进口货物收货人在 12 月 1 日申报,滞报了几天?如果货物的进口完税价格是 2 000 万元人民币,那么滞报金是多少?

具体的计算步骤如下:

1. 列出业务发生日历图

周一	周二	周三	周四	周五	周六	周日
3	4	5	6	7	8	9
10	11	12	13	14	15	16
17	18	19	20	21	22	23
24	25	26	27	28	29	30
(12月)1	2	3	4	5	6	7

2. 计算税款缴纳期限和滞纳金

根据上述日历可以看到,如果 11 月 14 日开出税款缴款书,应于 11 月 15 日开始 15 日内缴款,即 11 月 15—29 日为缴纳税款的期限,因 11 月 29 日是周六,属于休息日,税款的最后缴款期可以顺延至 12 月 1 日(周一)。

如果企业 12 月 1 日缴纳税款,没有滞纳金。但是,因为资金紧张,12 月 4 日缴纳税款,滞纳天数为 3 天,应缴税款滞纳金如下:

进口关税滞纳金 = 滞纳进口关税税额 × 0.5‰ × 滞纳天数
 = 1 000 000 元 × 0.5‰ × 3 天 = 1 500(元)

增值税滞纳金 = 滞纳增值税额 × 0.5‰ × 滞纳天数
 = 500 000 元 × 0.5‰ × 3 天 = 750(元)

消费税滞纳金 = 滞纳消费税税额 × 0.5‰ × 滞纳天数
 = 300 000 元 × 0.5‰ × 3 天 = 450(元)

3. 计算进口申报期限及滞报金

11 月 2 日运输工具申报进境,货物的申报期限从 11 月 3 日开始延续 14 日至 11 月 16 日,因为 16 日是周日,属于休息日,申报的最后期限可以顺延至休息日后的第一个工作日,即 11 月 17。如果进口货物收货人 12 月 1 日申报,滞报天数为 14 天(从 11 月 18 日开始至 12 月 1 日),应缴滞报金如下:

滞报金 = 进口货物完税价格 × 0.5‰ × 滞报天数
 = 20 000 000 元 × 0.5‰ × 14 天 = 140 000(元)

第二节 进出口货物完税价格的确定

进出口货物完税价格是海关对进出口货物征收从价税时审查估定的应税价格,是凭以计征进出口关税及进口环节税税额的基础。审定进出口货物完税价格是贯彻关税政策的重要环节,也是海关依法行政的重要体现。

目前,我国海关审价的法律依据可以分为三个层次:第一层次是法律层次,即《海关法》;第二层次是行政法规层次,即《关税条例》;第三层次是部门规章,即海关总署颁布实施的《中华人民共和国海关审定进出口货物完税价格办法》(以下简称《审价办法》)、《中华人民共和国海关进出口货物征税管理办法》(以下简称《征管办法》)等。

进出口货物完税价格的审定主要从三个方面来介绍,即一般进口货物完税价格的审定、特殊进口货物完税价格的审定以及出口货物完税价格的审定(如图5-2所示)。

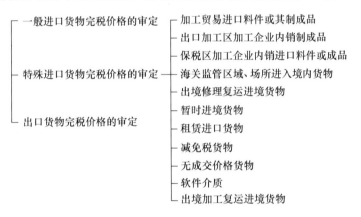

图 5-2 进出口货物完税价格的审定

一、一般进口货物完税价格的审定

海关确定一般进口货物的完税价格有六种估价方法(如图5-3所示)。

图 5-3 一般进口货物的完税价格审定方法

上述估价方法应当依次采用,但如果进口货物纳税义务人提出要求,并提供相关资料,经海关同意,可以选择倒扣价格法和计算价格法的适用次序。

(一)进口货物成交价格法

进口货物成交价格,是指卖方向中华人民共和国境内销售该货物时买方为进口该货物向卖方实付、应付的,并按有关规定调整后的价款总额,包括直接支付的价款和间接支付的价款。对进口货物成交价格法的掌握应从以下四个方面进行理解。

1. 成交价格与完税价格的联系

以成交价格确定完税价格是因为成交价格是完税价格的重要组成部分,完税价格由成交价格和货物运抵境内输入地点起卸前的运输及相关费用、保险费两部分组成。

2. 成交价格的三层含义

第一层含义是"买方购买进口货物"。购买必须符合两个条件:一是买方支付货款;二是卖方向买方转移货物所有权。不符合条件的,即不存在"购买"的,不能采用进口货物成交价格法。

第二层含义是"按《关税条例》相关条款及《审价办法》的相关规定调整后的价格"。因此成交价格不完全等于贸易中发生的发票价格,而是需要按有关规定进行调整。

第三层含义是"向卖方实付、应付的价款,包括直接支付的价款和间接支付的价款"。买方支付价款的目的是为了获得进口货物,支付的对象既包括卖方,又包括与卖方有联系的第三方;支付的价款为已经支付和将要支付两者的总额。

3. 对"调整因素"的理解

调整因素包括计入项目和扣减项目。

在确定成交价格时,较难把握的是哪些费用应计入总价由买方承担,哪些费用不应该由买方承担,而应该扣除。应当掌握的一般的原则是:与进口货物有关的,应该由买方承担的费用,但未计入发票总价的,属于计入项目;虽与进口货物有关,但不应该由买方承担的费用,若已计入发票总价,则属于扣减项目;与进口货物无关的,属不计入项目。

(1) 计入项目。

下列项目若由买方支付,必须计入完税价格(如图 5-4 所示)。

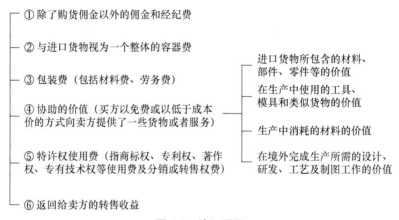

图 5-4 计入项目

① 除了购货佣金以外的佣金和经纪费。

佣金主要是指买方或卖方向其代理人所支付的一种劳务费用,包括购货佣金和销售佣金。购货佣金主要是指买方向其采购代理人支付的佣金,按照规定购货佣金不计入完税价格中(如图 5-5 所示)。销售佣金主要是指卖方向其销售代理人支付的佣金,但是上述佣金如果由买方直接支付给卖方的代理人的话,根据《审价办法》第四条的规定也应该计入到完税价格中(如图 5-6 所示)。

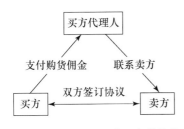

图 5-5 购货佣金不计入完税价格

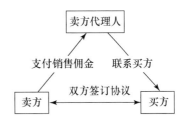

图 5-6 销售佣金计入完税价格

经纪费,是指买方购进进口货物向代表买卖双方利益的经纪人支付的劳务费用,根据规定应计入完税价格。

② 与进口货物视为一个整体的容器费。

此类容器主要指与货物成为一个整体,并归入同一个税则号列的容器,如酒瓶、香水瓶等。若其价格没有包括在酒、香水的实付价格或应付价格中的,应该计入。

③ 包装费(包括材料费和劳务费)。

此类费用主要是指进口货物在包装的过程中发生的一些成本和费用,包括劳务费。

④ 协助的价值。

在国际贸易中,买方以免费或者以低于成本价的方式向卖方提供了一些货物或者服务,这些货物或者服务的价值被称为协助的价值。协助的价值计入到进口货物完税价格中应满足以下条件:

第一,由买方以免费或者以低于成本价的方式直接提供或者间接提供;

第二,未包括在进口货物的实付价格或应付价格中;

第三,与进口货物的生产和向中华人民共和国境内销售有关;

第四,可以按适当比例分摊。

⑤ 特许权使用费。

特许权使用费,是指进口货物的买方为了取得知识产权权利人及权利人有效授权人关于专利权、商标权、专有技术、著作权、分销权或者销售权的许可或者转让而支付的费用。未包括在该进口货物实付价格、应付价格中的特许权使用费需计入完税价格,但符合下列情形之一的除外:

第一,特许权使用费与该货物无关;

第二,特许权使用费的支付不构成该货物向中华人民共和国境内销售的条件。

⑥ 返回给卖方的转售收益。

如果买方在货物进口之后,把进口货物的转售、处置或使用的收益的一部分返还给卖方,返回收益的价格应计入到完税价格。

上述所有项目的费用或价值计入到完税价格中,必须同时满足三个条件:

第一,由买方负担;

第二,未包括在进口货物的实付价格或应付价格中;

第三,有客观量化的数据资料。

(2) 扣减项目。

进口货物价款中单独列明的下列税收、费用不计入该货物的完税价格(如图 5-7 所示)。

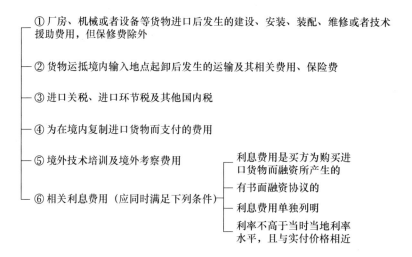

图 5-7 扣减项目

上述所有项目的费用或价值从完税价格中扣减,必须同时满足三个条件:

第一,不由买方负担;

第二,已包括在进口货物的实付价格或应付价格中;

第三,有客观量化的数据资料。

4. 成交价格本身须满足的条件

成交价格必须满足以下四个条件才能被海关接受,否则不能适用成交价格法。

(1) 买方对进口货物的处置和使用不受限制。有下列情形之一的,视为对买方处置或者使用进口货物进行了限制:

① 进口货物只能用于展示或者免费赠送的;

② 进口货物只能销售给指定第三方的;

③ 进口货物加工为成品后只能销售给卖方或者指定第三方的;

④ 海关认定买方对进口货物的处置或者使用受到限制的。

(2) 货物的出口销售或价格不应受某些条件或因素的影响,由于这些条件或因素,导致该货物的价格无法确定。有下列情形之一的,视为进口货物的价格受到了使该货物成交价格无法确定的条件或者因素的影响:

① 进口货物的价格是以向卖方购买一定数量其他货物为条件的;

② 进口货物的价格是以买方向卖方销售其他货物为条件的;

③ 海关认定货物的价格受到使该货物成交价格无法确定因素影响的。

(3) 卖方不得直接或间接从买方获得因转售、处置或者使用进口货物而产生的任何收益,除非上述收益能够被合理确定。

(4) 买卖双方之间的特殊关系不影响价格。

买卖双方有特殊关系这个事实本身并不能构成海关拒绝成交价格的理由,买卖双方之间存在特殊关系,但纳税人能证明其成交价格与同时或者大约同时发生的无特殊关系的进口货物的价格相近的,应视为特殊关系未对进口货物的进口成交价格产生影响。

以上四个条件中对于买方对进口货物的处置如果所受限制为下列三种限制时,则认为不影响成交价格的成立:

① 国内法律、行政法规或规章规定的限制;
② 对货物转售地域的限制;
③ 对货物价格无实质影响的限制。

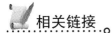相关链接

买卖双方的特殊关系

如果符合下列情形之一,则认定买卖双方有特殊关系:
(1) 买卖双方为同一家族成员;
(2) 买卖双方互为商业上的高级职员或董事;
(3) 一方直接或间接地受另一方控制;
(4) 买卖双方都直接或间接地受第三方控制;
(5) 买卖双方共同直接或间接地控制第三方;
(6) 一方直接或间接地拥有、控制或持有对方5%或以上公开发行的有表决权的股票或股份;
(7) 一方是另一方的雇员、高级职员或董事,买卖双方是同一合伙企业的成员;
(8) 买卖双方在经营上相互联系,一方是另一方的独家代理、经销或受让人,若符合以上规定,也应当视为有特殊关系。

进口货物成交价格法是海关估价中使用最多的一种估价方法,但是如果货物的进口不是用于销售或者销售不能符合成交价格法必须满足的四个条件,就不能采用成交价格法,而应该依次采用下列方法审查确定货物的完税价格。

(二) 相同或类似货物成交价格法

相同或类似货物成交价格法,即以与被估货物同时或大约同时向中华人民共和国境内销售的相同货物及类似货物的成交价格为基础,审查确定进口货物完税价格的方法。

对相同或类似货物成交价格法的掌握应从以下两个方面进行理解。

1. 相同货物和类似货物的含义

相同货物,是指与进口货物在同一国家或地区生产的,在物理性质、质量和信誉等所有方面都相同的货物,但表面的微小差异允许存在。

类似货物,是指与进口货物在同一国家或地区生产的,虽然不是在所有方面都相同,但却具有类似的特征、类似的组成材料、同样的功能,并且在商业中可以互换的货物。

2. 相同或类似货物的时间要素

时间要素,是指相同或类似货物必须要与进口货物同时或大约同时进口。其中,"同时或大约同时"是指进口货物接受申报之日的前后各45日以内。

(三) 倒扣价格法

倒扣价格法即以进口货物、相同或类似进口货物在境内第一环节的销售价格为基础,扣

除境内发生的有关费用来估定完税价格。其中,"第一环节"是指有关货物进口后进行的第一次转售,且转售者与境内买方之间不能存在特殊关系。对倒扣价格法的掌握应从以下两个方面进行理解。

1. 用以倒扣的销售价格应同时符合五大条件

(1) 在被估的进口货物进口时或大约同时,将该货物、相同或类似进口货物在境内销售的价格为倒扣依据。进口时或大约同时,是指进口货物接受申报之日的前后各 45 日以内。如果未在申报之日前后 45 日内在境内销售,可以延长至接受申报之日前后 90 日内。

(2) 按照该货物进口时的状态销售的价格。进口时的状态销售的价格,是指以进口货物、相同或类似进口货物按进口时的状态销售的价格为基础。如果没有按进口时的状态销售的价格,应纳税义务人的要求,可以使用经过加工后在境内销售的价格作为倒扣基础。

(3) 在境内第一环节销售的价格。第一环节,是指有关货物进口后进行的第一次转售,且与境内买方之间不能有特殊关系。

(4) 向境内无特殊关系方销售的价格。

(5) 按照该价格销售的货物合计销售总量最大。合计销售总量最大,是指必须使用被估的进口货物、相同或类似进口货物以最大总量单位售予境内无特殊关系方的价格为基础估定完税价格。

2. 倒扣价格法中的"倒扣项目"

确定销售价格以后,在使用倒扣价格法时,还必须扣除一些费用。这些倒扣项目根据规定以下四项:

(1) 该货物的同级或同种货物在境内第一环节销售时通常支付的佣金或利润和一般费用;

(2) 货物运抵境内输入地点之后的运输及其相关费用、保险费;

(3) 进口关税、进口环节代征税及其他国内税;

(4) 加工增值额,如果以货物经过加工后在境内转售的价格作为倒扣价格的基础,则必须扣除上述加工增值部分。

(四) 计算价格法

计算价格法既不是以成交价格,又不是以在境内的转售价格为基础,而是以发生在生产国或地区的生产成本作为基础的价格。

1. 计算价格的构成项目

采用计算价格法时,进口货物的完税价格由下列各项目的总和构成。

(1) 生产该货物所使用的料件成本和加工费用。

料件成本,是指生产被估货物的原料成本,包括原材料的采购价值及原材料投入生产之前发生的各类费用。加工费用,是指原材料加工为制成品过程中发生的生产费用,包括人力成本、包装费用及有关间接成本。

(2) 向境内销售同等级或者同种类货物通常的利润和一般费用(包括直接费用和间接费用)。

(3) 货物运抵我国境内输入地点前的运输及相关费用。

2. 运用计算价格法应注意的事项

(1) 计算价格法按顺序为第五种估价方法,但如果进口货物纳税义务人提出要求,并经海关同意,可以与倒扣价格法颠倒顺序使用。

(2) 海关在征得境外生产商的同意并提前通知有关国家或者地区政府后,可以在境外核实该企业提供的有关资料。采用计算价格法必须依据境外的生产商提供的有关生产成本方的资料,否则该方法不能采用。

(五) 合理方法

合理方法,是指当海关不能根据成交价格法、相同货物成交价格法、类似货物成交价格法、倒扣价格法和计算价格法确定完税价格时,根据公平、统一、客观的估价原则,以客观量化的数据资料为基础审查确定进出口货物完税价格的估价方法。

运用合理方法估价时,禁止使用以下六种价格:

(1) 境内生产的货物在境内销售价格;

(2) 在两种价格中选择高的价格;

(3) 依据货物在出口地市场的销售价格,也就是出口国国内市场价格,其目的是为了反倾销,但根据国际惯例,估价手段不能用于反倾销;

(4) 以计算价格法规定之外的价值或者费用计算的相同或类似货物的价格;

(5) 依据出口到第三国或地区货物的销售价格;

(6) 依据最低限价或武断、虚构的价格。

二、特殊进口货物完税价格的审定

(一) 加工贸易货物

加工贸易货物包括加工贸易进口料件和其制成品。由于种种原因,部分加工贸易进口料件或者其制成品不能按有关合同、协议预定的条款复出口,经海关批准转为内销时,需依法对其实施估价后征收进口税款。其估价的核心问题有两个:一是按制成品征税还是按料件征税;二是征税的环节是在进口环节还是在内销环节,具体有四种情况(参见表5-1)。

表5-1 加工贸易货物完税价格的确定

适用情况	完税价格确定	征税环节	备 注
进口时需征税的进料加工进口料件	以申报进口时的成交价格为基础	在进口环节	进口时有成交价格
进料加工进口料件或其制成品(包括残次品)内销时	以料件原进口成交价格为基础,制成品以其所含料件原进口成交价格为基础	在内销环节	原进口成交价格不能确定的,以相同或类似货物进口成交价格为基础
来料加工进口料件或其制成品内销时	以同时进口的相同或类似货物的进口价格为基础	在内销环节	进口时无成交价格
加工企业内销加工中产生的边角料或副产品	以海关审定的内销价格为基础	在内销环节	不论有无成交价格

加工贸易内销货物的完税价格按照上述规定仍然不能确定的,由海关按照合理的方法审查确定。

(二) 出口加工区和保税区内销货物

出口加工区和保税区内企业内销进口料件或者其制成品的估价办法参见表 5-2。

表 5-2 出口加工区和保税区内销货物完税价格的确定

项　目	出口加工区内加工企业	保税区内加工企业
内销的进口料件	未经加工不能出区,若出区按制成品内销	以相同或类似进口货物成交价格为基础审定完税价格
内销的进料加工制成品（不含国产料件）	海关以接受内销申报的同时或者大约同时进口的相同或者类似货物的进口成交价格为基础审查确定完税价格	以相同或类似进口货物成交价格为基础审定完税价格
内销的进料加工制成品（含国产料件）		以制成品所含从境外购入的料件原进口成交价格为基础审定完税价格,原进口成交价格不能确定的,以相同或类似货物进口成交价格审定完税价格
内销的来料加工制成品（不含国产料件）		以相同或类似进口货物成交价格为基础审定完税价格
内销的来料加工制成品（含国产料件）		以与制成品所含从境外购入的料件相同或类似货物的进口成交价格为基础审定完税价格
内销加工中产生的边角料、副产品	以海关审定的内销价格作为完税价格	

如果按照上述规定仍然不能确定完税价格的,由海关按照合理的方法审查确定。

(三) 特殊区域之间进出货物

从保税区、出口加工区、保税物流园区、保税物流中心等区域、场所进入境内需要征税的货物,海关参照一般进口货物完税价格审定的有关规定,即以从上述区域、场所进入境内的销售价格为基础审查确定完税价格。加工贸易进口料件及其制成品等其他非一般进口货物除外。

(四) 出境修理和出境加工货物

出境修理和出境加工等复运进境货物的估价方法参见表 5-3。

表 5-3 出境修理和出境加工货物完税价格的审定

货物种类	规定期限内(6 个月) (出境修理可申请延长 6 个月,出料加工为 3 个月)	规定期限外
出境修理复运进境货物	海关以境外修理费和料件费审查确定完税价格	按一般进口货物审定完税价格
出境加工复运进境货物	海关以境外加工费和料件费以及复运进境的运输及相关费用、保险费审定完税价格	

(五) 其他进口货物的估价方法

其他进口货物的估价方法参见表 5-4。

表 5-4 其他进口货物的估价方法

货物种类	适用情况	完税价格确定	
暂时进境货物	应缴税款的	按一般进口货物完税价格审定规则审定完税价格	
	海关批准留购的	以海关审查确定的留购价格为完税价格	
租赁进口货物	分期缴税的	以海关审定的该货物的租金为完税价格(利息计入)	
	一次性缴税的	按海关审定的租金总额或总价作为完税价格	
	留购的	以海关审定的留购价格为完税价格	
减免税货物	海关批准出售、转让、改变用途的	原进口时的价格,扣除折旧部分作为完税价格	
无成交价格货物	易货贸易	不适用成交价格法,依次采用相同或类似货物成交价格法、倒扣价格法、计算价格法、合理方法审定完税价格	
	寄售、捐赠、赠送		
软件介质	介质本身价值或成本与所载软件的价值分列	以介质本身的价值或成本为基础审定完税价格	
	介质本身价值或成本与所载软件的价值虽未分列,但是纳税义务人能够提供介质本身的价值或者成本证明文件,或提供所载软件价值的证明文件		

注:① 减免税货物完税价格的计算公式为:完税价格 = $\frac{货物原进口时价格}{} \times \left(1 - \frac{征、补税时实际进口月数}{监督年限 \times 12}\right)$

上述计算公式中"征、补税时实际进口月数"按月计算,不足 1 个月但超过 15 日的,按照 1 个月计算;不超过 15 日的,不予计算。

② 软件介质即进口载有专供数据处理设备用软件的介质。

三、进口货物完税价格中运输费用、保险费的计算

（一）相关规定

海运进口货物,计算至该货物运抵境内的卸货口岸。如果该货物的卸货口岸是内河(江)口岸,则应当计算至内河(江)口岸。

陆运进口货物,计算至该货物运抵境内的第一口岸。如果运输及其相关费用、保险费支付至目的地口岸,则计算至目的地口岸。

空运进口货物,计算至该货物运抵境内的第一口岸。如果该货物的目的地为境内的第一口岸外的其他口岸,则计算至目的地口岸。

（二）陆运、空运和海运运费的计算

陆运、空运和海运进口货物的运费,应当按照实际支付的费用计算。如果进口货物的运费无法确定或未实际发生,海关应当按照该货物进口同期运输行业公布的运费率(额)计算。

（三）陆运、空运和海运保险费的计算

陆运、空运和海运进口货物的保险费,应当按照实际支付的费用计算。如果进口货物的保险费无法确定或未实际发生,海关应当按照"货价加运费"两者总额的 3‰计算保险费。

（四）其他运输方式运保费计算方法

（1）邮运的进口货物,应当以邮费作为运输及其相关费用、保险费。

（2）以境外边境口岸价格条件成交的铁路或公路运输进口货物,海关应当按照货价的 1%计算运输及其相关费用、保险费。

(3) 作为进口货物的自驾进口的运输工具,海关在审定完税价格时,可以不另行计入运费。

以上关于运费和保险费的计算参见表5-5。

表 5-5 进口货物完税价格中的运输费和保险费

运输方式	运 费		保险费
	运费确定(按实际支付)	运费无法确定	
海运	境内卸货口岸(包括内河口岸)	实际运输成本或者该货物进口同期运输行业公布运费率(额)计算	1. 有保险费的按实际支付的计算 2. 无法确定或者未实际发生的,按(货价+运费)×3‰计算
陆运、空运	境内第一口岸(付至目的地口岸的,计算至目的地)		
利用自身动力进境	不再另行计入运费		
邮运	1. 快件以邮费作为运费、相关费用、保险费 2. 超过一定价值的快件按货物管理		
境外边境口岸成交	(境外边境口岸价格×1‰)为运费和保险费		

注:境外边境口岸成交主要指与我国接壤的国家或地区的边境口岸以铁路或者公路运输方式运输进口货物。

四、出口货物完税价格的审定

(一)出口货物的完税价格

我国《关税条例》规定对出口货物完税价格的审定原则是:出口货物的完税价格由海关以该货物向境外销售的成交价格为基础审查确定,并应包括货物运至中华人民共和国境内输出地点装载前的运输及其相关费用、保险费,但其中包含的出口关税税额应当扣除。

(二)出口货物的成交价格

出口货物的成交价格,是指该货物出口销售到中华人民共和国境外时买方向卖方实付或应付的价格。出口货物的成交价格中含有支付给境外的佣金的,如果单独列明,应当扣除。

出口货物的成交价格不能确定时,完税价格由海关依次使用下列方法估定:

(1) 同时或大约同时向同一国家或地区出口的相同货物的成交价格;
(2) 同时或大约同时向同一国家或地区出口的类似货物的成交价格;
(3) 根据境内生产相同或类似货物的成本、利润和一般费用(包括直接费用和间接费用)、境内发生的运输及其相关费用、保险费计算所得的价格;
(4) 按照合理方法估定的价格。

如果出口货物的价格中包含了关税,则出口货物完税价格的计算公式如下:

出口货物完税价格=FOB(中国口岸)价格-出口关税=FOB/(1+出口关税税率)

五、完税价格审定程序中纳税义务人的权利和义务

(一) 纳税义务人的权利

(1) 要求具保放行货物的权利。

(2) 估价方法的选择权,即如果进口货物的收货人提出要求,并提供相关资料,经海关同意,可以选择倒扣价格法和计算价格法的适用次序。

(3) 知情权,即进出口货物的收货人可以提出书面申请,了解海关确定其进出口货物的完税价格的依据等。

(4) 申诉权,包括向上一级海关申请行政复议和向人民法院提起诉讼的权利。

(二) 纳税义务人的义务

1. 如实申报的义务

即进出口货物的收发货人应当向海关如实申报进出口货物的成交价格,提供包括发票、合同、装箱清单及其他证明申报价格真实、完整的单证、书面资料和电子数据。海关认为必要时,进出口货物的收发货人还应当向海关补充申报反映买卖双方关系和成交活动的情况,以及其他与成交价格有关的资料。

2. 举证的责任

即进出口货物的收发货人要举证证明申报价格的真实性和准确性,或举证证明交易价格没有受到与卖方之间的特殊关系的影响。

第三节 进口货物原产地的确定及税率适用

一、进口货物原产地的确定

(一) 原产地规则的含义

各国为了适应国际贸易的需要,并为执行本国关税及非关税方面的国别歧视性贸易措施,必须对进出口商品的原产地进行认定。但是,货物原产地的认定需要以一定的标准为依据。为此,各国以本国立法形式制定出其鉴别货物"国籍"的标准,这就是原产地规则。

WTO《原产地规则协议》将"原产地规则"定义为:一国(地区)为确定货物的原产地而实施的普遍适用的法律、法规和行政决定。

(二) 原产地规则的类别

我国现行的原产地规则有两种,一种是优惠原产地规则,另一种是非优惠原产地规则。

1. 优惠原产地规则

优惠原产地规则,是指一国为了实施国别优惠政策而制定的法律、法规,是以优惠贸易协定通过双边、多边协定形式或者是本国自主形式制定的一些特殊原产地认定标准,因此也称协定原产地规则。原产地规则具有很强的排他性,优惠的范围以原产地为受惠国的进口产品为限。优惠原产地规则适用于认定进口货物有无资格享受比最惠国待遇更优惠待遇的

依据,因此其认定标准通常会与非优惠原产地规则不同,其标准的尺度完全取决于成员方。为了防止此类优惠措施被滥用或规避,双方一般都制定货物直接运输条款。

优惠原产地规则的实施方式有两种:一是通过自主方式授予,如中国对最不发达国家的特别优惠关税待遇;二是通过协定以互惠性方式授予,如《北美自由贸易协定》等。

目前,我国已先后签订了:《亚太贸易协定》(即原《亚洲及太平洋经济和社会理事会发展中国家成员国关于贸易谈判的第一协定》,又称《曼谷协定》);《中华人民共和国与东南亚国家联盟全面经济合作框架协议》(以下简称《中国-东盟合作框架协议》);《内地与香港建立更紧密经贸关系的安排》(又称《香港CEPA》);《内地与澳门建立更紧密经贸关系的安排》(又称澳门《CEPA》);《中华人民共和国政府与巴基斯坦伊斯兰共和国政府自由贸易协定》(以下简称《中巴自贸协定》);对33个最不发达国家(包括28个非洲国家、3个亚洲国家和2个大洋洲国家)给予的特别优惠关税待遇(以下简称特别优惠关税待遇);《中华人民共和国与智利共和国政府自由贸易协定》(以下简称《中智自贸协定》)等优惠贸易协定。上述优惠贸易协定中都包含有相应的优惠原产地规则。

2. 非优惠原产地规则

非优惠原产地规则,是指一国根据实施其海关税则和其他贸易措施的需要,由本国立法自主制定的原产地规则,是为了非优惠性贸易措施,以及进行政府采购、贸易统计等活动而认定进出口货物原产地的标准。其实施必须遵守最惠国待遇原则,即必须普遍地、无差别地适用于所有原产地为最惠国的进口货物。

目前,我国的优惠原产地规则和非优惠原产地规则参见表5-6。

表5-6 原产地规则

非优惠原产地规则	优惠原产地规则
《亚太贸易协定》 《中国-东盟合作框架协议》 《香港CEPA》 《澳门CEPA》 《中巴自贸协定》 《特别优惠关税待遇》 《中智自贸协定》	最惠国待遇 反倾销、反补贴、保障措施 原产地标记管理 国别数量限制 关税配额 政府采购 贸易统计

(三) 原产地认定标准

在认定进口货物的原产地时会出现以下两种情况:一种情况是货物完全是在一个国家(地区)获得或生产制造;另一种情况是货物由两个及以上国家(地区)生产或制造。原产地规则主要就是确定这两种货物的认定标准。对于第一种情况,各国原产地认定标准基本一致,即以产品的种植、开采或生产国为原产国,这一标准通常称为"完全获得标准"。对于另一种情况,各国原产地认定标准多以最后完成实质性加工的国家为原产国,这一标准通常称为"实质性改变标准"。

"实质性改变标准"包括以下三种。

其一,税则归类改变标准,是指在某一国家(地区)对非该国(地区)原产材料进行加工、制造后,所得货物在《商品名称及编码协调制度》中的某位数级税目归类发生了变化。

其二,从价百分比标准,是指在某一国家(地区)对非该国(地区)原产材料进行加工、制造后的增值部分超过了所得货物价值的一定比例。

其三,加工工序标准,是指在某一国家(地区)对非该国(地区)原产材料进行的赋予加工、制造后所得货物基本特征的标准。

1. 优惠原产地规则下的原产地认定标准

(1) 完全获得标准。

以下产品视为在一国"完全获得":

① 在该国(地区)领土或领海开采的矿产品;
② 在该国(地区)领土或领海收获或采集的植物产品;
③ 在该国(地区)领土出生和饲养的活动物及从其所得产品;
④ 在该国(地区)领土或领海狩猎或捕捞所得的产品;
⑤ 由该国(地区)船只在公海捕捞的水产品和其他海洋产品;
⑥ 该国(地区)加工船加工的上述第五项所列物品所得的产品;
⑦ 在该国(地区)收集的仅适用于原材料回收的废旧物品;
⑧ 该国(地区)利用上述第一项至第七项所列产品加工所得的产品。

(2) 区域价值成分。

区域价值成分,是指出口货物 FOB 价格扣除该货物加工制造过程中非原产于受惠国及产地不明的原材料、零部件等成分价值后,所余价值占出口货物 FOB 价格的百分比。目前,在我国签署的部分优惠贸易协定中采用的区域价值成分标准参见表 5-7。

表 5-7 贸易协定中的区域价值成分

优惠原产地协定	非原产部分比例	原产材料比例
《亚太贸易协定》(孟加拉国除外)	(非受惠国原材料价值/FOB)×100%≤55%	≥45%
《亚太贸易协定》孟加拉国	(非受惠国原材料价值/FOB)×100%≤65%	≥35%
《中国-东盟合作框架协议》	(非自贸区原材料价值/FOB)×100%<60%	≥40%
《香港 CEPA》《澳门 CEPA》	(非港澳原材料价值/FOB)×100%<70%	≥30%
《中巴自贸协定》	(非巴基斯坦原材料价值/FOB)×100%<60%	≥40%
《特别优惠关税待遇》	(非受惠国原材料价值/FOB)×100%<60%	≥40%
《中智自贸协定》	(非自贸区原材料价值/FOB)×100%<60%	≥40%

(3) 直接运输标准。

不同协定框架下的优惠原产地规则中的直接运输标准各有不同(参见表 5-8)。

表 5-8 各协定中的直接运输标准

协 定	直接运输标准
《亚太贸易协定》	1. 进口货物运输未经过任何非成员国境内 2. 进口货物虽经一个或多个非成员国境内,无论是否在这些国家转换运输工具或临时储存,如果可以证明仅是由于地理原因或者运输需要,未在非成员国进入贸易或消费领域,除了为了保持产品良好状态的处理以外,产品在这些国家未经任何其他加工

续表

协　定	直接运输标准
《中国-东盟合作框架协议》	1. 进口货物直接运输或未经任何非自由贸易区成员国(地区)境内运至我国,途中未经非自由贸易区成员(地区) 2. 途中经过非自由贸易区成员(地区)国境内(包括转换运输工具或作临时储存)运至我国,应同时符合下列条件:其一,仅是由于地理或运输需要;其二,未进行贸易或消费;其三,除了装卸或者为了保持产品良好状态而进行加工外未经其他任何加工
CEPA	1. 香港CEPA项下的进口货物应当从香港直接运输至内地口岸 2. 澳门CEPA项下的进口货物不能从香港以外的地区或者国家转运
《中巴自贸协定》	1. 货物未经过任何中国和巴基斯坦之外的国家或地区境内运输 2. 原产巴基斯坦进口货物途中经过其他国家或地区的,应同时符合下列条件:其一,仅是由于地理或运输需要;其二,未进行贸易或消费;其三,除了装卸或者为了保持产品良好状态或运输所必需而进行的处理外未经其他任何处理
《特别优惠关税待遇》	1. 货物直接从一个受惠国运至中国关境口岸,途中未经其他国家 2. 如果经过第三国(地区)运输到我国境内,应同时符合下列条件:其一,仅是由于地理或运输需要;其二,未进行贸易或消费;其三,除了装卸或者为了保持产品良好状态或运输所必需而进行的处理外未经其他任何处理
《中智自贸协定》	1. 货物直接从智利运至中国关境口岸,途中未经其他国家 2. 如果经过第三国(地区)运输到我国境内,应同时符合下列条件:其一,仅是由于地理或运输需要;其二,未进行贸易或消费;其三,除了装卸或者为了保持产品良好状态或运输所必需而进行的处理外未经其他任何处理;其四,进入所经国家停留时间最长不得超过3个月,不论该货物是否换装运输工具

2. 非优惠原产地规则下的原产地认定标准

(1) 完全获得标准。

以下产品视为在一国"完全获得":

① 在该国(地区)出生并饲养的活的动物;

② 在该国(地区)野外捕捉、捕捞、收集的动物;

③ 在该国(地区)的活的动物获得的未经加工的物品;

④ 在该国(地区)收获的植物和植物产品;

⑤ 在该国(地区)采掘的矿物;

⑥ 在该国(地区)获得的除上述第一项至第五项范围之外的其他天然生成的物品;

⑦ 在该国(地区)生产过程中产生的只能弃置或者回收做材料的废碎料;

⑧ 在该国(地区)收集的不能修复或者修理的物品,或者从该物品中回收的零件或材料;

⑨ 有合法悬挂该国旗帜的船舶从其领海以外海域获得的海洋捕捞物和其他物品;

⑩ 在合法悬挂该国旗帜的加工船上加工上述第九项所列物品获得的产品;

⑪ 从该国领海以外享有专有开采权的海床或者海床底土获得的物品;

⑫ 在该国(地区)完全从上述第一项至第十一项所列物品中生产的产品。

在确定货物是否在一个国家(地区)完全获得时,不考虑以下因素:

① 为运输、储存期间保存货物而作的加工或者处理;

② 为便于货物装卸而作的加工或处理;
③ 为销售货物而作的包装等加工或者处理等。

(2) 实质性改变标准。

两个及以上国家(地区)参与生产或制造的货物,以最后完成实质性改变的国家(地区)为原产地。以税则归类改变为基本标准,税则归类改变不能反映实质性改变的,以从价百分比、制造或者加工工序等为补充标准(参见表 5-9)。

表 5-9 实质性改变标准

基本标准	税则归类改变	是指在某一国家(地区)对非该国(地区)原产材料进行制造、加工后,所得货物在《进出口税则》中的四位数税号一级的税则归类发生改变
补充标准	制造或加工工序	是指在某一国家(地区)进行的赋予制造、加工后所得货物基本特征的主要工序
	从价百分比	是指在某一国家(地区)对非该国(地区)原产材料进行制造、加工后的增值部分,超过所得货物价值的30%。即:$$\frac{工厂交货价-非该国(地区)原产材料价值}{工厂交货价}\times100\%\geqslant30\%$$ 其中,"工厂交货价"是指支付给制造厂所生产的成品的价格;"非该国(地区)原产材料价值"是指直接用于制造或装配最终产品而进口原料、零部件的价值(含原产地不明的原料、零配件),以其进口的成本、保险费加运费价格(CIF)计算

使用上述补充标准中的"制造或加工工序"及"从价百分比"标准来判定实质性改变的货物需要在有关的《适用制造或者加工工序及从价百分比标准的货物清单》中具体列明,并按列明的标准判定是否发生实质性改变。未列入上述清单货物的实质性改变的判定,应当适用基本标准"税则归类改变标准"。

(四) 申报要求

(1) 涉及优惠原产地的进口货物申报时,收货人或其代理人需主动向海关申明适用的税率,如《中国-东盟合作框架协议》适用中国-东盟协定税率,港澳 CEPA 适用零关税税率,《中巴自贸协定》适用《早期收获协议》协定税率,《特别优惠关税待遇》适用享受特别优惠关税,《中智自贸协定》适用协定税率等。

(2) 收货人或其代理人除了按规定提交进口报关所需单证之外,还应提交受惠国指定机构签发的原产地证书。

(3) 当进口货物经由优惠规定之外的第三地转运时,收货人或其代理人还应提交下列单证:

① "未加工证明"(过境国家海关签发,过境地为港、澳地区的,由中国检验有限公司、中国检验认证集团澳门有限公司签发);

② 全程提运单或联运提单;

③ 其他有关单证,如原始商业发票副本(《中巴自贸协定》)、原厂商发票(非洲特别优惠关税)等。

(五) 原产地证明书

原产地证明书是证明产品原产于某地的书面文件。它既是受惠国的原产品出口到给惠国时享受关税优惠的凭证,同时又是进口货物是否适用反倾销、反补贴税率、保障措施等贸易政策的凭证。

1. 适用优惠原产地规则的原产地证明书

(1)《亚太贸易协定》规则的原产地证明书。

① 证书要求。

原产地证明书的发证机构名称、发证机构的签章应与备案一致。原产地证明书所列进出口商名称、地址、运输方式、货物名称、规格型号、重量、发票号及日期应与进口报关人提供的进口货物的合同、发票、装箱单及货物的实际情况等一致。

② 一批一证。

一个原产地证明书只适用于一批进口货物,不能多次使用。

③ 补交期限。

纳税义务人不能提交原产地证明书的,由海关依法确定进口货物的原产地,并据以确定适用税率。货物征税放行后,纳税义务人自货物进境之日起 90 日内补交原产地证明书的,经海关核实,为应实施《亚太贸易协定》的,对按原税率多征的部分予以退还。

(2)《中国-东盟合作框架协议》规则的原产地证明书。

① 证书要求。

原产地证明书应与海关总署发布的有关原产地证明书及其签章的备案材料相一致。原产地证明书所列进出口商名称、地址、国家、运输工具及路线、包装唛头及编号、包装件数及种类、货品名称(包括数量及进口国 HS 编码)、重量及价格、发票号及日期等内容应与进口报关人员提供的进口货物的合同、发票、装箱单及货物的实际情况等一致。

② 原产地证明书的有效期。

原产地证明书应当自东盟国家有关机构签发之日起 4 个月内提交我国境内申报地海关。如果是经过第三方转运的情况,该货物的原产地证明书提交期限延长为 6 个月。因不可抗力或者其他正当理由超过期限提交原产地证明书的,海关审核情况后可以接受。

③ 一批一证。

一个原产地证明书只适用于一批货物,不能多次使用。海关可以要求纳税义务人提供可以证明原产地证明书正确性的有关资料。对于原产于东盟国家的进口货物,如果每批产品的 FOB 价不超过 200 美元,则无须要求纳税义务人提交原产地证明书,但是要求纳税义务人提交出口商的原产地声明。

④ 海关质疑。

海关怀疑原产地证明书内容的真实性时,可以请求东盟国家有关政府机构对原产地证明书进行核查。期间,可以先按照适用的最惠国税率或者暂定税率征收相当于应缴税款的等值保证金后先予放行货物,并按规定办理进口手续。待核查完毕后,海关应根据核查结果办理退还保证金手续或者保证金转税手续。纳税义务人不能提交原产地证明书的,由海关依法确定进口货物的原产地,并据以确定适用税率。原产地证明书应由东盟国家有关政府机构在产品出口时签发,但在特殊情况下,没有在货物出口时或出口后立即签发原产地证明书的,原产地证明书可以在货物装运之日起 1 年内补发,且应在原产地证明书上注明"补发"字样。经海关核实,应实施中国-东盟协定税率的,对按原税率多征的部分应予以退还。

(3) 港澳 CEPA 的原产地证明书。

① 证书要求。

原产地证明书应与海关总署发布的有关原产地证明书及其签章的备案材料一致(其中,香港原产地证明书签发机构包括中华人民共和国香港特别行政区政府工业贸易署、香港总商会、香港印度商会、香港工业总会、香港中华厂商联合会、香港中华总商会等 6 家机构;澳门原产地证明书签发机构为澳门特别行政区政府经济局)。原产地证明书必须在有效期内使用,且证书编号和商品编码两项内容必须与报关单所报内容相符(应当注意的是,报关时商品编码可能有 10 位,而海关只要求前 8 位编码必须一致),申报数量不得超出原产地证明书上的数量,原产地证明书的签证机构、签发地点、到货口岸等内容应与实际相符。原产地证明书应与海关联网核对无误。

② 一批一证。

一个原产地证明书只适用于一批进口货物,不能多次使用。一份报关单不能涉及多份原产地证明书或含非原产地证明书商品。

③ 具保放行。

海关因故无法进行联网核对,应纳税义务人书面申请并经海关审批同意后,可以按照适用的最惠国税率或者暂定税率征收相当于应缴税款的等值保证金后先予放行货物,并按规定办理进口手续。海关应当自该货物放行之日起 90 日内核定其原产地证明书的真实情况,根据核查结果办理退还保证金手续或者保证金转税手续。

④ 海关质疑。

海关怀疑原产地证明书内容的真实性时,可以经海关总署或其授权的海关机构(深圳、拱北原产地管理办公室)向有关的香港特别行政区香港海关、澳门特别行政区海关或者澳门特别行政区政府经济局提出协助检查的请求。期间,可以先按照适用的最惠国税率或者暂定税率征收相当于应缴税款的等值保证金后先予放行货物,并按规定办理进口手续。待核查完毕后,海关根据核查结果办理退还保证金手续或者保证金转税手续。

(4)《中巴自贸协定》的原产地证明书。

① 证书要求。

进口货物收货人向申报地海关提交原产地证明书正本必须用国际标准 A4 纸印刷,所用文字为英语。原产地证明书不得涂改及叠印。

② 证书签发时间。

进口货物收货人提交的原产地证明书应当由巴基斯坦有关政府机构根据《中巴自贸协定》在货物出口前或者出口时,或者在货物实际出口后 15 日内签发。未能在规定的日期签发原产地证明书的货物,进口货物收货人可以向申报地海关提交在货物装运之日起 1 年内签发的注明"补发"字样的原产地证明书。如果原产地证明书被盗、遗失或者毁坏,在该证书签发之日起 1 年内,进口货物收货人可以要求出口货物发货人向原发证机构申请签发经证实的原产地证明书真实复制本,原产地证明书第十二栏中需注明"经证实的真实复制本"。该复制本应当注明原证正本的签发日期。

③ 原产地证明书的有效期。

除了不可抗力以外，原产地证明书应当自签发之日起 6 个月内向我国海关提交，如果货物运输经过一个或者多个中国和巴基斯坦之外的国家（地区），上述所规定的原产地证明书提交期限延长至 8 个月。

④ 原产地证明书的背书。

从巴基斯坦进口享受《早期收获协议》协定税率的货物在向海关申报之后，海关放行之前，目的地发生变化需要运往其他国家的，进口货物收货人应当向海关提出书面申请，海关对原产地证明书进行背书后将原产地证明书返还进口人。

⑤ 巴基斯坦展览品在展览期间或之后销售到我国的货物的规定。

由巴基斯坦运至我国展览并在展览期间或展览后销售到我国的货物，如果符合《中巴自贸协定》的要求，可以享受《早期收获协议》协定税率，但应同时满足下列要求：出口货物发货人已将货物从巴基斯坦境内运送到我国并已在我国展出；出口货物发货人已将货物实际卖给或者转让给我国的进口货物收货人；货物已经以送展状态在展览期间或者展览后立即运到我国。为了实施上述规定，进口货物收货人必须向海关提交原产地证明书，并提供我国有关政府机构签发的注明展览会名称及地址的证明书以及相关证明文件。

(5) 特别优惠关税待遇的原产地证明书。

① 证书要求。

进口货物收货人向海关提交的原产地证明书，应当由受惠国官方机构签发，签发机构的名称和地址及签发原产地证明书的印章和签章式样应当在海关总署备案。原产地证明书用 A4 纸印制，所用文字为英文。进口货物收货人向海关申报时应当提交正本及第二副本。

② 原产地证明书的有效期。

原产地证明书的有效期为自签发之日起 180 日。

③ 海关质疑。

在对原产地证明书内容的真实性产生怀疑时，海关总署或者其授权的机构可以通过中国驻相关受惠国使领馆经济商务参赞处（室）向受惠国海关或者原产地证明书发证机构提出核查要求，并要求在其收到核查要求之日起的 90 日内予以答复。如果海关未能在上述期限内收到答复，则该货物不得享受特别优惠关税待遇。

④ 具保放行。

在等待受惠国原产地证明书核查结果期间，应进口货物收货人要求，海关可以按照该货物适用的最惠国税率收取应缴纳税款的等值保证金后放行货物，并按规定办理进口手续、进行海关统计。待出口国海关或者原产地证明书发证机构核查完毕后，海关应当根据核查结果，立即办理退还保证金手续或者办理保证金转为进口税款手续，海关统计数据应当作相应的修改。进口货物属于国家限制进口的或者有违法嫌疑的，在原产地证明书核查完毕前海关不得放行货物。

(6)《中智自贸协定》的原产地证明书。

① 证书要求。

智利原产地证明书必须符合规定格式，所用文字应当为英文。如果进口货物的原始商业发票由其他国家或者地区开具的，该货物原产地证明书的"备注"栏内应当注明智利生产商的名称、地址。该原产地证明书中的收货人应当为中国境内收货人。

② 证书签发时间。

原产地证明书应于货物出口前签发或者出口后30日内签发。

③ 原产地证明书的有效期。

原产地证明书自签发之日起1年内有效。进口货物收货人应当向海关提交在有效期内的原产地证明书。

④ 一批一单。

原产地证明书上所列的一项或者多项货物应当视为同一批次进口到中国的原产于智利的货物。一份原产地证明书应当仅对应一份报关单。对于原产于智利进口货物价格不超过600美元且不属于为了规避有关规定而实施的货物，免交原产地证明书。

⑤ 海关质疑。

海关对智利原产地证明书的真实性和相关货物是否原产于智利产生怀疑时，可以向智利有关部门提出原产地核查请求。在核查期间，海关可以按照该货物适用的其他种类税率征收相当于应缴纳税款的等值保证金后放行货物，并按规定办理进口手续、进行海关统计。核查结束后，海关应当根据核查结果，立即办理退还保证金手续或者办理保证金转为进口税款手续。在提出核查请求之日起6个月内，海关未收到智利有关部门的核查结果，或者核查结果未包含足以确定原产地证明书真实性或者货物真实原产地信息的，有关货物不享受关税优惠待遇，海关应当立即办理保证金转为进口税款手续。海关统计数据同时作相应的修改。进口货物属于国家限制进口的或者有违法嫌疑的，在原产地证明书核查完毕前海关不得放行货物。

2. 非优惠原产地证明书

(1) 对适用反倾销、反补贴措施的进口商品的要求。

① 进口经营单位申报进口与实施反倾销措施的被诉倾销产品(以下简称被诉倾销产品)相同的货物时，应向海关提交原产地证明书。

② 对于进口经营单位确实无法提交原产地证明书，经海关实际查验不能确定货物的原产地的，海关按与该货物相同的被诉倾销产品的最高反倾销税率或保证金征收比率征收反倾销税或现金保证金。

③ 对于加工贸易保税进口与被诉倾销产品相同的货物，进口经营单位在有关货物实际进口申报时，也应向海关提交原产地证明书。

④ 对于在反倾销措施实施之前已经申报进口，但因故申报内销是在反倾销措施实施之后的，进口经营单位应在申报内销时向海关提交原产地证明书。对于进口经营单位确实无法提交原产地证明书，经海关实际查验不能确定货物原产地的，海关按与该货物相同的被诉倾销产品的最高反倾销税率或保证金征收比率征收反倾销税或现金保证金。

(2) 对适用临时保障措施或最终保障措施的进口商品的要求。

由海关总署公告规定的加征关税之日起，进口企业申报进口涉案产品时不能提供不适用最终保障措施的国家(地区)的原产地证明书或尚不应加征关税的适用最终保障措施的国家(地区)的原产地证明书，或者海关对其所提供的原产地证明书的真实性有怀疑的，如经海关审核有关单证(包括合同、发票、提运单等)及对货物实际验估能够确定原产地的，应按照相关规定处理；若仍不能确定原产地，且进口企业也不能进一步提供能够证明原产地的其他材料的，应在现行适用的关税税率基础上,按照相应的涉案产品适用的加征关税税率加征关税。

在海关审核认定原产地期间,进口企业可以在提供相当于全部税款的保证金担保后,要求先行验放货物。

原产地证明书并不是确定货物原产地的唯一标准。若海关通过查验货物或审核单证认为所提供的原产地证明书可能不真实,海关将根据原产地规则标准予以确认。

二、税率适用

(一) 税率适用原则

进口关税税则分设最惠国税率、协定税率、特惠税率、普通税率、关税配额税率、暂定税率等税率。国务院关税税则委员会每年根据我国产业发展状况的需要,对部分进出口货物在一定期限内制定较最惠国税率更低的暂定税率。

各种税率包含的范围参见表 5-10。

表 5-10　进口税率范围

进口税率	适用范围
最惠国税率	1. 原产于适用最惠国待遇条款的世贸组织成员的进口货物 2. 原产于与我国签订最惠国条款的双边贸易协定的国家或地区的进口货物 3. 原产于我国境内的进口货物
协定税率	原产于与我国签订关税优惠条款的区域性贸易协定的国家或地区的进口货物
特惠税率	原产于与我国签订特殊关税优惠条款的贸易协定的国家或地区的进口货物
普通税率	1. 原产于未与我国签订各种关税优惠贸易协定的国家或地区的进口货物 2. 原产地不明的进口货物
关税配额税率	适用于相对数量限制的进口货物

出口税则按进口税则列目方式确定出口税则税目,对部分出口商品实行暂定出口税率。

1. 进口税率

对于同时适用多种税率的进口货物,在选择适用税率时,基本的原则是"从低适用",特殊情况除外。

(1) 原产于共同使用最惠国待遇条款的 WTO 成员的进口货物,原产于与中华人民共和国签订有相互给予最惠国待遇条款的双边贸易协定的国家或者地区的进口货物,以及原产于中华人民共和国境内的进口货物,适用最惠国税率。

原产于与中华人民共和国签订含有关税优惠条款的区域性贸易协定的国家或者地区的进口货物,适用协定税率。

原产于与中华人民共和国签订含有特殊关税优惠条款的贸易协定的国家或者地区的进口货物,适用协定税率。

上述之外的国家或者地区的进口货物,以及原产地不明的进口货物,适用普通税率。

(2) 适用最惠国税率的进口货物有暂定税率的,应当适用暂定税率;适用协定税率、特惠税率的进口货物有暂定税率的,应当从低适用税率;适用普通税率的进口货物,不适用暂定税率。对于无法确定原产国(地区)的进口货物,按普通税率征税。

(3) 按照国家规定实行关税配额管理的进口货物,关税配额内的,使用关税配额税率;

关税配额外的,其税率的适用按其所适用的其他相关规定执行。

(4) 按照有关法律、行政法规的规定对进口货物采取反倾销、反补贴、保障措施的,其税率的使用按照《反倾销条例》《反补贴条例》和《中华人民共和国保障措施条例》的有关规定执行。

(5) 任何国家或者地区违反与中华人民共和国签订或者共同参加的贸易协定及相关规定,对中华人民共和国在贸易方面采取禁止、限制、加征关税或者其他影响正常贸易措施的,对原产于该国或者地区的进口货物可以征收报复性关税,适用报复性关税税率。征收报复性关税的货物、适用国别、税率、期限和征收办法,由国务院关税税则委员会决定并公布。

(6) 凡进口原产于与我国达成优惠贸易协定的国家或地区并享受协定税率的商品,同时该商品又属于我国实施反倾销反补贴措施范围内的,应按照优惠贸易协定税率计征进口关税;凡进口原产于与我国达成优惠贸易协定的国家或地区并享受协定税率的商品,同时该商品又属于我国实施反倾销反补贴措施范围内的,应在该商品全部或部分终止、撤销、修改关税减让义务后确定的适用税率基础上计征进口关税。

(7) 执行国家有关进出口关税减让政策时,首先应当在最惠国税率基础上计算有关税目的减征税率,然后根据进口货物的原产地及各种税率形式的适用范围,将这一税率与统一税目的特惠税率、协定税率、进口暂定最惠国税率进行比较,税率从低计征,但不得在暂定最惠国税率基础上再进行减免。

(8) 从2002年起,我国对部分非全税目信息技术产品的进口按ITA税率征税。ITA即"信息技术产品协议"(Information Technology Agreement)的关税税率,其中有15个税号是对该税号中用于信息技术产品生产的部分产品(非全税号)适用ITA协议税率。为此,凡申报进口这15个税目的产品并要求适用ITA税率的单位,需经工业与信息化部出具证明并经海关确认后方可适用ITA税率。

同时有两种及以上税率可适用的进口货物最终适用的税率汇总参见表5-11。

表5-11 适用税率

进口货物可适用的税率	最终适用的税率
同时适用最惠国税率、进口暂定税率	应当适用暂定税率
同时适用协定税率、特惠税率、进口暂定税率	应当从低适用税率
同时适用国家优惠政策、进口暂定税率	按国家优惠政策进口暂定税率商品时,以优惠政策确定的税率与暂定税率两者取低计征关税,但不得再进行减免
适用普通税率的进口货物,存在进口暂定税率	适用普通税率的进口货物,不适用暂定税率
适用关税配额税率、其他税率	关税配额内的,适用关税配额税率;关税配额外的,适用其他税率
同时适用ITA税率、其他税率	适用ITA税率
反倾销税、反补贴税、保障措施关税、报复性关税	适用反倾销税率、反补贴税率、保障措施税率、报复性关税税率

2. 出口税率

出口税则分设普通税率、暂定税率,在计算出口关税时,出口暂定税率优先于出口普通税率执行。目前,我国只对鳗鱼苗、铅矿砂、锌矿砂、钢坯等部分出口商品实行暂定出口税率。

(二) 税率适用时间

《关税条例》规定,进出口货物应当按照收发货人或者其代理人申报进口之日实施的税率征税。在实际运用时应区分以下不同情况(参表5-12)。

表 5-12 税率适用时间和适用范围

税率适用时间	适用范围
适用海关接受该货物申报进口或出口之日的税率	1. 一般进出口货物 2. 进出口转关运输货物 3. 实行集中申报的进出口货物(按每次货物申报)
适用海关接受纳税人再次填写报关单申报办理纳税及有关手续之日的税率	1. 保税货物经批准不复出境的 2. 保税仓储货物转入国内市场销售的 3. 减免税货物经批准转让或者移作他用的 4. 可暂不纳税的暂时进出境货物不复运进出境的 5. 租赁进口货物,分期缴纳税款的
适用违规行为发生之日或海关发现违规行为之日实施的税率	因纳税义务人违反规定需追征税款的进出口货物

第四节 进出口税费的减征与免征

进出口税费减免,是指海关按照《海关法》《关税条例》和其他有关法律、行政法规的规定,对进出口货物的税费给予减征和免征。关税的减免分为法定减免、特定减免和临时减免。

一、法定减免税

法定减免税,是指进出口货物按照《海关法》《关税条例》和其他法律、行政法规的规定可以享受的减免关税的优惠。

下列进出口货物、进出境物品减征或者免征关税:

(1) 关税税额在人民币50元以下的一票货物;

(2) 无商业价值的广告品和货样;

(3) 外国政府、国际组织无偿赠送的物资;

(4) 在海关放行前遭受损坏或者损失的货物;

(5) 进出境运输工具装载的途中必需的燃料、物料和饮食用品;

(6) 我国缔结或参加的国际条约的规定减征、免征关税的货物、物品;

(7) 法律规定减征、免征关税的其他货物、物品。

二、特定减免税

特定减免税,是指海关根据国家规定,对特定地区、特定用途和特定企业给予的减免关税的优惠,也称政策性减免税。特定减税或者免税的范围和办法由国务院规定,海关根据国务院的规定单独或会同其他中央主管部门制定具体实施办法并加以贯彻执行。

申请特定减免税的单位或企业,应在货物进出口前向海关提出申请,由主管海关按照规定的程序进行受理,符合规定的由海关发给《进出口货物征免税证明》,受惠单位或企业凭证明申报进口特定减免税货物。由于特定减免税货物有地区、企业和用途的限制,海关需要对其进行后续管理。适用特定减免税的货物范围参见表5-13。

表5-13　特定减免税的范围

1. 外商投资企业进口物资	(1) 属国家鼓励发展的投资项目,在投资总额内进口的自用设备(《外商投资项目不予免税的进口商品目录》所列商品除外)及随设备进口的技术、配套件、备件,免征进口关税和进口环节增值税
	(2) 属鼓励发展的外商投资企业,外商研发中心,先进技术型、产品出口型外商投资企业,在投资额以外的自有资金(指企业储备基金、发展基金、折旧、税后利润)内,进行设备更新(不包括成套设备和生产线)或维修进口国内不能生产或满足需要的设备及与上述设备配套的技术、配件、备件(《外商投资项目不予免税的进口商品目录》所列商品除外),免征进口关税和进口环节增值税
2. 国内投资项目进口物资	属重点鼓励发展的国内投资项目,在投资总额内进口的自用的设备(《国内投资项目不予免税的进口商品目录》所列商品除外)及配套技术、配件、备件,免征进口关税和进口环节增值税
3. 贷款项目进口物资	外国政府和国际金融组织贷款项目进口的自用设备(《外商投资项目不予免税的进口商品目录》所列商品除外)及技术、配套件、备件,免征进口关税和进口环节增值税
4. 特定区域物资	保税区、出口加工区进口区内生产性基础设施所需机器、设备和基建物资,可以免税
	区内企业进口企业自用的生产、管理设备和自用合理数量的办公用品及维修用零配件、生产用燃料,建设厂房及仓储设施用物资可以免税
	区内行政管理机构自用合理数量的管理设备和办公用品及其所需的维修零配件可以免税
5. 科教用品	国务院部门和省、自治区、直辖市、计划单列市所属专门从事科学研究工作的科学研究机构和国家承认学历的实施专科及以上高等学历教育学校,或财政部会同国务院有关部门核定的其他科学研究机构和学校,用于科学研究和教学用,在合理数量范围内进口的国内不能生产或者性能不能满足需要的科教用品,免征进口关税和进口环节增值税、消费税
6. 科技开发用品	经国家有关部门核准从事科技开发的科学研究、技术开发机构,在2010年12月31日前,在合理数量范围内进口的国内不能生产或者性能不能满足需要的科技开发用品,免征进口关税和进口环节增值税、消费税
7. 残疾人用品	民政部直属企事业单位和省、自治区、直辖市民政部门所属福利机构、假肢厂、荣誉军人康复医院,中国残联直属企事业单位和省、自治区、直辖市残联所属福利机构及康复机构进口残疾人专用物品,免征进口关税和进口环节增值税、消费税
8. 救灾捐赠物资	外国民间团体、企业、友好人士和华侨、港澳居民和台湾同胞无偿向我国境内受灾地区(限于新华社对外发布和民政部中国灾情信息公布的受灾地区)捐赠直接用于救灾的物资,在合理数量范围内,免征进口关税和进口环节增值税、消费税
9. 扶贫慈善捐赠物资	境外捐赠人(指中华人民共和国关境外的自然人、法人或者其他组织)无偿向受赠人捐赠的直接用于扶贫、慈善事业(指非营利的扶贫济困、慈善救助等社会慈善和福利事业)的物资,免征进口关税和进口环节增值税

三、临时减免税

临时减免税,是指法定减免税和特定减免税以外的其他减免税,是由国务院根据某个单位、某类商品、某个时期或某批货物的特殊情况,按规定给予特别的临时性的减免税优惠。

临时性减免税具有集权性、临时性、局限性、特殊性的特点,一般是一案一批。

第五节 进出口税费的缴纳与退补

一、税款缴纳

(一)缴纳方式和缴纳地点

目前,随着我国经济的发展和海关通关作业改革,纳税义务人一般应当在货物进出境缴纳税款,即实行进出口地纳税;经海关批准也可以在纳税义务人所在地向其主管海关缴纳税款,即采取属地纳税。

纳税义务人向海关缴纳税款的方式主要有柜台支付税款和网上支付税费两种。

1. 柜台支付税款

柜台支付税款,是指纳税义务人持缴款书到指定银行营业柜台办理税费交付手续。

2. 网上支付税费

网上支付税费,是指纳税义务人、银行、中国电子口岸数据中心和海关按照网上支付项目管理规定,通过中国电子口岸数据平台办理进出口税费缴纳手续的付税方式。目前能够采用网上支付的税费包括进出口关税、反倾销税及其他特别关税、进口增值税、进口消费税以及缓税利息。

(二)缴纳凭证

进出口关税和进口环节税需缴纳的凭证如下。

(1)进出口关税和进口环节税的缴纳凭证。

海关征收进出口关税和进口货物进口环节税时,应向纳税人或其代理人填发《海关进口关税专用缴款书》和/或《海关进口增值税专用缴款书》(以下这两个单证简称《海关专用缴款书》)。纳税人或其代理人持《海关专用缴款书》向银行缴纳税款。

(2)退税、补税凭证。

退税时,海关应向纳税人填发《税收收入退还书》(含关税、进口环节税),供纳税义务人退还应退税费。海关补征进出口关税和进口环节税时,应向纳税人填发《海关专用缴款书》(含关税、进口环节税)。纳税人持《海关专用缴款书》向指定银行或开户银行缴纳税款。进口货物收货人或其代理人缴纳税款后,应将盖有"收讫"章的《海关专用缴款书》第一联送签发海关验核,海关凭以办理有关手续。

(3)滞纳金的缴纳凭证。

海关征收进出口关税、进口环节增值税、消费税、船舶吨税等的滞纳金时,应向纳税人或其代理人填发《海关专用缴款书》。纳税人或其代理人应持凭《海关专用缴款书》向银行缴纳税款。

进出口税费的缴纳种类及其适用的缴纳凭证参见表 5-14。

表 5-14 缴款凭证

税费的缴纳种类	适用的缴纳凭证
进出口关税、进口环节税	《海关专用缴款书》
退税	《税收收入退还书》
补税	《海关专用缴款书》
滞纳金	《海关专用缴款书》

（三）海关专用缴款书的使用

1. 海关专用缴款书的内容

《海关专用缴款书》共有以下六联。

(1) 第一联为"收据"，由国库收款签章后交缴款单位或纳税人。
(2) 第二联为"付款凭证"，由缴款单位开户银行作付出凭证。
(3) 第三联为"收款凭证"，由收款国库作收入凭证。
(4) 第四联为"回执"，由国库盖章后退回海关财务部门。
(5) 第五联为"报查"，关税由国库收款后退回海关，进口环节税送当地税务机关。
(6) 第六联为"存根"，由填发单位存查。

2. 海关专用缴款书的使用流程

海关填发的《海关专用缴款书》第一联"收据"，由国库收款签章后交缴款单位或缴纳人；第二联"付款凭证"，由缴款单位开户银行作付出凭证；第三联"收款凭证"，由收款国库作收入凭证；第四联"回执"，由国库签章后退回海关财务部门；第五联"报查"，其中关税由国库收款后退回海关，进口环节代征税送达当地税务机关；第六联"存根"，由填发单位存查。其使用流程如图 5-8 所示。

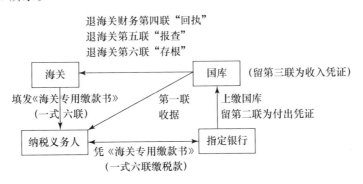

图 5-8 《海关专用缴款书》的使用流程

二、税款退还

（一）退税范围

以下情况经海关核准可予以办理退税手续：

(1) 已缴纳进口关税和进口环节税税款的进口货物,因品质或者规格原因原状退货复运出境的;

(2) 已缴纳出口关税的出口货物,因品质或者规格原因原状退货复运进境,并已重新缴纳因出口而退还的国内环节有关税收的;

(3) 已缴纳出口关税的货物,因故未装运出口申报退关的;

(4) 散装进出口货物发生短卸、短装并已征税放行的,如果该货物的发货人、承运人或者保险公司已对短卸、短装部分退还或者赔偿相应货款的,纳税义务人可以向海关申请退还进口或者出口短卸、短装部分的相应税款;

(5) 进出口货物因残损、品质不良、规格不符的原因,由进出口货物的发货人、承运人或者保险公司赔偿相应货款的,纳税义务人可以向海关申请退还赔偿货款部分的相应税款;

(6) 因海关误征,致使纳税义务人多缴税款的。

(二) 退税的期限及要求

1. 退税期限

(1) 海关发现多征税款的,应立即通知纳税义务人办理退还手续。

(2) 纳税义务人发现多缴税款的,自缴纳税款之日起1年内,可以以书面形式要求海关退还多缴的税款并加算银行同期存款利息。其利息退还计算如图5-9所示。

图 5-9　退税利息计算

(3) 海关应自受理退税申请之日起30日内查实并通知纳税义务人办理退还手续,纳税义务人应自收到通知之日起3个月内办理有关退税手续。

2. 办理退税的有关单证和凭证

办理退税的有关单证和凭证分为以下两种情况:

(1) 海关填发《收入退还书》的,纳税义务人不用提交单证,海关直接送交指定银行划拨款;

(2) 如果是纳税义务人申请退税的,需要填写《退税申请表》,提交原《进口报关单》或《出口报关单》,原盖有银行收款章的税款缴纳收据正本及其他需要的单证。

办理退税的有关单证和凭证具体如图5-10所示。

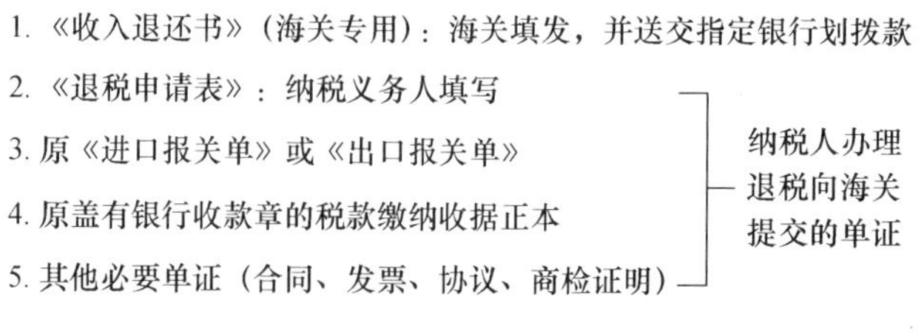

1. 《收入退还书》(海关专用):海关填发,并送交指定银行划拨款
2. 《退税申请表》:纳税义务人填写
3. 原《进口报关单》或《出口报关单》
4. 原盖有银行收款章的税款缴纳收据正本
5. 其他必要单证(合同、发票、协议、商检证明)

— 纳税人办理退税向海关提交的单证

图 5-10　办理退税的有关单证和凭证

海关将《收入退还书》(海关专用)送交指定银行划拨款。《收入退还书》(海关专用)的第一联为"收账通知",交收款单位;第二联为"付款凭证",由退款国库作付出凭证;第三联为"收款凭证",由收款单位开户银行作收入凭证;第四联为"付款通知",同国库随收入统计表送退库海关;第五联为"报查凭证",由国库将进口环节税联送当地税务机关,关税联送退库海关;第六联为"存根",由填发海关存查。

三、税款追征与补征

(一) 追征与补征税款的范围、期限和要求

税款的追征和补征主要包括三种情况,其范围、期限以及对滞纳金的要求参见表5-15。

表 5-15 税款的追征与补征

适用范围	追征、补征税款期限	滞纳金加收
进出口货物放行后,由于海关原因少征或漏征税款的	应自缴纳税款或货物放行之日起 1 年内补征	无
因纳税义务人违反规定造成少征或漏征税款的	应自缴纳税款或货物放行之日起 3 年内追征	从缴纳税款或放行之日至海关发现违规之日止,按日加收少征或漏征税款 0.5‰ 的滞纳金
海关监管货物因故改变用途需补征税的	应缴纳税款之日起 3 年内补征或追征	同上,按日加收少征或漏征税款 0.5‰ 的滞纳金

因纳税义务人违反规定需在征收税款的同时加收滞纳金的,如果纳税义务人未在规定的 15 日缴款期限内缴纳税款,另行加收自缴款期限届满之日起至缴清税款之日止滞纳税款的 0.5‰ 的滞纳金。

(二) 追征、补征税款凭证

海关追征或补征进出口关税和进口环节税时,应当向纳税义务人填发《海关专用缴款书》(含关税、进口环节税),纳税义务人持凭《海关专用缴款书》向指定银行或开户银行缴纳税款。进口货物收货人或其代理人缴纳税款后,应将盖有"收讫"章的《海关专用缴款书》第一联签发海关验核,海关凭以办理有关手续。

四、延期纳税

纳税义务人因不可抗力或者国家税收政策调整不能按期缴纳税款的,应当在货物进出口前向申报地的直属海关或者其授权的隶属海关提出延期缴纳税款的书面申请并随附相关材料,同时还应当提供缴税计划。货物实际进出口时,纳税义务人要求海关先行放货的,应当向海关提供税款担保。

直属海关或者其授权的隶属海关应当自接到纳税义务人延期缴纳税款的申请之日起 30 日内审核情况是否属实,并作出是否同意延期缴纳税款的决定以及延期缴纳税款的期限。

由于特殊情况在 30 日内不能作出决定的,可以延长 10 日。

直属海关或者其授权的隶属海关经审核未批准延期缴纳税款的,应当自作出决定之日起 3 个工作日内通知纳税义务人,并填发《海关专用缴款书》。

延期纳税的期限,自货物放行之日起最长不超过 6 个月。在批准的延期期间不征收滞纳金。逾期缴纳税款的,应自缴纳税款延期期限届满之日起至缴清税款之日止按日加收滞纳税款 0.5‰ 的滞纳金。

五、加工贸易保税货物缓税利息

加工贸易保税货物在规定的有效期内(包括经批准延长的期限)未能出口或经批准内销的,除了依法补征税款以外,还征收缓税利息。缓税利息缴纳方式、缴纳凭证、缴纳规定等与税款缴纳相同。

(一)计征利率

缓税利息的利率为中国人民银行公布的 6 个月至 1 年(含 1 年)短期贷款年利率(以下简称短期贷款年利率),海关根据中国人民银行最新公布的短期贷款年利率随时调整并公布执行。

因国家加工贸易政策调整导致到期合同不予延期、按内销处理的,按上一年度中国人民银行公布的活期存款利率征收缓税利息。

(二)计息期限

加工贸易保税货物的计息期限分两种情况:一种情况是加工贸易保税料件或制成品经批准内销的;另一种情况是加工贸易保税料件或制成品未经批准擅自内销违反海关监管规定的,或者加工贸易保税货物需要后续补税但海关未按违规处理的。这两种情况又分别针对不同的加工贸易类型计息期限不同,具体参见表 5-16。

表 5-16　计息期限

适用情况	加工贸易类型	计息期限
加工贸易保税料件和制成品经批准内销的	加工贸易合同	合同项下首批料件进口之日至填发《海关专用缴款书》之日
	E 类电子账册	电子账册最近一次核销之日(若没有核销日期的,则为电子账册的首批料件进口之日)至填发《海关专用缴款书》之日
加工贸易保税料件或制成品未经批准擅自内销违反海关监管规定的,或者加工贸易保税货物需要后续补税但海关未按违规处理的	加工贸易合同	合同项下首批料件进口之日至料件或制成品内销之日(内销之日无法确定的,终止日期为海关发现之日)
	多本合同且内销料件或制成品与合同无法一一对应的	最近一本合同项下首批料件进口之日至料件或制成品内销之日(内销之日无法确定的,终止日期为海关发现之日)
	E 类电子账册	对应电子账册的最近一次核销之日(若没有核销日期的,则为电子账册的首批料件进口之日)至保税料件或制成品内销之日(内销之日无法确定的,终止日期为海关发现之日)

（三）计算公式

缓税利息的计算公式为：

$$缓税利息 = 补征税款 \times 计息期限 \times 活期存款储蓄年利息率 / 360$$

违规内销的，还应另加征滞纳金。

六、强制执行

根据《海关法》的规定，纳税人或其代理人应当在海关规定的缴款期限内缴纳税款（费），逾期缴纳的由海关依法征收滞纳金。纳税人、担保人超过3个月仍未缴纳税款的，海关可以依法采取强制措施扣缴。强制措施主要有强制扣缴和变价抵扣两种。

（一）强制扣缴

强制扣缴，是指海关依法自行或向人民法院申请采取从纳税（费）人的开户银行或者其他金融机构的存款中将相当于纳税人应纳税款的款项强制划拨入国家金库的措施。即书面通知其开户银行或者其他金融机构从其存款中扣缴税款。

（二）变价抵扣

变价抵扣，是指如果纳税人的银行账户中没有存款或存款不足以强制扣缴时，海关可以将未放行的应税货物依法变卖，以销售货物所得价款抵缴应缴税款。如果该货物已经放行，海关可以将该纳税人的其他价值相当于应纳税款的货物或其他财产依法变卖，以变卖所得价款抵缴应缴税款。

强制扣缴和变价抵扣的税款含纳税人未缴纳的税款滞纳金。

七、缴纳税费责任

报关企业接受纳税义务人的委托，以纳税义务人的名义办理报关纳税手续，因报关企业违反规定而造成海关少征、漏征税款的，报关企业对少征或者漏征税款的税款、滞纳金与纳税义务人承担纳税的连带责任。

报关企业接受纳税义务人的委托，以报关企业的名义办理报关纳税手续的，应承担与纳税义务人相同的法律责任。

除了不可抗力以外，在保管海关监管货物期间，海关监管货物损毁或者灭失的，对海关监管货物负有保管义务的人应当承担相应的纳税责任。

欠税的纳税义务人，有合并、分立情形的，在合并、分立前，应当向海关报告，依法缴清税款。纳税义务人合并时未缴清税款的，由合并后的法人或者其他组织继续履行未履行的纳税义务；纳税义务人分立时未缴清税款的，由分立后的法人或者组织对未履行的纳税义务承担连带责任。

纳税义务人在减免税货物、保税货物监管期间，有合并、分立或者其他财产重组情形的，应当向海关报告。按照规定需要缴税的，应当依法缴清税款；按照规定可以继续享受减免税、保税待遇的，应当到海关办理变更纳税义务人的手续。

纳税义务人欠税或者在减免税货物、保税货物监管期间，有撤销、解散、破产或者其他依法终止经营情形的,应当在清算前向海关报告。海关应当依法对纳税义务人的应缴税款予以清缴。

本章小结

1. 进出口税费,是指在进出口环节中由海关依法征收的各种税费,包括关税、进出口环节税(主要有消费税和增值税)、船舶吨税及海关监管手续费等。

2. 进口关税的计征方法包括从价计征、从量计征、复合计征和滑准税;出口关税的计征以出口货物 FOB 价扣除关税后作为完税价格计征。

3. 海关确定进口货物的完税价格有六种估价方法,依次是进口货物成交价格法、相同货物成交价格法、类似货物成交价格法、倒扣价格法、计算价格法和合理方法。

4. 出口货物的完税价格由海关以该货物向境外销售的成交价格为基础审查确定,并应包括货物运至中华人民共和国境内输出地点装载前的运输及其相关费用、保险费,但其中包含的出口关税税额应当扣除。

5. 各国为了适应国际贸易的需要,并为执行本国关税及非关税方面的国别歧视性贸易措施,必须对进出口商品的原产地进行认定。一国(地区)为确定货物的原产地而实施的普遍适用的法律、法规和行政决定被称为原产地规则。

6. 我国现行的原产地规则包括优惠原产地规则和非优惠原产地规则。优惠原产地认定标准包括完全获得标准、区域价值区分和直接运输标准。非优惠原产地认定标准包括完全获得标准和实质性改变标准。

7. 进口关税税则分设最惠国税率、协定税率、特惠税率、普通税率、关税配额税率、暂定税率等税率。对于同时适用多种税率的进口货物,在选择适用税率时,基本的原则是"从低适用",特殊情况除外。

8. 出口税则分设普通税率、暂定税率,在计算出口关税时,出口暂定税率优先于出口普通税率执行。目前,我国只对鳗鱼苗、铅矿砂、锌矿砂、钢坯等部分出口商品实行暂定出口税率。

9. 进出口税费减免,是指海关按照《海关法》《关税条例》和其他有关法律、行政法规的规定,对进出口货物的税费给予减征和免征。关税的减免分为法定减免、特定减免和临时减免。

本章知识点结构图

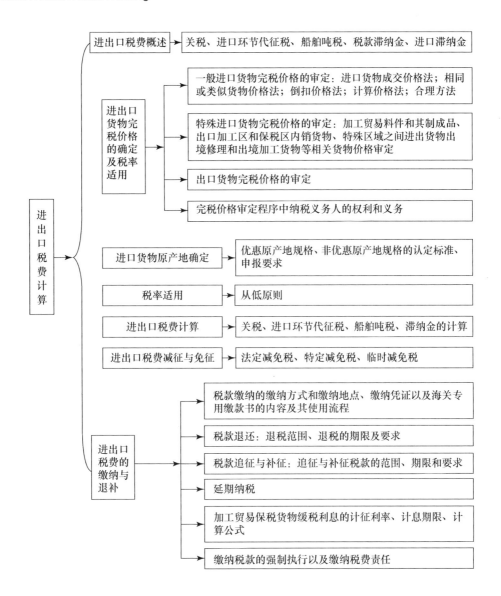

本章习题

一、单项选择题

1. 根据《关税条例》的规定,下列表述正确的是(　　)。

　　A. 适用最惠国税率的进口货物有暂定税率的,应当适用最惠国税率

B. 适用协定税率的进口货物有暂定税率的,应当从低适用税率
C. 适用特惠税率的进口货物有暂定税率的,应当从高适用税率
D. 适用普通税率的进口货物有暂定税率的,应当适用暂定税率

2. 某家企业从法国进口一台模具加工机床,发票分别列明：设备价款 CIF 上海 USD600 000,机器进口后的安装调试费为 USD20 000,卖方佣金 USD2 000,与设备配套使用的操作系统使用费 USD80 000。该批货物经海关审定的成交价格应为(　　)。

　　A. USD702 000　　B. USD682 000　　C. USD680 000　　D. USD662 000

3. 某公司从中国香港购买一批日本产富士彩色胶卷 8 000 卷(宽度 35mm,长度 2m 之内),成交价格为 CIF 上海 HKD12/卷。设外汇折算价为 1 港元＝1.2 元人民币,以上规格胶卷 0.05 平方米/卷。该批商品的最惠国税率为 30 元人民币/平方米,计算应征进口关税税额为(　　)。

　　A. 115 200 元　　B. 34 560 元　　C. 16 800 元　　D. 12 000 元

4. 对于买卖双方之间存在的特殊关系是否影响进口货物的成交价格,承担举证责任的是(　　)。

　　A. 行业协会　　B. 卖方　　C. 纳税义务人　　D. 海关

5. 海关于 2017 年 3 月 3 日(星期五)填发《海关专用缴款书》,纳税义务人最迟应于(　　)缴纳税款,才可以避免滞纳。

　　A. 2017 年 3 月 18 日　　　　B. 2017 年 3 月 19 日
　　C. 2017 年 3 月 20 日　　　　D. 2017 年 3 月 21 日

6. 某工厂从德国购得一批小轿车,以 CIF 广州价格成交。海关于 2017 年 2 月 7 日(星期二)填发《海关专用缴款书》关税税额 1 272 000 元,消费税税额 551 200 元,增值税税额 1 030 744 元,进出口税费合计 2 853 944 元,该厂于 3 月 17 日缴纳税款,滞纳金是(　　)。

　　A. 146 280 元　　B. 902 587.35 元　　C. 328 20.36 元　　D. 945 567.70 元

7. 当进口货物的完税价格不能按照成交价格确定时,海关应当依次使用相应的方法估定完税价格,依次使用的正确顺序是(　　)。

　　A. 相同货物成交价格法、类似货物成交价格法、倒扣价格法、计算价格法、合理方法
　　B. 类似货物成交价格法、相同货物成交价格法、倒扣价格法、计算价格法、合理方法
　　C. 相同货物成交价格法、类似货物成交价格法、合理方法、倒扣价格法、计算价格法
　　D. 倒扣价格法、计算价格法、相同货物成交价格法、类似货物成交价格法、合理方法

8. 某公司进口了一批中国台湾产摩托车零件,成交价格为 CIF HKD150 000,在此基础上给予 10％折扣,经海关审查属正常,海关审定该批货物的完税价格为(　　)。

　　A. HKD150 000　　B. HKD165 000　　C. HKD135 000　　D. HKD15 000

9. 下列能视为相同货物的是(　　)。

　　A. 颜色不同的日本产雅阁 2.0 汽车

B. 不同国家生产的性能相同的电熨斗

C. 同一国家不同厂商生产的相同尺寸的彩色电视机

D. 同一地区捕捞的规格大小相同的带鱼

10. 根据《关税条例》的规定,进口货物应按照(　　)。

    A. 海关填发《海关专用缴款书》之日实施的税率征税

    B. 装载货物的运输工具申报进境之日实施的税率征税,但经海关核准先行申报的除外

    C. 进口货物申报进口之日实施的税率征税

    D. 货物放行之日实施的税率征税

11. 某进出口公司出口某种货物100件,每件重250公斤,成交价格为CFR香港50 000元人民币,已申报运费为每吨350元,出口税率为15%,海关应征收的出口税税额为(　　)。

    A. 5 380.4元　　　B. 7 500元　　　C. 6 187.5元　　　D. 4 820元

12. 因纳税义务人违反规定造成少征或漏征税款的,海关可以在规定期限内追征税款,并从缴纳税款或者货物放行之日起至海关发现违规行为之日止,按日加收少征或漏征税款的滞纳金。其规定期限和滞纳金的征收标准分别为(　　)。

    A. 1年,0.5‰　　B. 3年,0.5‰　　C. 1年,1‰　　D. 3年,1‰

二、多项选择题

1. 关于进出口货物税费的计算,下列表述正确的是(　　)。

    A. 海关按照该货物适用税率之日所适用的计征汇率折合为人民币计算完税价格

    B. 关税税额采用四舍五入法计算至人民币"分"

    C. 完税价格采用四舍五入法计算至人民币"元"

    D. 滞纳金的起征点为人民币50元

2. 在海关审定完税价格时,纳税义务人应履行的义务包括(　　)。

    A. 如实提供单证及其他相关资料

    B. 如实申报货物买卖中发生的、有关规定所列的价格调整项目

    C. 提供根据客观量化标准对需分摊计算的价格调整项目进行分摊的依据

    D. 为先行提取货物,依法向海关提供担保

3. 关于税率适用原则,下列表述正确的是(　　)。

    A. 进口货物应当适用纳税义务人申报该货物进口之日起实施的税率

    B. 进口货物到达前,经海关核准先行申报的,应当适用装载该货物的运输工具申报进境之日实施的税率

    C. 进口转关运输货物,应当适用指运地海关接受该货物申报进口之日实施的税率

    D. 保税货物经批准不复运出境的,应当适用海关接受纳税义务人再次填写报关单申报办理纳税及有关手续之日实施的税率

4. 对于已缴纳进出口关税的货物,纳税义务人在规定期限内可以申请退还关税的有（　　）。
   A. 因规格原因原状退货复运进境,并已重新缴纳因出口而退还的国内环节有关税收的
   B. 因销售渠道不畅原状退货退运进境,并已重新缴纳因出口而退还的国内环节有关税收的
   C. 因品质原因原状退货复运出境的
   D. 因故未装运出口申报退关的

5. 承担与纳税义务人相同的法律责任有（　　）。
   A. 保管海关监管货物,负有保管义务的人
   B. 报关企业接受委托,以报关企业的名义办理纳税手续
   C. 欠税的纳税义务人与其他法人合并后组成的法人或组织
   D. 欠税的纳税义务人有分立情形的分立后的法人或者组织

6. 纳税义务人、担保人超过3个月仍未缴纳税款（包括滞纳金）,海关可依法采取强制性执行措施的有（　　）。
   A. 海关依法自行书面通知其开户银行或其他金融机构从其存款中扣缴税款
   B. 海关向人民法院申请采取从纳税人的开户银行或其他金融组织机构的存款中将应纳税款强制划拨入中央国库
   C. 海关可以将未放行的应税货物或其他相当于应纳税款的货物或财产变卖,以变卖所得价款抵缴应缴税款
   D. 海关可以扣押纳税义务人、担保人、法人代表直至其缴纳税款

7. 下列关于税款追征、补征期限和要求正确的是（　　）。
   A. 进出口货物放行后,因海关工作原因少征或者漏征税款的,应当在1年内补税
   B. 因纳税义务人违反规定造成少征或者漏征税款的,应在3年内追征并按日加收滞纳金
   C. 保税货物擅自内销,减免税货物擅自转让的,3年内追征并按日加收滞纳金
   D. 海关监管货物在海关监管期限内因故申请改变用途按照规定需要补征税款

8. 法定减免税范围有（　　）。
   A. 关税税额在人民币50元以下的一票货
   B. 无商业价值的广告品、货样
   C. 外国政府、国际组织无偿赠送的物资
   D. 在海关放行前遭受损坏和损失的货物

9. 下列关于进口税率适用的表述正确的是（　　）。
   A. 按照普通税率征税的进口货物,不适用进口货物暂定税率
   B. 对于无法确定原产国别的货物,按普通税率征税
   C. 配额内税率只适用最惠国待遇的国家和地区
   D. 适用最惠国税率、协定税率、特惠税率的进口货物,按暂定税率征税

10. 有关优惠原产地证明书,下列表述正确的是( )。
    A. 原产地证明书的发证机构名称、签章应与海关备案一致,一批一证
    B. 货物经过其他国家(地区)的,由过境国海关开具未再加工证明
    C. 《中华人民共和国与东南亚国家联盟全面经济合作框架协议》规定的原产地证明书的有效期为 4 个月。《中巴自贸协定》规定原产地证明书的有效期为 6 个月,途径多国可延长至 8 个月
    D. 中国台湾实施零关税水果,要由海关总署认可的台湾民间组织的原产于台湾的产地证明

11. 关于非优惠原产地认定标准中实质性改变标准表述错误的是( )。
    A. 两个及以上国家(地区)参与生产或制造的货物,以最后完成实质性改变的国家(地区)为原产地
    B. 对非该国原材料加工后在税则中 8 位数子目一级税则归类发生变化
    C. 税则归类改变不能反映实质性改变的,以从价百分比、制造或者加工工序等为补充标准
    D. 从价百分比要求对原材料加工后增值部分,超过所得货物价值的 30%

12. 在海关审定完税价格时,纳税义务人的权利有( )。
    A. 在海关审价期间依法提供担保后,先行提取货物
    B. 申请颠倒倒扣方法与计算价格法的适用次序
    C. 依法向上一级海关申请行政复议,对上一级海关行政复议决定不服的,可以依法向人民法院提起行政诉讼
    D. 对海关如何估价的知情权

三、判断题

1. 海关对按照货物实际价格审定的完税价格一次性征收税款的租赁货物现场放行后,不再对其进行监管。 ( )

2. 合理方法并不是一种具体的估价方法,它只是在不能用其他 5 种方法估价时使用其他方法的一些原则,具有指导意义。 ( )

3. 暂准进出境货物在海关申报进出境时,暂不缴纳进出口税费,但收发货人须向海关提供担保。 ( )

4. 出料加工货物未按海关允许期限复运进境的,海关按照一般进出口货物办理。 ( )

5. 海关在审定货物的完税价格时,若买卖双方在经营上有相互联系,一方是另一方的独家代理、经销或受让人的,应当视为有特殊关系。 ( )

6. 出口货物自出口之日起 3 年内,因品质或者规格原因原状复运进境的,不征收进口关税。 ( )

7. 海关审定的进口货物的成交价格,是指卖方向中华人民共和国境内销售该货物时买

方为进口该货物向卖方实付、应付的价格总额,包括直接交付的价格和间接支付的价款。
（　）

8. 海关发现多征税款的应当立即通知纳税义务人办理退还手续,纳税义务人应当自海关发出通知之日起3月内办理有关退税手续。（　）

9. 已征税放行的散装进出口货物发现短卸、短装的,如果该货物的发货人、承运人或者保险公司已对短卸、短装部分退还或者赔偿相应货款的,纳税义务人可以向海关申请退还进口或者出口短卸、短装部分的相应税款。（　）

10. 某公司从境外进口清凉饮料2 000箱,申报价格CIF广州45港元/箱,海关审核单证发现合同规定:货物售完后,买方须将销售利润的20%返还卖方。海关认定该成交价格受到影响,不予接受其申报价格。（　）

11. 进口货物实际未支付保险费的,海关按照货价加运费计算完税价格。（　）

12. 临时减免税,是指在法定减免税和特定减免税以外的其他减免税,一般是"一案一批"不能比照。（　）

第六章 进出口货物报关单填制

◎ **本章学习目的**

1. 了解和掌握进出口货物报关单的含义、类别和用途。
2. 学会进出口货物报关单各栏的填写,能够熟练地根据给出的单证资料填制进出口货物报关单。

◎ **本章要点**

1. 进出口货物报关单的含义、类别和用途。
2. 进出口货物报关单各栏的填制要求。

第一节 进出口货物报关单概述

一、进出口货物报关单的含义

根据《海关法》第二十四条的规定,进口货物的收货人、出口货物的发货人应当向海关如实申报,交验进出口许可证和有关单证。

进出口报关单就是报关人员代表报关单位向海关办理货物进出境申报手续的主要单证,它是一个法律文书。进口货物的收货人、出口货物的发货人凭其向海关报告进出口货物的实际情况以及货物应当适用的海关监管制度;海关凭其对进出口货物进行监管、征税、统计,必要的时候还要凭其开展稽查、调查等。海关总署专门制定了《中华人民共和国海关进出口货物申报管理规定》(以下简称《进出口货物申报管理规定》)和《进出口货物报关单填制规范》,对进出口货物报关单的填制、使用作出了严格、规范的规定,完整、准确、有效、规范地填制和使用报关单是报关单位及其所属报关人员所必须具备的基本技能。

二、进出口货物报关单的分类

(一) 进口货物报关单和出口货物报关单

按照进出口状态分类,进出口货物报关单可以分为进口货物报关单和出口货物报关单。

1. 进口货物报关单

进口货物向海关申报时,必须填制并向海关提交《进口货物报关单》。

《进口货物报关单》一式四联,分别是海关作业联、海关留存联、企业留存联和进口付汇证明联。

2. 出口货物报关单

出口货物向海关申报时,必须填制并向海关提交《出口货物报关单》。

《出口货物报关单》一式四联,分别是海关留存联、企业留存联、海关核销联、出口收汇证明联。

(二)电子数据报关单和纸质报关单

按照表现形式分类,进出口货物报关单可以分为电子数据报关单和纸质报关单。

1. 电子数据报关单

所谓电子数据报关单,是指进出口货物收发货人或其代理人通过计算机系统,按照《进出口货物报关单填制规范》的有关要求向海关传送报关单的电子报文而形成的电子数据。

2. 纸质报关单

这里的纸质报关单,是指报关人员手填的原始纸质报关单和打印的正式的报关单。所谓打印的正式的报关单,是指报关人员向海关提交电子数据报关单,海关接受申报,给予接受申报回执后,报关人员在报关单预录入单位所打印的正式的纸质报关单。因为是打印版的,并且已经通过海关的初步审核,因此纸质报关单比报关人员的手填报关单要清晰、规范得多,这样便于海关关员的认读和审单作业。

(三)预录入凭单、预录报关单和报关单证明联

按照用途分类,进出口货物报关单可以分为预录入凭单、预录报关单和报关单证明联。

1. 预录入凭单

预录入凭单即报关人员的手填报关单,它是报关人员在审核商业发票、销售合同、装箱单、提单、外汇核销单等原始单证后按照《进出口货物报关单填制规范》的有关要求填写的报关单的手写本,预录入单位的预录员就是以其作为预录入报关单的依据。预录完毕,就形成了预录报关单,也即电子数据报关单。

2. 预录报关单

预录入单位的预录员以预录入凭单作为预录入报关单的依据,预录完毕,就形成了预录报关单,也即电子数据报关单。在报关人员向海关提交申报之前,预录入单位可以打印一份非正式的报关单给报关人员用于申报前的核对,在报关人员向海关提交申报,海关接受申报之后,预录入单位可以打印一份正式的报关单给报关人员用于向海关做书面申报。

3. 报关单证明联

报关单证明联是海关在核实进出口货物实际进出口之后,根据报关人员的申请签发的证明文件,主要包括以下三个方面。

(1)进口货物付汇证明联。

进口货物付汇证明联,是海关对已实际进口的货物签发的证明文件,是银行和国家外汇管理部门办理进口付汇和核销手续的重要依据之一。

（2）出口货物收汇证明联。

出口货物收汇证明联，是海关对已实际出口的货物签发的证明文件，是银行和国家外汇管理部门办理出口收汇和核销手续的重要依据之一。

（3）加工贸易核销联。

加工贸易核销联，是在加工贸易的货物进出口之后，海关签发的证明文件，是申报人凭以向主管海关办理加工贸易核销、结案手续的重要凭证。

三、进出口货物报关单的法律效力

进出口货物报关单和其他进出境报关单（证）在对外经济贸易活动中具有十分重要的法律效力，是进出口货物收发货人向海关申报货物进出口的必备法律文书。它既是海关对进出口货物进行监管、征税、统计以及开展稽查和调查的重要依据，又是加工贸易进出口货物核销以及出口退税和外汇管理的重要凭证，也是海关处理进出口货物走私、违规案件及税务、外汇管理部门查处骗税和套汇犯罪活动的重要书面证明。报关单位和报关人员要对所填报的报关单的真实性、准确性和合法性承担法律责任。

四、海关对进出口货物报关单填制的一般要求

（1）报关单位必须按照《海关法》《进出口货物申报管理规定》和《进出口货物报关单填制规范》等法规、文件的相关规定，如实填写报关单，如实向海关申报。

（2）报关单的填报必须真实，要做到两相符：单证相符和单货相符。单证相符，是指报关单各个栏目的内容，一定要按照商业发票、销售合同、装箱单、提单以及其他原始单证如实填写，不得出现报关单的内容和原始单证不相符的情形。单货相符，是指报关单各个栏目的内容，一定要和实际进出口货物的情况相符合，不得出现报关单的内容和进出口货物实际情况不相符的情形。

（3）不同运输工具、不同航次、不同提运单、不同贸易方式、不同备案号、不同征免性质的货物，均应分单填报。

（4）一份原产地证明书，只能用于同一批次进口货物。含有原产地证明书管理商品的一份报关单，只能对应一份原产地证明书；在同一批次货物中，实行原产地证明书联网管理的，若涉及多份原产地证明书或含非原产地证明书商品，亦应分单填报。

（5）一份报关单所申报的货物，须分项填报的情况主要有：商品编号不同的；商品名称不同的；计量单位不同的；原产国（地区）/最终目的国（地区）不同的；币制不同的；征免不同的。

（6）同一份报关单上的商品不能同时享受协定税率和减免税。

第二节　进出口货物报关单填制涉及的主要单证

进出口货物报关单是报关人员在审核原始单证的基础上，按照《海关法》《进出口货物申报管理规定》和《进出口货物报关单填制规范》的有关规定如实填制的。这里所说的原始单证主要有商业发票、销售合同、装箱单、提单、货物托运单、《出口收汇核销单》《加工贸易手

册》《进出口货物征免税证明》、进出口许可证等,《出口收汇核销单》《加工贸易手册》《进出口货物征免税证明》、进出口许可证等单证在前面有关章节已有所介绍,这里主要介绍商业发票、销售合同、装箱单、提单。现以《出口货物报关单》为例,介绍各单据与报关单各栏之间的关系。

一、销售合同

在国际贸易中,贸易双方当事人可以采用销售合同(Sales Contract)、确认书(Confirmation)、协议书(Agreement)的形式约定双方的权利和义务。销售合同一般由三个部分组成,包括约首、本文和约尾。其中,约首主要是为了标明买卖双方的名称和地址;本文是销售合同成立的主要交易条款;约尾主要是由买卖双方签字,只有经过买卖双方签字的销售合同才是有效的合同。

资料 6-1 是一份销售合同,应注意合同与《出口货物报关单》的对应编号。

在填制报关单时,一般来说,我们可以从销售合同中得到的信息如下。

(1) 经营单位、收发货人(合同中的 Seller 或者 Buyer)。
(2) 合同号(Contract No.:JT08-001)。
(3) 结汇方式(Terms of Payment:L/C)。
(4) 装运港(Port of Loading:Qingdao,China)。
(5) 卸货港(Port of Discharge:Kobe Japan)。
(6) 货名、规格型号等(Commodity and Specification:Paint,Made in China)。
(7) 数量(Quantity:25 530LTR)。
(8) 单价(Unit Price:@USD2.00/LTR)。
(9) 成交方式(FOB Qingdao)。
(10) 总金额(Total Amount:USD51 060.00)。

二、商业发票

商业发票(Commercial Invoice),是出口商向进口商开立的发货价目清单,也是卖方凭以向买方索取所提供的货物或服务的价款的依据。商业发票是全套单据的中心。

一般来说,商业发票具有以下作用:

(1) 商业发票是全部单据的中心,是出口商装运货物并表明是否履约的总说明;
(2) 便于进口商核对已发货物是否符合合同条款的规定;
(3) 作为出口商和进口商记账的依据;
(4) 在出口地和进口地作为报关单证、缴税的计算依据;
(5) 在不用汇票的情况下,商业发票可以替代汇票作为付款的依据。

资料 6-2 是金泰国际贸易有限公司的一份出口发票,注意发票与《出口货物报关单》的对应编号。

在填制报关单时,一般来说,我们可以从发票中得到的信息如下。

(1) 经营单位、收发货人(发票中的 Seller 或 Buyer)。
(2) 合同号(Contract No.:JT08-001)。

(3) 结汇方式(Payment：L/C)。

(4) 起运地、目的地(From Qingdao to Kobe)。

(5) 提单号(B/L No.：COSU13675689)。

(6) 标记与唛码(Shipping Mark & Nos.：Jintai Qingdao C/No. 1-1000)。

(7) 件数(C/No. 1-1000)。

(8) 货名、规格型号等(Description of Goods：Paint,Made in China)。

(9) 数量(Quantity：25 530LTR)。

(10) 单价(Unit Price：@USD2.00/LTR)。

(11) 成交方式(FOB Qingdao)。

(12) 总金额(Total Amount：USD51 060.00)。

此外,有的商业发票上还会有毛重(Gross Weight)、净重(Net Weight)、尺码(Measurement)、佣金(Commission)等信息。

三、装箱单

装箱单(Packing List)是一份货运单证,它列明了信用证(或合同)中买卖双方约定的有关包装事宜的细节,便于国外买方在货物到达目的港时供海关检查和核对货物,通常可以将其有关内容加列在商业发票上,但是在信用证有明确要求时,就必须严格按信用证的约定制作。

资料6-3是一份装箱单,应注意装箱单与《出口货物报关单》的对应编号。

在填制报关单时,一般来说,我们可以从装箱单中得到的信息如下。

(1) 合同号(Contract No.：JT08-001.)。

(2) 起运地、目的地(From Qingdao,China to Kobe,Japan)。

(3) 提单号(B/L No.：COSU13675689)。

(4) 标记与唛码(Shipping Mark & Nos.：Jintai Qingdao C/No. 1-1000)。

(5) 件数(C/No. 1-1000)。

(6) 包装种类(Packed in 1 000 Cartons)。

(7) 货名、规格型号等(Description of Goods：Paint,Made in China)。

(8) 毛重(Gross Weight：23 500KGS)。

(9) 净重(Net Weight：23 000KGS)。

(10) 尺码(Measurement：26CBM)。

四、提单

运输单据的种类很多,比较常见的包括海运提单(Ocean Bill of Lading,B/L)、海运单(Sea Waybill)、航空运单(Air Waybill)、铁路运单(Rail Waybill)等。这里主要介绍海运提单。

海运提单是在对外经济贸易中,运输部门承运货物时签发给发货人的一种凭证。收货人凭提单向货运目的地的运输部门提货,提单须经承运人或船方签字后方能生效,是海运货物向海关报关的有效单证之一。

资料 6-4 是一份海运提单,应注意海运提单与《出口货物报关单》的对应编号。

在填制报关单时,一般来说,我们可以从提单中得到的信息如下。

(1) 提单号(B/L No.：COSU13675689)。

(2) 经营单位、收发货人(Shipper：JINTAI INTER. TRADING CO., LTD, Notify Party：TOSHU CORPORATION OSALM)。

(3) 装货港(Port of Loading Qingdao, China)。

(4) 卸货港(Port of Discharge：Kobe, Japan)。

(5) 运输工具名称(Ocean Vessel)。

(6) 标记与唛码(Shipping Mark & Nos.)。

(7) 件数(C/No.1-1000)。

(8) 包装种类(Mark & Nos.)。

(9) 货名、规格型号等(Description of Goods：Paint, Made in China)。

(10) 毛重(Gross Weight：235 00KGS)。

(11) 尺码(Measurement：26CBM)。

第三节　进口货物报关单的填制

目前使用的《进口货物报关单》上共有 47 个栏目,其具体栏目填制要求如下。

一、预录入编号

预录入编号,是指预录入单位录入报关单的编号。预录入编号由接受申报的海关决定编号规则,预录入单位预录入报关单后,该编号会由计算机自动生成打印在报关单上。

在填制报关单时,本栏目不需要填写。

二、海关编号

海关编号,是指各直属海关接受申报时给予报关单的编号,由计算机自动打印生成,标识在报关单的各联。一般来说,报关单的海关编号就是报关单的预录入编号。在 H2000 通关系统下,报关单海关编号为 18 位数字,其中第 1 位至第 4 位数字为接受申报海关的编号(即《关区代码表》中相应的海关代码),第 5 位至第 8 位数字为海关接受申报的公历年份,第 9 位数字为进出口标志("1"为进口,"0"为出口),后 9 位数字为顺序编号。

例如：

<u>3711</u>　　<u>2015</u>　　<u>1</u>　　<u>214509468</u>
厦门海关　年份　　进口　报关单顺序编号

在填制报关单时,本栏目不需要填写。

三、进口口岸

进口口岸栏目应根据货物实际进境的口岸海关填报《关区代码表》中相应的口岸海关名称及代码,如"新港海关0202"。

本栏目一般应填写隶属海关的名称和代码,只有少数在《关区代码表》中只有直属海关关别和代码的海关,才填写直属海关的名称和代码,如贵阳总关8301、西宁海关9701。

进口转关运输货物应填报货物进境地海关名称及代码,按转关运输方式监管的跨关区深加工结转货物,其《进口报关单》填报转入地海关名称及代码。

当货物是经由海关限定口岸或者核准口岸进口时,填报限定口岸或者核准口岸的海关名称及代码。

其他无实际进出境的货物,填报接受申报的海关名称及代码。

四、备案号

备案号,是指进出口货物收发货人办理报关手续时,应向海关递交的备案审批文件的编号。如加工贸易手册编号、加工贸易电子账册编号、进出口货物征免税证明编号、实行优惠贸易协定项下原产地证明书联网管理的原产地证明书编号等。

一份报关单只允许填报一个备案号。备案号栏目为12位字符,其中第1位是标记代码,如B、C、D、E、Y、Z分别代表来料加工、进料加工、加工贸易不作价进口设备、加工贸易电子账册、原产地证明书和《进出口货物征免税证明》。

一般来说,一般进口货物不需要填写备案号(但优惠贸易协定项下实行原产地证明书联网管理的货物,应填报原产地证明书代码"Y"和原产地证明书编号),只有加工贸易货物、特定减免税货物等享受缓税、减税、免税的货物,其报关单的备案号才需要填写。

备案号的具体填报要求如下:

(1) 一份报关单只允许填报一个备案号。无备案审批文件的报关单,本栏目免予填报。

(2) 加工贸易货物,填报加工贸易手册编号。

(3) 进口减免税货物填报进出口货物征免税证明编号,不得为空。

(4) 对进入特殊区域的保税货物,在"备案号"栏目应填报标记代码为"H"的加工贸易电子账册的备案号。

(5) 进口实行原产地证明书联网管理的香港CEPA、澳门CEPA项下进口货物,本栏目填报"Y"+"11位原产地证明书编号",如"Y3M03A000001"。

① 如果产地是中国香港,在"备案号"栏目填写原产地证明书的编号,并在"随附单据"栏目要填写 Y:<03>。

② 如果产地是中国澳门,在"备案号"栏目填写原产地证明书的编号,并在"随附单据"栏目要填写 Y:<04>。

(6) 备案号的标记代码必须与"贸易方式""征免性质""征免""用途"及"项号"等栏目之间一一对应(参见表6-1)。

表 6-1 报关单各栏之间的对应关系

货物性质	备案号	贸易方式	征免性质	征免	用途	项号
加工贸易货物	"C"打头的手册号	进料对口(0615)	进料加工(503)	全免(3)	加工返销(05)	分两行填：第一行填报关单中商品的序号；第二行填与《加工贸易手册》或《进出口货物征免税证明》对应的商品序号
	"B"打头的手册号	来料加工(0214)	来料加工(502)			
特定减免税货物	"Z"打头的征免税证明表	一般贸易(0110)	鼓励项目(789)	特案(4)	企业自用(04)	
			自有资金(799)			
			科教用品(401)			
		合资合作设备(2025)	鼓励项目(789)	特案(4)		
		外资设备物品(2225)	鼓励项目(789)			
优惠贸易协定项下实行原产地证明书联网管理的货物	"Y"打头的原产地证明书编号	一般贸易(0110)	一般征税(101)	照章(1)	企业自用(04)或外贸自营内销(01)	

五、进口日期

进口日期栏目填写货物实际进口的日期，也就是海关接受承载货物进口的运输工具申报进境的日期。该栏目要求填写 8 位数字的日期，即年 4 位，月、日各 2 位。如某货轮 2015 年 8 月 1 日进境，8 月 2 日向海关申报运输工具进境成功，那么它所承载的货物在申报进口时，其报关单上的进口日期就要填写为"20150802"。

对于无实际进出境的货物，本栏目要填写向海关办理申报手续的日期，以海关接受申报的日期为准。

对集中申报的货物，进口日期以海关接受申报的日期为准。

六、申报日期

申报日期，是指海关接受进口申报的日期，其格式要求与进口日期相同。

在填制报关单时，本栏目在申报时免予填报。

七、经营单位

经营单位，是指对外签订并执行进出口贸易合同的中国境内企业、单位或个人。签订合同者和执行合同者不一致时，以执行合同者为准。如中国化工进出口总公司统一对外签订进口合同，但是总合同签订以后，各省分公司各自执行进口合同，那么各省分公司在申报进口时，经营单位要填写各省分公司。

本栏目应填报经营单位名称及经营单位在海关办理注册登记手续时，海关给予的注册登记10位编码,两者缺一不可。

特殊情况下确定经营单位的原则如下:

(1) 援助、赠送、捐赠的货物,填报直接接受货物的单位。

(2) 进出口企业之间相互代理进出口的,填报代理方,报关时要向海关递交代理进口协议。

(3) 外商投资企业委托进出口企业进口投资设备、物品的,填报外商投资企业,并在标记唛码及备注栏注明"委托××进出口企业进口";进口生产用原材料的,填报代理方中文名称及编码,即经营单位应填有进出口经营权的企业的名称及编码。

(4) 有代理报关资格的报关企业代理其他进出口企业办理进出口报关手续时,填报委托方经营单位及其编码。

相关链接

经营单位海关注册登记10位编码介绍

经营单位在海关注册登记,被核准成为报关单位时,海关根据一定的规则给予编号,这就是经营单位的海关注册登记10位编码。编码构成具有以下规律。

第一,前4位数字,表示经营单位属地的行政区划代码。其中,第1位、第2位数字表示省、自治区、直辖市;第3位、第4位数字表示省辖市(地区、省直辖行政单位)。

第二,第5位数字表示市内经济区划代码:

1——表示经济特区(深圳特区可用0);

2——表示经济技术开发区和上海浦东新区、海南洋浦经济开发区;

3——表示高新技术产业开发区;

4——表示保税区;

5——表示出口加工区;

6——表示保税港区;

7——表示物流园区;

8——表示综合实验区;

9——表示其他。

第三,第6位数字表示经营单位经济类型代码:

1——表示有进出口经营权的国有企业;

2——表示中外合作企业;

3——表示中外合资企业;

4——表示中商独资企业;

5——表示有进出口经营权的集体企业;

6——表示有进出口经营权的私营企业;

7——表示有进出口经营权的个体工商业户;

8——表示有报关权而没有进出口经营权的企业,这样的企业一般不可能出现在报关单上的经营单位一栏;

9——表示其他,包括外国驻华企事业机构、外国驻华使领馆和临时有进出口经营权的单位。

第四,第7位至第10位数字为顺序号。

八、运输方式

运输方式,是指载运货物进出关境的运输工具的分类,包括实际运输方式和海关规定的特殊运输方式。本栏目应根据实际运输方式按海关规定的《运输方式代码表》(参见表6-2)选择填报相应的运输方式。

特殊情况下运输方式的填报原则如下:

(1) 非邮政方式进出口的快递货物,按实际运输方式填报。

(2) 进出境旅客随身携带的货物,按旅客所乘运输工具填报。

(3) 进口转关运输货物,按载运货物抵达进境地的运输工具填报;出口转关运输货物,按载运货物驶离出境地的运输工具填报。

(4) 出口加工区与区外之间进出的货物,区内企业填报"9",区外企业填报"Z"。

(5) 其他无实际进出境的,根据实际情况选择填报《运输方式代码表》中运输方式"0"(非保税区运入保税区和保税区退区)、"1"(境内存入出口监管仓库和出口监管仓库退仓)、"7"(保税区运往非保税区)、"8"(保税仓库转内销)或"9"(其他运输)。

(6) 同一出口加工区内或不同出口加工区的企业之间相互结转、调拨的货物,出口加工区与其他海关特殊监管区域之间,不同保税区之间,同一保税区内不同企业之间,保税区与出口加工区等海关特殊监管区域之间转移、调拨的货物,填报"9"(其他运输)。

表 6-2 实际运输方式名称及代码表

代 码	名 称
2	水路运输
3	铁路运输
4	公路运输
5	航空运输
9	其他运输
A	全部运输
H	边境特殊
W	物流中心
X	物流园区
Y	保税港区
Z	出口加工

九、运输工具名称

运输工具名称,是指载运货物进境的运输工具的名称或运输工具编号。本栏目填报内容应与运输部门向海关申报的载货清单所列相应内容一致。

一份报关单只允许填报一个运输工具名称。

本栏目的具体填报要求如下:

(1) 水路运输填报船舶编号(来往港澳小型船舶为监管簿编号)或者船舶英文名称+"/"+"航次号"。

(2) 公路运输填报跨境运输车辆的国内行驶车牌号,深圳提前报关模式填报国内行驶车牌号+"/"+"提前报关"(4个汉字)。

(3) 铁路运输填报车厢编号或交接单号+"/"+"进出境日期"。

(4) 航空运输填报航班号。

(5) 邮政运输填报邮政包裹单号+"/"+"进出境日期"。

(6) 其他运输填报具体运输方式名称,如管道、驮畜等。

(7) 对于"清单放行,集中报关"的货物填报"集中报关"(4个汉字)。

(8) 转关运输进境的货物,本栏目填报方法为:

① 水路运输直转、提前报关转关填报"@+16位转关申报单预录入号(或13位载货清单号)";

中转转关填报"进境英文船名/@进境干线船舶航次号"。

② 航空运输直转、提前报关转关填报"@+16位转关申报单预录入号(或13位载货清单号)";

中转转关填报"@"。

(9) 无实际进出境的货物,本栏目免予填报。

十、提运单号

提运单号,是指进出口货物的提单或运单的编号。本栏目填报的内容应与运输部门向海关申报的载货清单所列相应内容一致。

一份报关单只允许填报一个提运单号,一票货物对应多个提运单时应分单填报。

本栏目的具体填报要求如下:

(1) 水路运输填报提单号,若有分提单的,填"提单号*分提单号"。

(2) 公路运输免予填报。

(3) 铁路运输填报铁路运单号。

(4) 航空运输填报总运单号+"_"(下划线)+分运单号,无分运单的填报总运单号。

(5) 邮政运输填报邮政包裹单号。

(6) 无实际进出境的货物,本栏目免予填报。

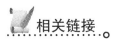相关链接

航空运单的总运单和分运单介绍

航空运单分为两种:一种是航空公司的运单,称为总运单,是由航空公司签发给航空货运代理公司的;另一种是航空货运代理公司签发给托运人的,称为分运单。

十一、收货单位

收货单位栏目要填写已知的进口货物在境内的最终消费、使用单位,包括:自行从境外进口货物的单位和委托进出口企业进口货物的单位。本栏目的填写要求是:填写中文名称

及海关注册登记代码,未在海关注册登记的,本栏目应填报其中文名称及组织机构代码;未在海关注册登记且没有组织机构代码的,本栏目应填报"NO"。使用《加工贸易手册》管理的货物,《进口货物报关单》的收货单位应与《加工贸易手册》的"经营企业"或"加工企业"一致;减免税货物报关单的收货单位应与《进出口货物征免税证明》的"申请单位"一致。

十二、贸易方式

贸易方式,是指以国际贸易中进出口货物的交易方式为基础,结合海关对进出口货物的监管要求而设定的对进出口货物的管理方式,即海关监管方式。

本栏目应根据实际情况按海关规定的《贸易方式代码表》选择填报相应的贸易方式简称或代码。

一份报关单只允许填报一种贸易方式。

目前,海关列明的贸易方式有30多种。有很多贸易方式,在实际业务中出现的频率不多,较少用到,因此,本章只介绍常见的七种贸易方式。

1. 一般贸易(0110)

一般贸易进口货物,是指我国境内有进出口经营权的企业单边进口的贸易货物。

本贸易方式简称一般贸易,代码为0110。

需要注意的是,以下几种特殊情况易混淆,但不属于按照一般贸易监管的货物。

(1) 进出口货样广告品,监管方式代码为3010(货样广告品 A)、3039(货样广告品 B);

(2) 无进出口经营权的单位经批准临时进口货物,监管方式代码为9739;

(3) 进料加工贸易中,对方有价或免费提供的机器设备,监管方式代码为0420或0320。

2. 来料加工(0214)

来料加工,是指进口的料件,由境外企业提供,我方经营单位不需要对外付汇,只按照境外企业的要求进行加工或者装配,收取工缴费,制成品由境外企业销售的经营活动。

本贸易方式的全称为来料加工装配贸易进口料件及加工出口货物,简称来料加工,代码为0214。

3. 进料对口(0615)

进料加工,是指我方经营单位对外付汇进口料件,进行加工之后制成品由经营企业外销出口的经营活动。

本贸易方式的全称为进料加工,简称进料对口,代码为0615。

4. 合资合作设备(2025)和外资设备物品(2225)

外商投资企业包括中外合资企业、中外合作企业和外商独资企业三种形式。外商投资企业作为投资进口的设备、物品,是指外商投资企业以投资(包括中方投资)总额内的资金所进口的机器设备、零部件和其他物料(安装、加固机器所需物料),以及根据国家规定进口本企业自用数量合理的交通工具、生产用车辆、办公用品和设备。

如果中外合资企业、中外合作企业进口上述货物,即为合资合作企业作为投资进口设备物品,简称合资合作设备,代码为2025。

如果外商独资企业进口上述货物,即为外资企业作为投资进口设备物品,简称外资设备物品,代码为2225。

5. 货样广告品A(3010)和货样广告品B(3039)

进出口货样,是指专供订货单位参考的进出口货物样品。广告品,是指用于对商品进行广告宣传的货物。

经批准有进出口经营权的企业(单位)进出口货样广告品,简称货样广告品A,代码为3010;没有进出口经营权的企业(单位)进出口货样广告品,简称货样广告品B,代码为3039。

6. 无代价抵偿(3100)

无代价抵偿货物,是指进口货物经海关征税或免税放行之后,发现货物残损、短少或品质不良,而由境外承运人、发货人或保险公司免费补偿或者更换的同类货物。

本贸易方式的全称为无代价抵偿进出口货物,简称无代价抵偿,代码为3100。

7. 其他进出口免费(3339)

其他进出口免费,是指除已经列明的礼品、无偿援助和赠送物资、捐赠物资、无代价抵偿进口货物、境外免费提供的货样、广告品等海关列名贸易方式的免费提供货物以外,其他免费提供的进口货物。

本贸易方式的全称为其他进出口免费提供货物,简称其他进出口免费,代码为3339。

十三、征免性质

征免性质栏目,是指海关对进出口货物实施征税、减税、免税管理的性质类别。通常来说,本栏目的填报和贸易方式有一定的对应关系。

进口货物应根据实际情况按海关规定的《征免性质代码表》选择填报相应的征免性质简称或代码。

特定减免税货物,应按照海关核发的《进出口货物征免税证明》中批注的征免性质填报,加工贸易货物应按照海关建立的《加工贸易手册》或电子账册中批注的征免性质填报相应的征免性质简称或代码。

一份报关单只允许填报一种征免性质,以下是九种常见的征免性质。

1. 一般征税(101)

本征免性质适用于按照《海关法》《关税条例》和其他法规所规定的税率征收关税、进口环节增值税和其他税费的进出口货物,包括除了其他征免性质另有规定者以外的一般照章(包括按公开暂定税率、关税配额、反倾销、反补贴、保障措施等)征税或补税的进出口货物。

2. 其他法定(299)

本征免性质适用于按照《海关法》《关税条例》,对除了无偿援助进出口物资以外的其他实行法定减免税的进出口货物,以及根据相关规定非按全额货值征税的部分进出口货物。

本征免性质对应的贸易方式,可能是无代价抵偿(3100),可能是货样广告品A(3010)和货样广告品B(3039),也可能是退运货物(4561)等,这要根据具体的进口货物情况而定。

3. 来料加工(502)

来料加工的全称是来料加工装配和补偿贸易进口料件及出口成品,简称来料加工,代码为502。对应的贸易方式是来料加工(0214)。

4. 进料加工(503)

进料加工的全称是进料加工贸易进口料件及出口成品,简称进料加工,代码为503。对应的贸易方式是进料对口(0615)。

5. 中外合资(601)

中外合资的全称是中外合资经营企业出口自产的货物,简称中外合资,代码为601。对应的贸易方式是一般贸易(0110)。

6. 中外合作(602)

中外合作的全称是中外合作经营企业出口自产的货物,简称中外合作,代码为602。对应的贸易方式是一般贸易(0110)。

7. 外资企业(603)

外资企业的全称是外商独资企业出口自产的货物,简称外资企业,代码为603。对应的贸易方式是一般贸易(0110)。

8. 鼓励项目(789)

鼓励项目的全称是国家鼓励发展的内外资项目进口设备,适用于按规定程序审批的国家鼓励发展的国内投资和外商投资项目在投资总额内按照有关征税、减税、免税政策进口的,以及1998年后利用外国政府和国际金融组织贷款项目进口的设备、技术等,简称鼓励项目,代码为789。一般来说,对应的贸易方式是一般贸易(0110)、合资合作设备(2025)、外资设备物品(2225)、科教用品(401)等。

9. 自有资金(799)

自有资金的全称为外商投资额度外利用自有资金进口设备、备件、配件,简称自有资金,代码为799。一般来说,对应的贸易方式是一般贸易(0110)。

贸易方式、征免性质与征免之间有一定的对应关系,表6-3给出了常见贸易方式、征免性质、征免之间的对应关系。

表6-3 贸易方式、征免性质、征免之间的对应关系

贸易方式	征免性质	征 免
一般贸易(0110)	一般征税(101)	照章(1)
	鼓励项目(789)	特案(4)
	自有资金(799)	
	科教用品(401)	
来料加工(0214)	来料加工(502)	全免(3)
进料对口(0615)	进料加工(503)	
合资合作设备(2025)	鼓励项目(789)	特案(4)
外资设备物品(2225)		
货样广告品A(3010)	其他法定(299)	根据实际进口情况而定
货样广告品B(3039)		
无代价抵偿(3100)		全免(1)或照章(1)
其他进出口免费(3339)		根据实际进口情况而定

十四、征税比例

在填制报关单时,本栏目不填。

十五、许可证号

本栏目填报进口许可证编号、两用物项和技术进口许可证编号。

一份报关单只允许填报一个许可证号。

除了上述进口许可证以外的其他的监管证件不填报在"许可证号"栏目,而应当在"随附单据"栏目填报,如《自动进口许可证》应当在"随附单据"栏目填报,而不填于此。

十六、起运国(地区)

起运国(地区),是指进口货物直接运抵或者在运输中转国(地)未发生任何商业性交易的情况下运抵我国的起始发出的国家(地区)。

本栏目应按海关规定的《国别(地区)代码表》选择填报相应的起运国(地区)中文名称或代码(参见表6-4)。

对发生运输中转的货物,若在中转地未发生任何商业性交易,则起运国(地区)不变;若在中转地发生商业性交易,则以中转地作为起运国(地区)填报。

在中转地是否发生商业性交易,要根据销售合同来判断。如果销售合同是我方和中转国(地区)的商人签发的,那么就认为在中转地发生了商业性交易,在这种情况下,起运国(地区)就应当填报为中转国(地区)。如果销售合同不是我方和中转国(地区)的商人签发的,那么就认为在中转地未发生商业性交易,这时起运国(地区)不变。

如我国从德国进口一批货物,单证中有"FROM Hamburg via Hongkong to Qingdao"字样。这表明该批货物在中国香港发生了中转,报关单上的起运国(地区)是填报德国(304)还是填报中国香港(110)要看货物在中转地香港有没有发生商业性交易。判断这个问题最好的办法是去查看销售合同是和谁签订的。如果我方和香港地区的商人签订的销售合同,那么毫无疑问货物在中转地香港地区发生了商业性交易,起运国(地区)就应当填报为香港(110);反之,如果我方不是和香港地区的商人签订的销售合同,货物在中转地香港地区便未发生商业性交易,只是发生了运输中转,起运国(地区)应当填报德国(304)。

无实际进境的,本栏目填报"中国"(代码142)。

表6-4 主要国别(地区)代码表

代码	中文名称	英文名称	代码	中文名称	英文名称
110	中国香港	Hongkong	116	日本	Japan
121	中国澳门	Macao	132	新加坡	Singapore
133	韩国	Korea Rep.	142	中国	China
143	中国台湾金马关税区	Taiwan	303	英国	England
304	德国	Germany	305	法国	France
344	俄罗斯联邦	Russia	501	加拿大	Canada
502	美国	USA	601	澳大利亚	Australia
701	国(地)别不详		999	中性包装原产国	

十七、装货港

装货港,是指进口货物在运抵我国关境前的最后一个境外装运港。

本栏目应根据实际情况按海关规定的《港口航线代码表》选择填报相应的港口中文名称或代码。

无实际进境的,本栏目填报"中国境内"(代码142)。

通常我们根据提单上的"Port of Loading"就可以判断出装货港是哪里。

十八、境内目的地

境内目的地,是指已知的进口货物在国内的消费地、使用地或最终运抵地。

本栏目应根据进口货物的收货单位按海关规定的《国内地区代码表》选择填报相应的国内地区名称或代码。本栏目用中文填写时应精确到县区级,在填写代码时要填写5位数代码,通常可以填写经营单位代码的前5位数。

如广州某公司(440131××××)进口一批货物,经营单位代码第5位为"3",即"高新技术开发区",故"境内目的地"栏应填"广州高新技术产业开发区"。

十九、批准文号

填写《进口货物报关单》时,本栏目不填。

二十、成交方式

本栏目应根据实际成交价格条款按海关规定的《成交方式代码表》选择填报相应的成交方式代码。

无实际进出境的,进口填报CIF价,出口填报FOB价。

通常,我们从商业发票上可以找到成交方式。

《成交方式代码表》的内容参见表6-5。

表6-5 成交方式代码表

成交方式代码	成交方式名称	成交方式代码	成交方式名称
1	CIF(《2000通则》下包括CIF、CIP、DAF、DES、DEQ、DDU、DDP;《2010通则》下包括CIF、CIP、DAT、DAP、DDP)	4	C&I
2	CFR(包括CFR,CPT))	5	市场价
3	FOB(包括 EXW、FCA、FAS、FOB)	6	垫仓

二十一、运费

运费,是指进出口货物从始发地至目的地的国际运输所需要的各种费用。

《进口货物报关单》上的成交方式栏目和运费填写、保费栏目的填写有一定的对应关系（参见表 6-6）。

表 6-6　常用进口成交方式与运费、保费栏目的对应关系

成交方式名称	运费栏目是否填写	保费栏目是否填写
CIF	不填	不填
CFR	不填	填
FOB	填	填

由于运费可能以运费率、每吨单价、总运价的方式支付，所以相应的，本栏目的填报也要分方式分别填写。填写时要注明运费标记，并按海关规定的《货币代码表》选择填报相应的币种代码。运费标记"1"表示运费率，"2"表示每吨货物的运费单价，"3"表示运费总价。

二十二、保费

保费，是指进出口货物在国际运输过程中，由被保险人付给保险人的保险费用，其填报要求同运费（参见表 6-6、表 6-7、表 6-8）。

二十三、杂费

杂费，是指成交价格之外的，应当计入或者应当扣除的费用，如佣金、折扣等。

应当计入的杂费，填报为正数，应当扣除的杂费，填报为负数。其填报要求同运费（参见表 6-6、表 6-7、表 6-8）。

表 6-7　运费、保费、杂费填写示例

栏　目	费率(1)		每吨单价(2)		总　价	
	数　据	填写方法	数　据	填写方法	数　据	填写方法
运费	4%	4	USD30/吨	502/30/2	JPY5 000	116/5 000/3
保费	0.3%	0.3			USD2 000	502/2 000/3
应加入的杂费	2%	2			EUR1 000	300/1 000/3
应减除的杂费	2%	−2			GBP200	303/−200/3

表 6-8　常见货币代码表

货币名称	港　币	日　元	人民币	欧　元	英　镑	美　元
货币符号	HKD	JPY	CNY	EUR	GBP	USD
币制代码	110	116	142	300	303	502

二十四、合同协议号

合同协议号，是指在进出口贸易中，买卖双方当事人所签署的合同协议的编号。在原始单证中，我们可以看到以下关于合同协议号的标识，如 Contract No.、Sales Contract No.、

Purchase order No.、Agreement No.、Sales Confirmation No.、S/C No.等。

一份报关单只允许填报一个合同协议号。

二十五、件数

本栏目应填报有外包装的进口货物的实际件数。特殊情况的填报要求如下。

（1）如果有关单据列明托盘件数的，或者既有托盘数又有单件件数的，填托盘数。

（2）如果有关单据有集装箱个数，又列明托盘件数、单件包装件数的，填托盘数。

（3）如果有关单据仅列明集装箱个数，未列明托盘或者单件包装件数的，填报集装箱个数。

本栏目不得填报为"0"，散装和裸装货物均填报为"1"。

二十六、包装种类

本栏目应根据进出口货物的实际外包装种类，按海关规定的《包装种类代码表》选择填报相应的包装种类或代码（参见表6-9）。包装种类要用中文表示，不得填报英文。

这里所说的实际外包装，即在国际贸易中进出口货物的运输包装，在装箱单和提运单等货运单证中会有明确表示。如"NO. OF PKGS：25 BALES"即表示件数为25，包装种类为包；"TOTAL PACKED IN 25 CTNS ONLY"即表示件数为25，包装为纸箱（Cartons）；"CASE NO. 1-200"即表示件数为200，包装为木箱（Case）等。

散装货物，"包装种类"栏目填报为"散装"。

裸装货物，"包装种类"栏目填报为"裸装"。

报关单上的"件数"和"包装种类"两个栏目是紧密联系、一一对应的，其填写方法参见表6-10。

表 6-9　包装种类中英文对照及代码表

代码	英文包装种类	包装种类中文名称	英文包装的简写及复数形式
1	(Wooden)Case	木箱	Cases
2	Carton	纸箱	CTNS
3	Drum/Barrel	桶装	Drums/Barrels
4	in Bulk	散装	无复数形式
5	Pallet	托盘	Pallets
6	Bag/Bales	包	Bags/Bales
7	Roll	卷	Rolls
8	Bundle	捆	Bundles
9	Unit or Piece	件	Units/PCS
10	Nude	裸装	无复数形式
11	Container	集装箱	Containers

表 6-10 "件数"和"包装种类"的对应填写方法

序 号	包装类别	举 例	"件数"栏	"包装种类"栏
1	只有外包装	Packed in 200 cartons	200	纸箱
2	有外包装,有件货(有包装或无包装的成件货物的统称)	5 sets of equipment and 10 cases of spare parts	15	其他
3	舱单认定"集装箱"	2 containers	2	集装箱
4	舱单认定"托盘"	Packed in 3 pallets	3	托盘
5	裸装	Nude	1	裸装
6	散装	in Bulk	1	散装

备注:"舱单认定"是指舱单上显示如下内容:
Manifest(舱单):container、pallet 或"装箱单件数同舱单件数"

二十七、毛重

毛重,是指货物及其包装材料的重量之和。

本栏目填报进口货物实际毛重,计量单位为公斤,不足 1 公斤的填报为"1"。1 公斤以上有小数的,小数点后保留 4 位数,第 5 位之后的数字略去,注意不要四舍五入。如某货物的重量,装箱单中表示"Gross Weight(G. W.) 15.56786KGS",则该栏目填报为"15.5678",小数点后第 5 位的"6"略去。本栏目的内容可以在货运单证(如装箱单、提运单、场站收据中)找到。

二十八、净重

货物的毛重去除掉包装材料之后的重量就是货物的净重。这里所说的包装材料,是指运输包装。在货运单证装箱单中,对应会有表示净重的栏目,即 Net Weight(N. W.)栏目,可以直接填报。

本栏目的计量单位为公斤,不足 1 公斤的填报为"1"。超过 1 公斤有小数的,小数点后保留 4 位数,第 5 位之后的数字略去,注意不要四舍五入。如某货物的重量,装箱单中表示"Net Weight(N. W.) 5.56419KGS",则该栏目填报为"5.5641",小数点后第 5 位的"9"略去。

二十九、集装箱号

集装箱的常见标准规格为 20 英尺和 40 英尺两种,在填制本栏目时,要求以"集装箱号"+"/"+"规格"+"/"+"自重"的方式填报。如 COSU9809490/20/2230,就表示是一个 20 英尺,箱号为 COSU9809490,自重为 2 230 千克的集装箱。

多个集装箱的货物,本栏目填写第一个集装箱的箱号,其余的依次填报在"标记唛码及备注"栏目中。集装箱太多,"标记唛码及备注"栏目也填写不下时,可以添加附页,将箱号填写在附页中。

非集装箱货物,本栏目填写为"0"。

非实际进出境货物采用集装箱运输的,本栏目免于填报。

三十、随附单据

本栏目的"随附单据",是指除了进口许可证与《两用物项和技术进口许可证》以外的其他的监管证件及其代码(参见表6-11)。

本栏目的填报格式为"监管证件的代码"+":"+"监管证件的编号"。涉及有多个监管证件的,本栏目填写一个监管证件的代码和编号,其余的填写在"标记唛码及备注"栏目,格式依然是"监管证件的代码"+":"+"监管证件的编号"。

表6-11 常用监管证件名称及代码表

代码	监管证件名称	代码	监管证件名称
1	进口许可证	4	出口许可证
2	两用物项和技术进口许可证	7	自动进口许可证
3	两用物项和技术出口许可证	A	入境货物通关单
B	出境货物通关单	E	濒危物种允许出口证明书
F	濒危物种允许进口证明书	O	自动进口许可证(新旧机电产品)
P	固体废物进口许可证	Y	原产地证明
v	自动进口许可证(加工贸易)	t	关税配额证明

相关链接

原产地证明书相关内容的填写

1. 实行原产地证明书联网管理的,在"随附单据"栏目填写"Y:〈优惠贸易协定代码〉",同时将原产地证明书编号填报在"备案号"栏目,格式为"Y+原产地证明书编号"。

2. 未实行原产地证明书联网管理的,在"随附单据"栏目填写"Y:〈优惠贸易协定代码:需证商品序号〉",备案号栏目不填。

3. 一份原产地证明书只能对应一份《进口报关单》。报关单上申报商品的计量单位必须与原产地证明书上对应商品的计量单位一致。

4. 填报中的优惠贸易协定代码参见表6-12。

表6-12 进口货物优惠贸易协定代码

代码	优惠贸易协定
01	属于"亚太贸易协定"项下的进口货物
02	属于"中国-东盟自由贸易区"项下的进口货物
03	属于"内地与香港建立更紧密经贸关系安排"(香港CEPA)项下的进口货物
04	属于"内地与澳门建立更紧密经贸关系安排"(澳门CEPA)项下的进口货物
05	属于"对非洲特惠待遇"项下的进口货物
06	属于"台湾农产品零关税措施"项下的进口货物
07	属于"中巴自贸区"项下的进口货物
08	属于"中智自贸区"项下的进口货物
09	对"也门等国特惠待遇"项下的进口货物
10	对"中新(西兰)自贸区"项下的进口货物
11	对"中新(加坡)自贸区"项下的进口货物

三十一、用途

进口货物填报用途,应根据进口货物的实际用途按海关规定的《用途代码表》(参见表6-13)选择填报相应的用途或代码。如加工贸易进口货物的用途填"加工返销或05"。

表6-13 用途代码表

代 码	名 称	代 码	名 称
01	外贸自营内销	07	收保证金
02	特区内销	08	免费提供
03	其他内销	09	作价提供
04	企业自用	10	货样,广告品
05	加工返销	11	其他
06	借用	13	以产顶进

三十二、标记唛码及备注

本栏目左边部分用于填报以下内容。

(1) 标记唛码中除了图形以外的文字、数字。

(2) 接受外商投资企业委托,代理进口投资设备、物品的进出口企业名称,如"委托××公司进口"。

(3) 关联的备案号或报关单号。如加工贸易结转货物及凭《进出口货物征免税证明》转内销货物,其对应的备案号或者报关单号应填报在本栏目。

(4) 所申报货物涉及多个监管证件的,除了第一个以外的监管证件代码和编号,填报格式为"监管证件代码"+":"+"监管证件号码"。

(5) 一票货物多个集装箱的,在本栏目填写其余的集装箱号(集装箱号较多,填写不完的,可另附页填写)。

(6) 加工贸易货物的处理:转内销的,《进口报关单》备注栏目填写"活期"字样;放弃半成品、残次品和副产品的,《进口报关单》备注栏目填写"半成品""残次品""副产品"相关字样;销毁的,注明"销毁"字样,若放弃半成品并销毁处理的,注明"半成品/销毁";经海关批准自行处理的,注明"自行处理"。

(7) 涉及贸易救济措施的进口的商品报关时,报关单"备注"栏目应填报相关原产地信息,具体要求如下:

① 对申报涉及贸易救济措施所涉及商品编号的进口货物,必须在《进口货物报关单》"备注"栏目内注明是否有原产地证明书。

② 企业能够提供进口货物原生产厂商发票或境外贸易商制发的商业发票上注明的原生产厂商名称和原生产厂商发票编号的,需在《进口货物报关单》"备注"栏目内按照"原生产厂商:××××公司"格式填报生产厂商。如果无法提供的,需在《进口货物报关单》"备注"栏目内注明"无原生产厂商"字样。

③ 如果注明"无原产地证"或"无原生产厂商"的,需要同时注明是否同意按最高"双反"税率计征。若注明不同意按照最高"双反"税率征税,海关将查验货物确认原产地并计征相应税款。

三十三、项号

本栏目分以下两行填报。

第一行打印《进口货物报关单》中的商品排列序号。

第二行专用于加工贸易货物、特定减免税货物,填报该项货物在《加工贸易手册》《进出口货物征免税证明》中的项号。

加工贸易合同项下、特定减免税货物进口货物,必须填报与《加工贸易手册》《进出口货物征免税证明》一致的商品项号,所填报项号用于核销对应项号下的料件或成品数量。该栏目与"贸易方式""征免性质""用途""征免"等栏目之间的一些对应关系参见表6-1。

一份《进口货物报关单》最多允许填报20个项号的商品。

三十四、商品编号

商品编号,是指按商品分类编码规则确定的进出口货物的商品编号。其中,商品编号栏目应填报按照《进出口税则》正确归类的商品编号。有《加工贸易手册》和《进出口货物征免税证明》的,《进口货物报关单》中的商品编号应与《加工贸易手册》和《进出口货物征免税证明》的商品编号相符,不相符的,应先修改《加工贸易手册》和《进出口货物征免税证明》后再行申报。

一份《进口货物报关单》最多允许填报20个商品编号。

三十五、商品名称、规格型号

本栏目分两行填报:第一行填报进出口货物规范的中文商品名称;第二行填报规格型号,必要时可以加注原文。一份《进口货物报关单》最多允许填报20项商品名称。

本栏目的具体填报要求如下:

(1) 商品名称及规格型号应据实填报,并与所提供的商业发票相符。

(2) 商品名称应当规范,不得填报俗语、口语商品名称,如在我国有些地方摩托车被称为电驴子,如果《进口报关单》上据此填报为"电驴子",就不合乎要求。规格型号应当足够详细,以能满足海关归类、审价及许可证件管理要求为准。根据商品属性,本栏目填报内容包括品名、牌名、规格、型号、成分、含量、等级、用途、功能等。

(3) 加工贸易、特定减免税等已备案的货物,本栏目填报的内容必须与备案登记、征免税证明中同项号下货物的名称与规格型号一致。

(4) 对需要海关签发《中华人民共和国海关货物进口证明书》的车辆,商品名称栏目应填报"车辆品牌+排气量(注明CC)+车型(如越野车、小轿车等)"。进口汽车底盘可以不填报排气量。车辆品牌应按《进口机动车辆制造厂名称和车辆品牌中英文对照表》中"签注名称"一栏的要求填报,规格型号栏目可以填报"汽油型"等。

(5) 同一收货人使用同一运输工具同时运抵的进口货物应同时申报,视为同一报验状态,据此确定其归类。成套设备、减免税货物若需分批进口,货物实际进口时,应按照实际报验状态确定归类。

(6) 加工贸易边角料和副产品内销、边角料复出口,本栏目填报其报验状态的名称和规格型号。属边角料、副产品、残次品、受灾保税货物且按规定需加以说明的,应在本栏目中填注规定的字样。

三十六、数量及单位

计量单位分为成交计量单位和海关法定计量单位。

成交计量单位,是指买卖双方在交易过程中所确定的计量单位。

海关法定计量单位,是指海关按照《中华人民共和国计量法》的规定所采用的计量单位,我国海关采用的是国际单位制的计量单位。海关法定计量单位又分为海关法定第一计量单位和海关法定第二计量单位。少数进出口货物有海关法定第二计量单位。海关法定计量单位以《中华人民共和国海关统计商品目录》(以下简称《统计商品目录》)中规定的计量单位为准。

本栏目分三行填报,其具体填报要求如下。

(1) 进出口货物必须按海关法定计量单位填报,海关法定第一计量单位及数量填在本栏目第一行。

例如:

商品名称、规格型号	数量及单位
未焙烧的黄铁矿	10 000 千克(第一行,海关法定第一计量单位)

(2) 凡海关列明第二计量单位的,必须在本栏目第二行填报该商品海关法定第二计量单位及数量。无海关法定第二计量单位的,本栏目第二行为空。

例如:

商品名称、规格型号	数量及单位
纯棉双面斜纹布	700 米(第一行,海关法定第一计量单位)
	500 千克(第二行,海关法定第二计量单位)

(3) 成交计量单位及数量应当填报在第三行。

如果成交计量单位和海关法定计量单位一致的,本栏目第三行为空。

例如:

商品名称、规格型号	数量及单位
纯棉双面斜纹布	700 米(第一行,海关法定第一计量单位)
	500 千克(第二行,海关法定第二计量单位)
	765.86 码(第三行,成交计量单位)

如果上例中的成交计量单位为"米"或者"千克",那么第三行就可以不填。

商品名称、规格型号	数量及单位
纯棉双面斜纹布	700 米(第一行,海关法定第一计量单位)
	500 千克(第二行,海关法定第二计量单位)

（4）海关法定计量单位为"公斤"的数量填报，特殊情况下的填报要求如下。

① 装入可重复使用的包装容器的货物，按货物的净重填报，如罐装同位素、罐装氧气及类似品等，应扣除其包装容器的重量。

② 使用不可分割包装材料和包装容器的货物，按货物的净重填报（即包括内层直接包装的净重重量），如采用供零售包装的酒、罐头、化妆品及类似品等。

③ 按照商业惯例以公量重计价的商品，应按公量重填报，如未脱脂羊毛、羊毛条等。

④ 采用以毛重作为净重计价的货物，可以按毛重填报，如粮食、饲料等价格较低的农副产品。

⑤ 成套设备、减免税货物若需分批进口，货物实际进口时，应按照实际报验状态确定数量。

⑥ 根据 HS 归类规则，零部件按整机或成品归类的进出口商品，其对应《统计商品目录》中的法定计量单位为非重量的，按报验状态申报法定数量。

⑦ 具有完整品或制成品基本特征的不完整品、未制成品，按照 HS 归类规则应按完整品归类的，申报数量按照构成完整品的实际数量申报。

（5）加工贸易、特定减免税货物等已备案的货物，成交计量单位必须与《加工贸易手册》《进出口货物征免税证明》中同项号下货物的计量单位一致，加工贸易边角料和副产品内销、边角料复出口，本栏目填报其报验状态的计量单位。

三十七、原产国（地区）

原产国（地区），是指进口货物的生产、开采或加工制造国家（地区）。

原产国在原始单证上一般表示为"Made in..." "Origin..." "Manufacture"等。

本栏目应按海关规定的《国别（地区）代码表》选择填报相应的国家（地区）名称或代码。主要国别（地区）代码表参见表 6-4。

三十八、单价

本栏目应填报同一项号下进口货物实际成交的商品单位价格。在原始单证商业发票中的"Unit Price"栏目，可以找到货物的成交价格。本栏目填写时，只填写数字即可，不需要填写成交单位。单价若非整数，其小数点后保留 4 位，第 5 位及以后略去。如某货物的商业发票中的"Unit Price"栏目是"CIF Qingdao USD800.123 45/MT"，那么在填写本栏目时填写"800.1234"就可以了。

无实际成交价格的，本栏目填报单位货值。

三十九、总价

本栏目应填报同一项号下进口货物实际成交的商品总价。在原始单证商业发票中的"Total Amount"栏目，可以找到货物的成交总价。本栏目填写时，只填写数字即可，不需要填写币制单位。总价如非整数，其小数点后保留 4 位，第 5 位及以后略去。如某货物的商业发票中的"Total Amount"栏目是"USD5 000.314 26"，那么我们在填写本栏目时填写"5 000.314 2"就可以了。

无实际成交价格的，本栏目填报货值。

四十、币制

币制,是指进口货物实际成交价格的币种。

本栏目应根据实际成交情况按海关规定的《货币代码表》选择填报相应的货币名称或代码,若《货币代码表》中无实际成交币种,需转换后填报。在原始单证商业发票中的"Unit Price"和"Total Amount"栏目可以找到成交币制。《常见货币代码表》参见表6-8。

四十一、征免

征免,是指海关对进出口货物进行征税、减税、免税或特案处理的实际操作方式。

本栏目应按照海关核发的《进出口货物征免税证明》或有关政策规定,对进口货物报关单所列每项商品选择填报海关规定的《征减免税方式代码表》中相应征减免税方式的名称(参见表6-13)。

表6-14 征免代码表

代码	名称	代码	名称
1	照章征税	5	随征免性质
2	折半征税	6	保证金
3	全免	7	保函
4	特案减免		

《加工贸易报关单》应根据《加工贸易手册》中备案的征免规定填报,但如果备案的征免规定为"保金"或"保函"的,不能按备案的征免规定填报,而应填报"全免"。

四十二、报关员

本栏目填报报关人员的亲笔签名。海关一旦接受申报,报关人员就要对自己填制的报关单负法律责任。

四十三、单位地址

本栏目如实填报申报单位在工商行政管理部门注册登记的单位地址。

四十四、申报单位(签章)

本栏目如实填报申报单位在工商行政管理部门注册登记的全称和其10位数的海关注册登记号码。

四十五、邮编

本栏目如实填报申报单位的邮政编码,以备必要时海关联系所需。

四十六、电话

本栏目如实填报申报单位的电话号码,以备必要时海关联系所需。

四十七、填制日期

本栏目如实填报填制《进口货物报关单》的日期,其填报格式与进口日期的填报方式相同,年为 4 位数,月、日各为 2 位数,合计 8 位数。

《进口货物报关单》的举例参见资料 6-5。

第四节　出口货物报关单的填制

目前使用的《出口货物报关单》上共有 47 个栏目,其具体栏目填制要求如下。

一、预录入编号

本栏目的填制要求与《进口货物报关单》的填制要求相同。

二、海关编号

本栏目的填制要求与《进口货物报关单》的填制要求相同。

三、出口口岸

本栏目应根据货物实际运出我国关境的口岸海关填报《关区代码表》中相应的口岸海关名称及代码。

其他情况的填报与《进口货物报关单》相同。

四、备案号

本栏目的填制要求与《进口货物报关单》的填制要求相同。

五、出口日期

在填制《出口货物报关单》时,本栏目不需要填写。

六、申报日期

在填制《出口货物报关单》时,本栏目不需要填写。

七、经营单位

本栏目的填制要求与《进口货物报关单》的填制要求相同。

八、运输方式

本栏目的填制要求与《进口货物报关单》的填制要求相同。

九、运输工具名称

本栏目填报载运货物出境的运输工具的名称或运输工具编号。

转关运输出境的货物,本栏目填报方法如下:

(1) 水路运输直转、提前报关转关填报"@+16位转关申报单预录入号(或13位载货清单号)";

中转转关填报"境内水路运输驳船船名/驳船航次号"。

(2) 航空运输转关填报"@+16位转关申报单预录入号(或13位载货清单号)"。

其他情况的填报与《进口货物报关单》相同。

十、提运单号

本栏目的填制要求与《进口货物报关单》的填制要求相同。

十一、发货单位

本栏目要填写出口货物在境内的生产单位或销售单位,如自行出口货物的单位和委托有进出口经营权的企业出口货物的单位。本栏目的填写要求是填写中文名称及海关注册登记代码,未在海关注册登记的,本栏目应填报其中文名称及组织机构代码;未在海关注册登记且没有组织机构代码的,本栏目应填报"NO"。使用《加工贸易手册》管理的货物,《出口货物报关单》的发货单位应与《加工贸易手册》的"经营企业"或"加工企业"一致;减免税货物报关单的发货单位应与《进出口货物征免税证明》的"申请单位"一致。

十二、贸易方式

《出口报关单》的大部分贸易方式与《进口报关单》相同,这里需要补充的贸易方式主要有以下三种。

(一) 直接退运(4500)

本贸易方式的全称为直接退运货物,简称直接退运,代码为4500,是指货物进境后、放行结关前,经海关批准将货物全部退运境外的货物。

(二) 退运货物(4561)

本贸易方式的全称为退运货物,简称退运货物,代码为4561,是指货物进境后、放行结关后,因为质量不符或其他原因,经海关批准,退运境外的货物。

本贸易方式和直接退运(4500)的最根本的区别就是退运是在放行结关之前,还是放行结关之后。放行结关之前退运,叫直接退运(4500);放行结关之后退运,叫退运货物(4561)。

十三、征免性质

本栏目的填制要求与《进口货物报关单》的填制要求相同。

十四、结汇方式

本栏目是指出口货物的发货人或其代理人收结外汇的方式。具体要按照海关规定的《结汇方式代码表》选择填报相应的结汇方式名称或代码或英文缩写(参见表6-15)。在原始单证如商业发票或销售合同中,可以找到"Payment:×××"或"Pay by×××"等字样,就可以判断出该出口货物的结汇方式。

表 6-15　成交方式、运保费填写对应关系

代码	结汇方式名称	英文缩写	英文名称
1	信汇	M/T	Mail Transfer
2	电汇	T/T	Telegraphic Transfer
3	票汇	D/D	Remittance by Banker's Demand Draft
4	付款交单	D/P	Documents Against Payment
5	承兑交单	D/A	Documents Against Acceptance
6	信用证	L/C	Letter of Credit

十五、许可证号

本栏目填报出口许可证编号、两用物项和技术出口许可证编号。

一份报关单只允许填报一个许可证号。

除了上述出口许可证以外的其他的监管证件不填报在"许可证号"栏目,而应当在"随附单据"栏目填报。

十六、运抵国(地区)

运抵国(地区)又称目的国(地区),是指出口货物直接运抵或者在运输中转国(地)未发生任何商业性交易的情况下运抵的或最后交付的国家(地区)。

本栏目应按海关规定的《国别(地区)代码表》选择填报相应的运抵国(地区)中文名称或代码。

对发生运输中转的货物,若中转地未发生任何商业性交易,则运抵国(地区)不变;若中转地发生商业性交易,则以中转地作为运抵国(地区)填报。

在中转地是否发生商业性交易,要根据销售合同来判断。如果销售合同是我方和中转国(地区)的商人签发的,就认定在中转地发生了商业性交易,在这种情况下,运抵国(地区)就应填报为中转国(地区)。如果销售合同不是我方和中转国(地区)的商人签发的,那么就认为在中转地未发生商业性交易,这时运抵国(地区)不变。

无实际进出境的,本栏目填报"中国"(代码142)。主要国别(地区)代码表参见表6-4。

十七、指运港

指运港又称目的港,是指出口货物在境外的最终卸货港口,是货物运往境外的最终目的港。

本栏目应根据实际情况按海关规定的《港口航线代码表》选择填报相应的港口中文名称或代码。

通常可以根据提单上的"Port of Discharge"来判断指运港。

对于直接运抵货物,货物直接运抵的港口即为指运港;对于发生运输中转的货物,其指运港不受影响,仍然填写货物的最终卸货港。

无实际进出境的,本栏目填报"中国境内"(代码 142)。

十八、境内货源地

境内货源地,是指出口货物在国内的生产地或原始发货地(包括供货地点)。

本栏目应根据出口货物的生产单位或发货单位按海关规定的《国内地区代码表》选择填报相应的国内地区名称或代码。本栏目用中文填写时应精确到县区级,填写代码时,要填写 5 位数代码,通常可以填写经营单位代码的前 5 位数。

十九、批准文号

在填制《出口货物报关单》时,本栏目不需要填写。

二十、成交方式

本栏目的填制要求与《进口货物报关单》的填制要求相同。

二十一、运费

《出口货物报关单》上的成交方式栏目和运费栏目、保费栏目的填写有一定的对应关系(参见表 6-16)。

表 6-16 成交方式、运保费填写对应关系

成交方式	运 费	保 费
FOB	不填	不填
CIF	填	填
CFR	填	不填

运费和保费的具体填写格式与《进口货物报关单》的相同。

二十二、保费

本栏目的填制要求与《进口货物报关单》的填制要求相同。

二十三、杂费

本栏目的填制要求与《进口货物报关单》的填制要求相同。

二十四、合同协议号

本栏目的填制要求与《进口货物报关单》的填制要求相同。

二十五、件数

本栏目的填制要求与《进口货物报关单》的填制要求相同。

二十六、包装种类

本栏目的填制要求与《进口货物报关单》的填制要求相同。

二十七、毛重

本栏目的填制要求与《进口货物报关单》的填制要求相同。

二十八、净重

本栏目的填制要求与《进口货物报关单》的填制要求相同。

二十九、集装箱号

本栏目的填制要求与《进口货物报关单》的填制要求相同。

三十、随附单据

本栏目的"随附单据",是指除了出口许可证与《两用物项和技术出口许可证》以外的其他的监管证件及其代码,具体填写规范与《进口货物报关单》的相同。

三十一、生产厂家

生产厂家,是指出口货物的境内生产企业的名称,该栏目仅供必要时填写,也就是说很多时候可以不填。

三十二、标记唛码及备注

本栏目的填制要求与《进口货物报关单》的填制要求相同。

三十三、项号

本栏目的填制要求与《进口货物报关单》的填制要求相同。

三十四、商品编号

本栏目的填制要求与《进口货物报关单》的填制要求相同。

三十五、商品名称、规格型号

本栏目的填制要求与《进口货物报关单》的填制要求相同。

三十六、数量及单位

本栏目的填制要求与《进口货物报关单》的填制要求相同。

三十七、最终目的国(地区)

最终目的国(地区),是指已知的出口货物最后交付的国家(地区),也就是最终实际消费、使用或作进一步加工制造的国家或地区。

本栏目应按海关规定的《国别(地区)代码表》选择填报相应的国家(地区)名称或代码。

最终目的国(地区)不受货物在运输途中是否发生中转的影响。

三十八、单价

本栏目的填制要求与《进口货物报关单》的填制要求相同。

三十九、总价

本栏目的填制要求与《进口货物报关单》的填制要求相同。

四十、币制

本栏目的填制要求与《进口货物报关单》的填制要求相同。

四十一、征免

本栏目的填制要求与《进口货物报关单》的填制要求相同。

四十二、报关员

本栏目的填制要求与《进口货物报关单》的填制要求相同。

四十三、单位地址

本栏目如实填报申报单位在工商行政管理部门注册登记的单位地址。

四十四、申报单位(签章)

本栏目如实填报申报单位在工商行政管理部门注册登记的全称和其10位数的海关注册登记号码。

四十五、邮编

本栏目如实填报申报单位的邮政编码,以备必要时海关联系所需。

四十六、电话

本栏目如实填报申报单位的电话号码,以备必要时海关联系所需。

四十七、填制日期

本栏目如实填报填制《出口报关单》的日期,其填报格式与进口日期的填报方式相同,年为4位数,月、日各为2位数,合计8位数。

《出口报关单》填制举例参见资料6-6,资料6-6中注明的阿拉伯数字序号与资料6-1、资料6-2、资料6-3、资料6-4中注明的阿拉伯数字序号之间的内容是相对应的,反应了报关单与所附单据之间的关系。

【资料6-1】

金泰国际贸易有限公司 　（3）　（7）
JINTAI INTER.TRADING CO., LTD
45B,HONGKONG ROAD,SHINANDISTRICT,QINGDAO, CHINA
TEL:86-0532-82847387
FAX:86-0532-862875099

销售合同
SALES　　CONTRACT

S/C NO.: JT08-001　　（12）

DATE: Nov. 5, 2014

This contract is made by and between the Buyers and the Sellers, whereby the Buyers agree to buy and the Sellers agree to sell the under-mentioned goods on the terms and conditions stipulated bellows:

1. Commodity and Specification（18）	2. Quantity（19）	3. Unit Price（21）	4. Total Amount（22）（23）
Paint Made in China	25 530LTR	FOB Qingdao @USD2.00/LTR	USD51 060.00

5. Port of Loading: Qingdao, China.
6. Port of Discharge:Kobe, Japan　　　（9）　（10）
7. Terms of Payment: L/C　　（8）
8. Packing：N.W.23kgs/ctn, G.W.23.5kgs/ctn　　（14）
9. Time of Shipment: To be effected on or before Jan. 25, 2015 with partial shipment not allowed, Transshipment not allowed
10. Receiving U.S Dollar Payment at Hua Xia Bank
Intermediary Bank：City Bank, N. A., New York
　　　　　　　　SWIFT BIC: CITIUS33×××
Account with Bank：Hua Xia Bank Beijing H.O
　　　　　　　　SWIFT BIC: HXBKCNBJ×××
Beneficiary:　　Hua Xia Bank Qingdao Branch
　　　　　　　　SWIFT BIC:HXBKCNBJ05A
Beneficiary:
Account Number: 02-8393-11528
Name: JINTAI INTER.TRADING CO., LTD
Address: 45B, Hongkong Road, Qingdao
Telephone: 0086-0532-82847387

THE SELLER　（3）　（7）	THE BUYER　（20）
JINTAI INTER.TRADING CO., LTD	TOSHU CORPORATION OSALM
（SIGNATURE）	（SIGNATURE）
ADD: 45B, HONGKONG ROAD, SHINAN DISTRICT, QINGDAO, 266071 P. R. CHINA	ADD: 12-36, KRUTARO-MACHI CHUO-KU, OSAKA, 561-8177, JAPAN

【资料6-2】

金泰国际贸易有限公司 (3)　(7)
JINTAI INTER.TRADING CO., LTD
45B,HONGKONG ROAD,SHINANDISTRICT,QINGDAO,CHINA
TEL: 86-0532-82847387
FAX: 86-0532-862875099

发　票

COMMERCIAL INVOICE

No: JT 08E001

Date: Nov. 12, 2014

Payment: L/C　(8)

To: TOSHU CORPORATION OSALM

12-36,KRUTARO-MACHI 4-CHOME CHUO-KU,

OSAKA 561-8177,JAPAN（20）

SHIPPED BY OCEAN VESSEL (4): TENG HE /136　(5)

FROM Qingdao,China To Kobe, Japan　(9)　(10)

B/L No.: COSU13675689　(6)　　CONTRACT No.: JT08-001　(12)

Shipping Mark & Nos. (17)	Description of Goods (18)	Quantity (19)	Unit Price (21)	Total Amount (22)（23）
Jintai Qingdao C/No.1-1000	Paint Made in China	25 530LTR	FOB Qingdao @USD2.00/LTR	USD51 060.00
	Total:	25 530LTR		USD51 060.00

TOTAL AMOUNT: SAY U.S. DOLLARS FIFTY-ONE THOUSAND AND SIXTY ONLY.

JINTAI INTER.TRADING CO., LTD.

(SIGNATURE)

【资料6-3】

金泰国际贸易有限公司　（3）　　（7）
JINTAI INTER.TRADING CO., LTD

45B,HONGKONG ROAD,SHINANDISTRICT,QINGDAO, CHINA

TEL: 86-0532-82847387

FAX: 86-0532-862875099

装箱单

PACKING LIST

Invoice No: JT 08E001

Date: Nov. 12, 2014

To: TOSHU CORPORATION OSALM （20）

12-36, KRUTARO-MACHI 4-CHOME CHUO-KU,

OSAKA 561-8177,JAPAN（9）

SHIPPED BY OCEAN VESSEL（4）: TENG HE /136（5）

FROM Qingdao, China To Kobe, Japan　（9）　（10）

B/L No.: COSU13675689（6）　　Contract No.: JT08-001（12）

Shipping Mark & Nos. （17）	Description of goods （18）	Net Weight （16）	Gross Weight （15）	Measurement
Jintai Qingdao C/No.1-1000 1×20' Container COSU3137771/136704 Tare Weight: 2 130KGS	Paint Made in China 25 530LTR Packed in 1 000 Cartons.	@23kgs/ctn	@23.5kgs/ctn	26CBM
	TOTAL:	23 000kgs （15）	23 500kgs （16）	26CBM

PACKED IN ONE THOUSAND CARTONS ONLY.　（13）（14）

JINTAI INTER.TRADING CO., LTD.

(SIGNATURE)

【资料6-4】

提单

1. Shipper(3)(7) JINTAI INTER. TRADING CO.,LTD 45B,HONGKONG ROAD,SHINAN DISTRICT, QINGDAO,266071 P. R. CHINA	B/L No. (6) COSU13675689
2. Consignee TO ORDER OF SHIPPER	中远集装箱运输有限公司 **COSCO CONTAINER LINES** TLX：33057 COSCO CN FAX：+86(021) 6545 8984 **ORIGINAL** Port-to-Port or Combined Transport **BILL OF LADING**
3. Notify Party(20) TOSHU CORPORATION OSALM 12-36,KRUTARO-MACHI CHUO-KU,OSAKA,561-8177,JAPAN	RECEIVED in external apparent good order and condition except as otherwise noted. The total number of packages or unites stuffed in the container. The description of the goods and the weights shown in this Bill of Lading are Furnished by the Merchants,and which the carrier has no reasonable means of checking and is not a part of this Bill of Lading contract. The carrier has issued the number of Bills of Lading stated below,all of this tenor and date,one of the original Bills of Lading must be surrendered and endorsed or signed against the delivery of the shipment and whereupon any other original Bills of Lading shall be void. The Merchants agree to be bound by the terms and conditions of this Bill of Lading as if each had personally signed this Bill of Lading. SEE clause 4 on the back of this Bill of Lading (Terms continued on the back hereof,please read carefully). * Applicable Only When Document used as a Combined Transport Bill of Lading.

4. Pre-carriage by	5. Place of Receipt	
6. Ocean Vessel Voy. No. (4)(5) TENG HE /136	7. Port of Loading Qingdao, China	
8. Port of Discharge(9) Kobe, Japan	9. Combined Transport* Place of Delivery	

Mark & Nos. Container/Seal No. (17)(24) Jintai Qingdao C/No. 1-1000 Container no： COSU3137771	No. of Containers or Packages (13)(14) 1 000 Cartons 1×20' Container CY-CY	Description of Goods (18) Paint Made in China	Gross Weight (15) 23 500KGS	Measurement 26CBM
Description of Contents for Shipper's Use Only (Not part of This B/L Contract)				
10. Total Number of containers and/or packages (in words) ONE CONTAINER ONLY				
11. Freight & Charges Declared Value Charge	Revenue Tons	Rate	Per　　Prepaid	Collect
Ex. Rate：	Prepaid at	Payable at	Place and Date of Issue Qingdao Jan. 15,2015	
	Total Prepaid	No. of Original B(s)/L THREE	Signed for the Carrier,COSCO CONTAINER LINES AS CARRIER ＊＊＊	
LADEN ON BOARD THE VESSEL				
DATE　　　　　　　BY				

【资料6-5】

中华人民共和国海关进口货物报关单

预录入编号： 220220141016036777　　　　**海关编号：** 220220141016036777

进口口岸 吴淞海关2202	备案号 Z××××××××××		进口日期 20150212	申报日期 20150214
经营单位 山东金苑进出口有限公司 3301215555	运输方式 水路运输（2）		运输工具名称 PUHE VOY/246W	提运单号 DDL478399888
收货单位 山东金苑进出口有限公司 3301215555	贸易方式 一般贸易（0110）		征免性质 鼓励项目（789）	征税比例
许可证号	起运国（地区） 日本（116）		装运港 神户	境内目的地 33012
批准文号	成交方式 CIF	运费	保费	杂费
合同协议号 JY08018	件数 2	包装种类 木箱	毛重（公斤） 2 600	净重（公斤） 2 340
集装箱号 TEXU3605231/20/2775	随附单据 A:310200108101219000			用途 企业自用（04）
标记唛码及备注	JINYUAN　　　　　　　　　　　　　O：0660128999 S/C No.: JY08018 PORT OF DESTINATION: Shanghai CARTON No.: 1-2			

项号	商品编码	商品名称	规格型号	数量及单位	原产国（地区）	单价	总价	币制	征免
02	8462411900	数控冲床	Mate-1	1台	日本（116）	112 400.00	112 400.00	美元	特案（502）

税费征收情况

录入员　　录入单位	兹声明以上申报无讹并承担法律责任	海关审单批注及放行日期（签章）	
报关员 陈奇 单位地址 ××市学园街118号 邮编：25000	申报单位（签章） 山东金苑进出口有限公司3301215555 电话：86739273 填制日期：20150214	审单 征税 查验	审价 统计 放行

【资料6-6】

中华人民共和国海关出口货物报关单

预录入编号　　　　　　　　　　　　海关编号

出口口岸 青开发区海关4218	备案号	出口日期	申报日期 20150115
经营单位： 金泰国际贸易有限公司 3702910039	运输方式： 水路运输（2）	运输工具名称 TENGHE/136	提运单号 COSU13675689
发货单位： 金泰国际贸易有限公司 3702910039	贸易方式 一般贸易（0110）	征免性质 一般征税（101）	结汇方式 信用证
许可证号	运抵国（地区） 日本（116）	指运港 神户	境内货源地 37029
批准文号	成交方式 FOB	运费	保费
同协议号 JT08-001	件数 1 000	包装种类 纸箱	毛重（公斤） 23 500	净重（公斤） 23 000
装箱号 COSU3136704/20/2130	随附单据 B:370110203002677		生产厂家 平度油漆厂
标记唛码及备注：Jingtai　　　　　　COSU3137771/20/2130 　　　　　　　　　　Qingdao 　　　　　　　　　　C/No.1-1000			

项号	商品编码	商品名称规格型号	数量及单位	最终目的国（地区）	单价	总价	货制	征税
1	32100000	油漆	23 000千克 25 530升	日本	2.0	51 060.00	502	1

税费征收情况

录入员　　　录入单位	海关审单批注及放行日期
兹声明以上申报无讹并承担法律责任	审单　　　　　审价
报关员　　王××	征税　　　　　统计
单位地址　青岛市市南区香港路45B	查验　　　　　放行

申报单位盖章　金泰国际贸易有限公司（加盖报关专用章）
邮编　266071　　电话　0532-8284××××
填制日期　20150115

相关链接

中华人民共和国海关出口货物报关单

预录入编号： 　　　　　　海关编号：

出口口岸（1）		备案号		出口日期（2）	申报日期
经营单位（3）		运输方式（4）	运输工具名称（5）		提运单号（6）
发货单位（7）		贸易方式	征免性质		结汇方式（8）
许可证号	运抵国（地区）（9）		指运港（10）		境内货源地
批准文号	成交方式（11）	运费	保费		杂费
合同协议号（12）	件数（13）	包装种类（14）	毛重（公斤）（15）		净重（公斤）（16）
集装箱号（24）	随附单据		生产厂家		
标记唛码及备注（17）					

项号	商品编号	商品名称、规格型号	数量及单位	最终目的国（地区）	单价	总价	币制	征免
		(18)	(19)	(20)	(21)	(22)	(23)	

税费征收情况

录入员　录入单位　兹声明以上申报无讹并承担法律责任	海关审单批注及放行日期（签章）
报关员 申报单位（签章） 单位地址 邮编　　　　电话　　　　填制日期	审单　　　　审价
	征税　　　　统计
	查验　　　　放行

本章小结

1. 进出口报关单就是报关人员代表报关单位向海关办理货物进出境申报手续的主要单证，它是一个法律文书。报关单位及其所属的报关人员要对所填报的报关单的真实性、准确性和合法性承担法律责任。

2. 报关单位的报关人员必须按照《海关法》《进出口货物申报管理规定》和《进出口货物报关单填制规范》等法规、文件的相关规定,如实填写报关单,如实向海关申报。

3. 报关单的填报必须真实,要做到两相符:单证相符和单货相符。单证相符,是指报关单各个栏目的内容,一定要按照商业发票、销售合同、装箱单、提单以及其他原始单证如实填写,不得出现报关单的内容和原始单证不相符的情形。单货相符,是指报关单各个栏目的内容,一定要和实际进出口的货物的情况相符合,不得出现报关单的内容和进出口货物实际情况不相符的情形。

4. 报关单各栏目的填报,要准确、齐全、完整、清楚。

5.《进口货物报关单》与《出口货物报关单》各栏目的填制有明确而详细的规定,栏目之间有很多内在的联系,需要经过仔细阅读和大量的练习方能掌握。

本章知识点结构图

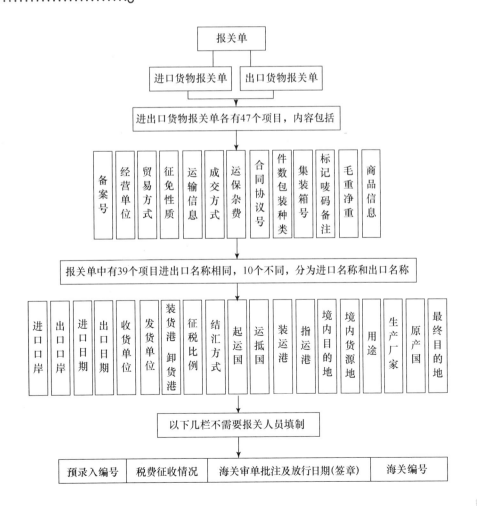

本章习题

一、单项选择题

1. 在《进口报关单》中,下列成交方式术语中需要填报"运费"的是( )。
   A. CIF　　　　B. CFR　　　　C. FOB　　　　D. CPT

2. 已知根据我国进出口货物管理规定,进口传感器属于《自动进口许可证》管理范围,那么,在向海关申报进口传感器时,报关人员在《进口报关单》随附单据栏应该填写的是( )。
   A. 7:"自动进口许可证号码"　　　　B. O:"自动进口许可证号码"
   C. V:"自动进口许可证号码"　　　　D. I:"自动进口许可证号码"

3. 山东外贸公司从青岛港前湾港区一批进口货物,拟在青岛开发区海关报关,那么,报关单的进口口岸栏目应该填写( )。
   A. 青岛港　　　　　　　　　　　　B. 前湾港
   C. 青岛开发区海关 4218　　　　　　D. 青岛

4. 蓝天进出口公司从德国进口机械设备一套,进口合同的 Seller 是"WELL TRADE CO., LTD, HONGKONG",提单上这样的表述"FM HAMBURGE VIA HONGKONG TO QINGDAO, ORIGINAL COUNTRY GERMANY",请问该货物在青岛报关时,《进口报关单》上的"起运国(地区)""装货港""原产国(地区)"应填写( )。
   A. 中国香港　中国香港　中国香港　　B. 中国香港　中国香港　德国
   C. 中国香港　汉堡　德国　　　　　　D. 德国　汉堡　中国香港

5. 某公司出口货物一批,有关货物数量和价格,支票上有这样的内容:

Description of Goods	Quantity	Unit Price	Total Amount
CLEAR APPLES JUICE CONCENTRATE MADE IN CHNA	18.7MT 68DRUMS	CIF MIAMI @USD300/DRUM	USD20 400.00

已知该货物的海运费为 USD3 000.00,保险费率为 0.3%。那么,《出口报关单》的成交方式、运费、保费栏目应填写( )。
   A. CIF 502/3 000/30.3　　　　　　B. CIF 502/3 000/3 不填
   C. FOB 502/3 000/20.3　　　　　　D. FOB 不填 502/3 000/3

6. 北京宇都商贸有限公司(企业代码 1101250756)委托大连化工进出口公司(企业代码 2102911013)与韩国签约,为长春特钢厂进口 B30S 型电动叉车,委托大连外轮代理公司向大连海关申报。《进口报关单》上"经营单位"一栏的正确填法是( )。
   A. 北京宇都商贸有限公司 1101250756　　B. 大连化工进出口公司 2102911013
   C. 长春特钢厂　　　　　　　　　　　　　D. 大连外轮代理公司

7. 浙江浙海服装进出口公司(企业代码3313910194)以进料加工方式进口蓝湿牛皮,委托浙江嘉宁皮革有限公司(企业代码3313920237)加工牛皮沙发革,委托上海某货运代理公司于运输工具进境次日向吴淞口海关申报。"经营单位"一栏应填报(　　)。

   A. 浙江浙海服装进出口公司 3313910194

   B. 浙江嘉宁皮革有限公司 3313920237

   C. 上海某货运代理公司××××91××××

   D. 3313920237

8. 下列经营单位代码中临时有进出口经营权的单位是(　　)。

   A. 1101912345(进口炼油设备)

   B. 2130294303(进口援助、赠送、捐赠货物)

   C. 3128910154(进口化工原料)

   D. 2102910037(进口未加工皮革)

9. 中国化工进出口总公司(1101910856)与美国签约,进口原油一批,由辽宁省化工进出口公司(2102910347)对外付款。其委托大连宏运公司向海关申报,进口后交由营口石化一厂加工。"经营单位"的正确填法是(　　)。

   A. 中国化工进出口总公司 1101910856

   B. 辽宁省化工进出口公司 2102910347

   C. 大连宏运公司

   D. 营口石化一厂

10. 下列表述改变起运国(地区)的是(　　)。

    A. 直抵货物　　　　　　　　　　B. 货物在运输途中发生中转

    C. 甲国货物被乙国购买后又销售给丙国　　D. 在中转地同时发生商业性交易

二、多项选择题

1. 下列可以作为经营单位的是(　　)。

   A. 直接接受援助、赠送、捐赠的某国家机关

   B. 委托境内外贸公司进口投资设备、物品的三资企业

   C. 中国香港某贸易公司

   D. 某专业报关行、企业编码第6位为"8"

2. 下列描述说明发生了商业性交易的是(　　)。

   A. 原产地证书注明货物属甲国,而卖给我方货物的是乙国

   B. 货物原产地为甲国,而我方收到的发票出票人为乙国

   C. 中国香港某转口贸易公司与美国某公司签约,要求美方将货物直接运往中国

   D. 我国出口货物被售往第三国

3. 下列表述正确的是(　　)。

   A. 装货港与商业性交易无关　　　　B. 装货港受中转影响

   C. 发生中转,则以中转港作为装货港　　D. 两次以上中转,以首次中转港为准

4. 下列表述正确的是（　　）。
   A. 进出口岸填报的是进出口岸海关的名称和代码
   B. 进口转关货物报关地填报进境地海关，出口转关货物报关地填报出境地海关
   C. 跨关区深加工结转货物，出口填转出地海关，进口填转入地海关
   D. 有隶属海关的填报隶属海关

5. 下面用途联填报正确的是（　　）。
   A. 外贸进出口公司代理合资企业进口的钢管，填报"企业自用"
   B. 外贸进出口公司进口的货物，填报"一般贸易"
   C. 外方以扣减我方加工企业工缴费方式提供的加工贸易设备，填报"企业自用/作价提供"
   D. 外商进口的投资额内设备、物品，填报"企业自用"

6. 以下表述正确的是（　　）。
   A. 商品名称即商品品名、规格型号，是指反映商品性能、品质和规格的一系列指标
   B. 商品名称要填报规范的中文名称
   C. 商品名称、规格型号要分两行填报
   D. 商品名称后必须加注原文

7. 在《出口报关单》中，下列成交方式术语中需要填报"保险费"的是（　　）。
   A. CIF　　　　　B. CFR　　　　　C. FOB　　　　　D. CIP

8. 下列表述正确的是（　　）。
   A. 申报人在填制报关单时，应当依法如实向海关申报，对申报内容的真实性、准确性、完整性和规范性承担相应的法律责任
   B. 做到"两个相符"：一是单证相符（填报内容与原始凭证相符）；二是单货相符（填报内容与货物情况相符）
   C. 不同批文或合同的货物，同一批货物中不同贸易方式、不同运输方式，可以填在同一张报关单上
   D. 字迹清楚、整洁、端正，不得用铅笔或红色复写纸填写

9. 下列关于进出口货物报关单的种类表述正确的是（　　）。
   A. 按进出口状态，报关单可以分为进口货物报关单和出口货物报关单
   B. 按表现形式，报关单可以分为纸质报关单和电子数据报关单
   C. 按使用性质，报关单可以分为进口加工、来料加工、一般贸易和退税报关单
   D. 按用途，报关单可以分为录入凭单、预录入报关单、电子数据报关单和报关单证明联

10. 下列表述正确的是（　　）。
    A. 结汇方式是指出口货物的发货人或代理人收结外汇的方式
    B. 《出口报关单》的结汇方式有三种，即汇付、托收、信用证
    C. 汇付分为电汇、信汇和票汇三种
    D. 托收分为付款交单和承兑交单

三、判断题

1. 进出口报关单就是报关人员代表单位向海关办理货物进出境申报手续的主要单证。（ ）

2. 如果进口货物的成交方式是FOB,那么《进口货物报关单》上的运费栏目和保费栏目不用填写。（ ）

3. 《进口货物报关单》上的"进口日期"栏目不用填写,《出口货物报关单》上的"出口日期"栏目也不用填写,进出口货物报关单都只需要填写申报日期即可。（ ）

4. 进出口货物报关单上的有关国家和港口的栏目,可以填写国家和港口的英文名称,而不需要填写国家和港口的中文名称。（ ）

5. 没有进出口经营权的企业委托有进出口经营权的企业代理进出口货物的,"经营单位"一栏填报被委托方的中文名称以及代码。（ ）

6. 甲公司委托乙公司进口叉车,进口后转售给丙公司,收货单位是丙公司。（ ）

7. 某销售公司委托某外贸公司向日本出口京郊出产的核桃100吨,发货单位应填报该外贸公司。（ ）

8. 《出口货物报关单》"批准文号"一栏填写出口收汇核销单编号。（ ）

9. 预录入编号,是指由海关决定用于申报后尚未接受申报的报关单的编号。（ ）

10. 纸质《进口货物报关单》一式五联,即海关作业联、海关留存联、企业留存联、海关核销联、进口付汇证明联。（ ）

第七章 进出口商品归类

◎ 本章学习目的
1. 了解《商品名称及编码协调制度》的含义和基本结构。
2. 掌握《商品名称及编码协调制度》归类总规则的含义及具体运用。
3. 掌握我国海关进出口商品分类目录和商品编码的查找方法。
4. 掌握我国进出口货物的归类申报依据和海关预归类管理。

◎ 本章要点
1.《商品名称及编码协调制度》的含义和基本结构。
2. 我国的进出口商品分类。
3.《商品名称及编码协调制度》归类总规则及具体运用。

第一节 商品名称及编码协调制度概述

进出口商品归类，是指为了实施海关管理，对进出口商品进行类别划分，按照进出口商品的性质、用途、功能或加工程度等将其归入某一类别。海关进出口商品归类是海关监管、海关征税及海关统计的基础，与进出口商品能否正常通关有密切的联系。

一、商品名称及编码协调制度简介

（一）商品名称及编码协调制度的含义

《商品名称及编码协调制度》简称《协调制度》，又称 HS(The Harmonized Commodity Description and Coding System)，是指在原海关合作理事会（1995年更名为世界海关组织）《商品分类目录》和联合国的《国际贸易标准分类目录》的基础上，协调国际上多种商品分类目录而制定的一部多用途的国际贸易商品分类目录。

（二）商品名称及编码协调制度的产生与发展

早在20世纪60年代末，国际贸易间的商品分类目录包括《海关合作理事会税则商品分类目录》、联合国《国际贸易标准分类目录》以及一些国家的税则、统计、运输等各种商品分类目录。由于各类体系的不同，从而造成了在国际贸易流通过程中，商品要被多次重新命名、分类、编码，以致增加开支，极大地影响了国际商品贸易和流通，给进出口谈判和了解商品交易行程带来了很大的困难。

20世纪70年代中期，原海关合作理事会成立了协调制度委员会，由60多个国家和20

多个国际组织参与研究制定,经 10 余年的努力,于 1983 年编制成《协调制度》,并制定了《协调制度公约》及附件。《协调制度》既满足了海关税则和贸易统计需要,又涵盖了运输及制造业等要求,因此自 1988 年 1 月 1 日该目录正式生效后,便被广泛应用于海关税则、国际贸易统计、原产地规则、国际贸易谈判、贸易管制等多种领域,享有"国际贸易的语言"的声誉,我国也于 1992 年 6 月加入了《协调制度公约》。目前,已有 200 多个国家和地区使用《协调制度》,涵盖范围已达国际贸易总量的 98%以上。

二、商品名称及编码协调制度的基本结构与特点

《协调制度》将国际贸易中的商品根据生产部类、自然属性和不同功能、用途等划分为 21 类 97 章,每一章由若干税(品)目构成,税(品)目项下又细分出若干一级子目和二级子目,其总体结构包括以下三个部分。

(一) 归类总规则

归类总规则共分 6 条,它们是用来指导并保证商品归类统一的法律依据。

(二) 注释

为了明确各类、各章所包含商品的范围,防止相互交叉和产生歧义,《协调制度》在归类总规则的基础上,用类注、章注和子目注释对各类商品加以限定和说明,其限定方法如下。

1. 定义法

定义法即以定义的形式对某货品的含义和范围作出解释和说明。

2. 列举法

列举法即列举出典型例子的方法。

3. 详列法

详列法即通过详细具体商品名称来规定税(品)目号的具体范围。

4. 排他法

排他法即用排他条款列出若干不能归入某一税(品)目号、某一章或类的货品。

许多注释可以同时采用几种方法加以界定,注释的法律效力按子目注释、章注、类注排列。

(三) 商品编码表

《协调制度》下商品编码表中的商品编码由 6 位数组成,其中第 1 位、第 2 位数表示所在的章,下设第 3 位、第 4 位数表示税(品)目,第 5 位数表示一级子目,第 6 位数表示二级子目,各国可以根据自身需要再细分出第 7 位、第 8 位以及更多子目,依次为三级子目、四级子目。

《协调制度》是国际上多个商品分类目录协调的产物,是各国专家长期努力的结晶。它的最大特点就是通过协调,适合于与国际贸易有关的各个方面的需要,成为国际贸易商品分类的一种"标准语言"。它是一部具有完整、系统、通用、准确等特点的国际贸易商品分类体系。

三、商品名称及编码协调制度的编排规律

《协调制度》是一部系统的国际贸易商品分类目录,所列商品名称的分类和编排是有一

定规律的。

从类来看，它基本上是按社会生产的分工（或称生产部类）分类的，它将属于同一生产部类的产品归在同一类里，如农业在第一类、第二类；化学工业在第六类；纺织工业在第十一类；冶金工业在第十五类；机电制造业在第十六类等。

从章来看，基本上按商品的属性或用途来分类。第1章至第83章（第64章至第66章除外）基本上是按商品的自然属性来分章，而每章的前后顺序则是按照动、植、矿物质来先后排列。如第1章至第5章是活动物和动物产品；第6章至第14章是活植物和植物产品；第50章和第51章是蚕丝、羊毛及其他动物毛；第52章和第53章是棉花、其他植物纺织纤维和纸纱线；第54章和第55章为化学纤维。商品之所以按自然属性分类是因为其种类、成分或原料比较容易区分，同时也因为商品价值的高低往往取决于构成商品本身的原材料。第64章至第66章和第84章至第97章是按货物的用途或功能来分章的，如第64章是鞋、第65章是帽、第84章是机械设备、第85章是电气设备、第87章是汽车、第89章是船舶等。这样分类的原因：一是因为这些物品由各种材料或多种材料构成，难以将这些物品作为哪一种材料制成的物品来分类。如鞋、帽，有可能是皮的，也可能是布的或塑料的，有些还可能由几种材料构成的；运动鞋，其外底是橡胶的，鞋内底和鞋面底是泡沫塑料的，鞋面是帆布的等。二是因为商品的价值主要体现在生产该物品的社会必要劳动时间上。如一台机器，其价值一般主要看生产这台机器所耗费的社会必要劳动时间，而不是看机器用了多少贱金属等。

从税（品）目的排列看，一般也是按动、植、矿物质顺序排列，而且更为明显的是原材料先于产品，加工程度低的产品先于加工程度高的产品，列名具体的品种先于列名一般的品种。如在第44章内，税（品）目4403是原木；4404—4408是经简单加工的木材；4409—4413是木的半制品；4414—4421是木的制成品。

另外，《协调制度》的各章均列有一个名为"其他"的子目，使国际贸易中任何商品，包括目前还无法预计到的新产品都能在这个分类体系中找到自己适当的位置。

事实上，从实际生活的角度看，商品的加工程度，基本是按照由弱到强、由粗到精排列的；从商品满足人类的需求来看，基本是按照满足基本生存需求的商品在前，满足生活质量提高需求的商品在后的顺序排列的。

四、我国的进出口商品分类

（一）概况

我国海关自1992年1月1日起开始采用《协调制度》，并在《协调制度》的基础上，结合我国国情，增设了本国子目（三级子目和四级子目），形成我国海关进出口商品分类目录。为了海关征税和海关统计的需要，我国编制了《进出口税则》《统计商品目录》《中华人民共和国进出口税则本国子目注释》（以下简称《进出口税则本国子目注释》）等相关法律法规。自2012年1月1日起，我国采用2012年版《协调制度》，并据此编制了2012年版《进出口税则》和《统计商品目录》。

（二）我国商品分类目录的基本结构

我国《进出口税则》由商品分类目录和税率表组成，商品编码为8位数，又称税号，每项税号后列出该商品和税率；《统计商品目录》每项商品后列出该商品的计量单位，并增设了第22类在"特殊交易品及未分类商品"（下设第98章和第99章），即将进出口商品共分为22类99章（其中第77章空缺，以备将来使用）。此外，为了表示监管所需的许可证件，我国又编制了10位数级商品编码的《中国海关报关实用手册》，最后两位细分出需要领证的商品。

（三）我国商品归类的主要依据

(1)《进出口税则》。

(2)《进出口税则商品及品目注释》。

(3)《进出口税则本国子目注释》。

(4)海关总署发布的关于商品归类的行政裁定。

(5)海关总署发布的商品归类决定。

（四）我国商品预归类管理

商品预归类管理，是指在海关注册登记的进出口货物经营单位，可以在货物实际进出口的45天以前，向直属海关申请就其拟进出口的货物预先进行商品归类，其具体程序如下。

1. 预归类申请

拟进行商品预归类的进出口货物经营单位，需向进出口货物所在地的直属海关提出申请，填写并提交《中华人民共和国海关商品预归类申请表》。

2. 预归类受理及预归类决定

申请预归类的商品归类事项，经直属海关审核认为属于《进出口税则》《进出口税则商品及品目注释》《进出口税则本国子目注释》以及海关总署发布的关于商品归类的行政裁定、商品归类有明确规定的，应当自收到申请书之日起15个工作日内制发《中华人民共和国海关商品预归类决定书》（以下简称《预归类决定书》），并告知申请人。属于没有明确规定的，海关应在接受申请之日起7个工作日内告知申请人按照规定申请行政裁定。

《中华人民共和国海关商品预归类决定书》自海关签发之日起1年内有效，只准申请人使用，到期可再次申请。

第二节　商品名称及编码协调制度归类总规则

《协调制度》归类总规则是为了保证每一个商品，甚至是层出不穷的新商品都能始终归入同一个税（品）目或子目，避免商品归类的争议而制定的商品归类应遵循的原则。归类总规则位于《协调制度》的部首，共由6条构成，它们是指导并保证商品归类统一的法律依据。归类总规则的使用顺序为规则一优先于规则二，规则二优先于规则三，以此类推，必须按顺序使用。

一、规则一

（一）规则内容

类、章及分章的标题，仅为查找方便而设。具有法律效力的归类，应按税（品）目条文和有关类注或章注确定,如税(品)目、类注或章注无其他规定,按以下规则确定。

(二) 规则解释

1. 类、章及分章的标题,仅为查找方便而设

要将数以万计的商品归入编码表中的几千个子目之内并非易事,为了便于查找编码,《协调制度》将一类或一章商品加以概括并冠以标题。由于现实中的商品种类繁多,通常情况下一类或一章标题很难准确地对本类、本章商品加以概括,所以类、章及分章的标题仅为查找方便而设,不具有法律效力。换句话说,类、章中的商品并不是全部都符合标题中的描述。如第十五类的标题为"贱金属及其制品",但许多贱金属制品并不归入该类,如铜纽扣归入第 96 章"杂项制品";贱金属制的机械设备归入第 84 章"核反应堆、锅炉、机器、机械器具及其零件";第 22 章的标题为"饮料、酒及醋",但是通常被认为是饮料的"瓶装蒸馏饮用水"却不归入该章,而应归入第 28 章"无机化学品"等。

2. 具有法律效力的归类,应按税(品)目条文和有关类注或章注确定

本条目具有两层含义:第一,具有法律效力的商品归类,是按税(品)目名称和有关类注或章注确定商品编码;第二,许多的商品可以直接按目录规定进行归类。

注释包括类注和章注,其作用在于限定税(品)目、类、章商品的准确范围,常用的方法如下。

(1) 以定义形式来界定类、章或税(品)目的商品范围及对某些商品的定义作出解释。如第 72 章,章注一(五)将"不锈钢"定义为:按重量计含碳量在 1.2% 及以下,含铬量在 10.5% 及以上的合金钢,不论是否含有其他元素。而《中国大百科全书·机械工程》中规定:不锈钢含铬量不小于 12%。显然两者的规定不相同,但作为《协调制度》归类的法律依据是前者。

(2) 列举典型例子的方法。如第 12 章章注一,列举了归入税(品)目 1207 的主要包括油料作物的果实;第 25 章章注四,列举了归入税(品)目 2530 的主要商品。

(3) 用详列具体商品名称来定义税(品)目的商品范围。如第 30 章章注四,定义了编码 3006 的商品范围由 11 个方面的商品组成。

(4) 用排他条款列举若干不能归入某一类、章或编码的商品。如第 1 章注释:本章包括所有活动物,但下列各项除外……等,还有很多类似的例子。

某些注释综合运用上述几种注释方法。有的注释既作了定义,又列举了一系列商品包括在内或列出除外的商品,这样能使含义更加明确。如第 40 章章注四,关于"合成橡胶"的定义。

3. 税(品)目、类注或章注无其他规定

如税(品)目、类注或章注无其他规定,旨在明确税(品)目条文及与其相关的类、章注释是最重要的。换言之,它们是在确定归类时应首先考虑的规定。例如,第 31 章的注释规定该章某些编码仅包括某些货品,因此,这些编码就不能够根据规则二(二)扩大为包括该章注释规定不包括的商品。这里需注意的是,不能因为税(品)目条文不明确,不论类注、章注有无规定,就按规则二归类,而必须是在税(品)目条文、类注、章注都无其他规定的条件下才能按规则二归类。

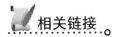 相关链接

利用规则一进行归类的方法

规则一告诉我们,在对商品进行归类时,我们一定要遵循以下步骤。

1. 根据生活经验和常识,在头脑中对商品属于哪类货物初步做出判断。
2. 根据判断,去查看《协调制度》的目录,初步确定商品所在的类。
3. 确定了类后,不要急于去查章,一定要先看类注。如果类注有规定,按照规定直接查找商品编码。
4. 在确定类注没有特别规定时,再去查看商品所在的章。
5. 确定了章后,不要急于去查税(品)目条文,一定要先看章注。如果章注有规定,按照规定直接查找商品编码;
6. 在确定章注没有特别规定时,再去查看有无子目注释。有子目注释的,按照子目注释规定直接查找商品编码;无子目注释的,按照税(品)目条文直接查找商品编码。

(三) 应用举例

【例 7-1】由 80%铁、2%金、3%银、15%铜制成的合金条(非货币用)——7108.1300。

【分析】对于合金产品,首先查询类标题—第十五类 贱金属及其制品—查询税(品)目注释—第十五类注释一(五)"第十五类的贱金属不包括第 71 章的贵金属合金,这些合金的归类应按第 71 章注释四和注释五来确定"—因金含量达到 2%,属于贵金属的金合金—归入 71.08—按用途"非货币用"和加工程度"半制成品"—故归入 7108.1300。

【例 7-2】冻猪胃——0504.0029。

【分析】猪胃是猪的消化系统—猪的杂碎,归入第 2 章"食用杂碎"—章注二"本章不包括动物的肠、膀胱、胃[税(品)目 05.04]"—故归入第 5 章 0504.0029。

【例 7-3】马戏团的猴子——9508.1000。

【分析】查阅类、章标题名称,初步判断应属第 1 章活动物,但是在第 1 章的注释三中注明"9508 的动物不应该包括在本章中"—查阅 9508 的税(品)目条文,其中包括流动马戏团及流动动物园—故归入 9508.1000。

二、规则二

(一) 规则内容

税(品)目所列货品,应包括该项货品的不完整品或未制成品,只要在进口或出口时该项不完整品或未制成品具有完整品或制成品的基本特征,还应包括该项货品的完整品或制成品在进口或出口时的未组装件或拆散件。

税(品)目中所列材料或物质,应视为包括该种材料或物质与其他材料或物质混合或组合的物品。税(品)目所列某种材料或物质构成的货品,应视为包括全部或部分由该种材料或物质构成的货品。由一种以上材料或物质构成的货品,应按规则三归类。

(二) 规则解释

规则二分为两大部分,其第一部分具有以下两层含义。

第一,税(品)目所列商品包括其不完整品或未制成品,只要其具有完整品或制成品的基本特征。如缺一个轮子的汽车,因其缺少的部件并不能影响产品本身的特征,故应按完整品汽车归类。

1. 不完整品的含义

不完整品,是指某个商品还不完整,缺少某些零部件,但却具有完整品的基本特征。如缺少一个轮胎或倒车镜等零部件的汽车,仍应按完整的汽车归类,并不因为缺少了一个轮胎或倒车镜而不叫作汽车;缺少键盘的便携式电脑仍应按完整的便携式电脑归类等。若没有这项规则,则需将每缺一个零部件的商品单列一个子目,一是难以列全,二是很烦琐且浪费目录资源。

2. 未制成品的含义

未制成品,是指已具备了成品的形状特征,但还不能直接使用,需经进一步加工才能使用的商品。如已具有钥匙形状的铜制钥匙坯片。

第二,税(品)目所列商品还应包括该项货品的完整品或制成品在进口或出口时的未组装件或拆散件。由于运输、包装、加工贸易等原因,很多货品在进口时为未组装件或拆散件,这些未组装件或拆散件要按完整品或成品归类。如完整的一辆汽车和缺少某些零部件的汽车,在归类时都要按整汽车归类。

规则二第一部分扩大了编码上列名商品的范围,即不仅包括该商品的完整品或制成品,而且还包括它的非完整品、非制成品及整机的拆散件。该规则的使用是有条件的,即未完整品或未制成品一定要具有完整品(整机)的基本特征,拆散件必须是完整品的成套散件。此外,需要注意的是,规则二的第一部分不适用于第一类至第六类的商品(第 38 章及以前的各章)。

规则二第二部分具有以下两层含义。

第一,税(品)目中所列某种材料包括该种材料的混合物或组合物,也是对税(品)目商品范围的扩大。

第二,其适用条件是加进去的东西或组合起来的东西不能失去原商品的特征。即混合或组合后的商品不存在看起来可以归入两个及以上税(品)目的问题。如加糖的牛奶,还应按牛奶归类,因为添加了糖的牛奶并未改变牛奶的特性,不会产生是按糖归类还是按牛奶归类的疑问;而添加了花椒粉的盐则改变了盐的特性,使盐的属性从盐改变为调味品。

(三) 应用举例

【例 7-4】一套散装收音机——8527.9900。

【分析】一套散装收音机,属于进口后经过简单加工便可以装配起来的未组装件。由于其已具备收音机完整品的基本特征,因此应按规则二(一)的规定,归入完整的收音机一类——故归入 8527.9900。

【例 7-5】尚未车缝领子的棉质机织女衬衫——6206.3000。

【分析】本货品属于服装的不完整品,虽然尚未车缝领子,但是已具有衬衫完整品的特征,应按完整的机织女衬衫归入 6206.3000。

【例 7-6】含 20% 柑橘皮的绿茶(每包净重 60 千克)——0902.2090。

【分析】含 20% 柑橘皮的绿茶属于由柑橘皮和绿茶组成的混合物,虽含有 20% 的柑橘皮,但是其基本特征还是茶,而非柑橘皮。因此根据规则二(二),应按绿茶归类,故归入 0902.2090。

【例 7-7】涂有石蜡的软木塞——4503.1000。

【分析】涂有石蜡的软木塞是一种主要由石蜡和软木构成的组合货品,尽管它不完全由软木构成,还含有石蜡,但是由于该涂塑材料并未改变软木的基本特征,因此仍按软木塞子归入第 45 章,并按天然软木制品归入 4503.1000。

三、规则三

(一) 规则内容

当货品按规则二(二)或由于其他原因看起来可以归入两个或两个以上税(品)目时,应按以下规则归类。

(1) 列名比较具体的税(品)目,优先于列名一般的税(品)目。但是,如果两个或两个以上税(品)目都仅述及混合或组合货品所含的某部分材料或物质,或零售的成套货品中的某些货品,即使其中某个税(品)目对该货品描述得更为全面、详细,这些货品在有关税(品)目的列名应视为同样具体。

(2) 混合物、不同材料构成或不同部件组成的组合物以及零售的成套货品,如果不能按规则三(一)归类时,在本规则可以适用的条件下,应按构成货品基本特征的材料或部件归类。

(3) 货品不能按规则三(一)或(二)归类时,应按号列顺序归入其可以归入的最末一个税(品)目。

(二) 规则解释

规则三的内容可以概括为具体列名、基本特征和从后归类三条原则。这三条原则应按照其在本规则的先后次序加以运用。

1. **具体列名规则**

规则三(一)讲的是当一个商品涉及两个或两个以上税(品)目时,哪个税(品)目相对于商品表述更为具体,就应归入哪个税(品)目。但是,如果两个或两个以上税(品)目都仅述及混合或组合货品所含的某部分材料或物质,或零售的成套货品中的某些货品,即使其中每个税目对该货品描述得更为全面、详细,这些货品在有关税(品)目的列名应视为同样具体。要想制定几条规定来确定哪个列名更具体是困难的,但作为一般原则可以作以下理解。

(1) 商品的具体名称与商品的类别名称相比,商品的具体名称较为具体。如棉制紧身胸衣是一种女内衣,有两个编码可以归类,一是 6208 女内衣,一是 6212 妇女紧身胸衣,前一个是类名称,后一个是具体商品名称,故应归入 6212.3090。若两个税号属同一类商品,则可以根据它的功能(用途)进行深度比较,哪个功能(用途)更为接近,就应视为更具体。

(2) 如果一个税（品）目所列名称更为明确地包括某一货品，则该税（品）目要比所列名称不完全包括该货品的其他税（品）目更为具体。如汽车用风挡刮雨器可能归入两个税号：8708 的汽车零件或第 85 章中的电动工具，查阅第十六类、第十七类及第 84 章、第 85 章的注释，并无具体规定，所以按规则三（一）应选列名最明确的税（品）目——8512 是机动车风挡刮雨器，比 8708 的汽车零件更为具体，最终应归入 8512.4000。

但是，如果两个或两个以上税（品）目都仅述及混合或组合货品所含的某部分材料或物质，或零售成套货品中的某些货品，即使其中某个税（品）目比其他税（品）目对该货品描述得更为全面、详细，这些货品在有关税（品）目的列名应视为同样具体。在这种情况下，货品应按规则三（二）或规则三（三）的规定进行归类。

2. 基本特征规则

只有在不能按照规则三（一）归类时，才能运用规则三（二）。规则三（二）的适用条件如下：

（1）混合物；

（2）不同材料的组合货品；

（3）不同部件的组合货品；

（4）零售的成套货品。

不同货品确定其基本特征的因素有所不同，一般来说，确定商品的主要特征可以根据商品的外观形态、使用方式、主要用途、购买目的、价值比例、贸易习惯、商业习惯、生活习惯等诸多因素进行综合考虑分析来确定。

上述所称"零售的成套货品"，是指同时符合以下三个条件的货品：

（1）至少由两种看起来可以归入不同编码的不同物品构成的；

（2）为了适应某一项活动的特别需要而将几件产品或物品包装在一起的；

（3）其包装形式适于直接销售给用户而货物无须重新包装的。

如由一块面饼、一个脱水蔬菜包、一个调味包组成的袋装方便面：可能归入第 19 章中的面食、第 7 章中的干制蔬菜或者第 9 章中的调味料，通过查阅第 19 章、第 7 章和第 9 章的注释，并无具体规定，所以按规则三（二）选具有基本特征的税（品）目，即第 19 章的面食构成了整袋方便面的基本特征，所以应归入 1902.3030。

3. 从后归类原则

只有在不能按规则三（一）或规则三（二）归类时，才能适用规则三（三）。

规则三（三）规定商品应归入同样值得考虑的税（品）目中的顺序排列为最后的税（品）目内。但相互比较的编码或税（品）目只能同级比较。也就是说如果看起来一个商品可以归入两个或两个以上税（品）目时，比较起来每个税（品）目都同样具体，那么就按在《商品编码表》中位置靠后的那个税（品）目进行归类。

如浅蓝色的平纹机织物，由 50% 棉、50% 聚酰胺短纤织成，每平方米重量超过 170 克。通过查阅类、章标题，棉属第 52 章，聚酰胺属第 55 章，查阅第十一类和第 52 章、第 55 章的注释，并未提到该合成织物的归类，无法适用规则三（一）、规则三（二），因此遵循规则三（三）将该货品按聚酰胺归类，即适用从后归类原则归入 5514.3010。

(三) 应用举例

【例 7-8】 飞机用钢化玻璃——7007.1110。

【分析】 飞机用钢化玻璃是飞机的一个零部件,归类时既可以按飞机的零件归入第 88 章的 88.03,又可以按钢化玻璃归入第 70 章的税(品)目 70.07,但由于税(品)目 70.07 已列有该商品,根据列名具体优于列名一般的原则,故应按钢化玻璃归入 7007.1110。

【例 7-9】 一套由一个带钥匙环的笔形手电筒和一支圆珠笔组成的供零售用的物品,如何归类?

【分析】 本货品为零售的,由手电筒和圆珠笔组成的成套货品。如果按零售的成套货品归类必须同时符合三个条件:一是零售包装;二是由归入不同税(品)目的物品构成;三是在用途上相互补充、配合使用。由于本套货品不符合第 3 个条件的规定,即用途上不是相互补充、配合使用的,因此不能按照零售的成套货品的主要特征进行归类,而应分别归类。圆珠笔应归入 9608.1000,手电筒应归入 8513.1010。

【例 7-10】 由 50% 大麦、30% 大米、20% 燕麦组成的混合物——1003.0090。

【分析】 本货品为混合物,其中,大麦属于税(品)目 10.03 的商品,玉米属于税(品)目 10.05 的商品,燕麦属于税(品)目 10.04 的商品。由于大麦的成分含量最大,已构成该混合物的主要特征,故根据基本特征原则应归入 1003.0090。

【例 7-11】 由 50% 牛肉与 50% 鱼肉混合而成的饺子馅——1604.2099。

【分析】 本货品为肉类的混合食品,归类时应按肉制食品归入第 16 章,其中牛肉属于税(品)目 16.02 的商品,鱼肉属于税(品)目 16.04 的商品,由于两者的含量相等,无法确定基本特征,因此根据从后归类的原则,故将该货品归入 1604.2099。

四、规则四

(一) 规则内容

根据上述规则无法归类的货品,应归入与其最相类似的税(品)目。

(二) 规则解释

这条规则所述的"最相类似",是指名称、功能、用途或结构上的相似。然而在实际操作中往往难以统一认识。一般来说,这条规则不常使用,尤其在 HS 编码中,每个税(品)目都下设有"其他"子目,不少章节单独列出"未列名货品的税(品)目"(如编码 8479、编码 8543、编码 9031 等)来容纳未考虑到的商品。因此,实际上规则四的使用频率很低。

本条规则的使用方法如下:(1) 列出最相类似的商品的归类税(品)目;(2) 从中选择一个最适合的税(品)目。

由于规则一、规则二、规则三的使用几乎可以涵盖所有商品的归类,所以本规则在实务中极少用到。

五、规则五

(一) 规则内容

除了上述规则以外,本规则适用于下列货品的归类。

(1) 制成特殊形状仅适用于盛装某个或某套物品并适合长期使用的,如照相机套、乐器盒、枪套、绘图仪器盒、项链盒及类似容器,如果与所装物品同时进口或出口,并通常与所装物品一同出售的,应与所装物品一并归类。但本规则不适用于本身构成整个货品基本特征的容器。

(2) 除了规则五(一)规定的以外,与所装货品同时进口或出口的包装材料或包装容器,如果通常是用来包装这类货品的,应与所装货品一并归类。但明显可以重复使用的包装材料和包装容器可不受本规则的限制。

(二) 规则解释

规则五是一条关于包装物品归类的专门条款。

规则五(一)仅适用于同时符合以下各条规定的容器。

(1) 制成特定形状或形式,专门盛装某一物品或某套物品的,专门设计的,有些容器还制成所装物品的特殊形状。

(2) 适合长期使用的,容器的使用期限与所盛装某一物品使用期限是相称的;在物品不使用期间,这些容器还起保护作用。

(3) 与所装物品一同进口或出口,不论其是否为了运输方便而与所装物品分开包装;单独进口或出口的容器应归入其应单独归入相应的税(品)目。

(4) 通常与所装物品一同出售的。

(5) 包装物本身并不构成整个货品的基本特征,即包装物本身无独立使用价值。

规则五(一)不适用于本身构成整个商品基本特征的容器。如装有茶叶的银质茶叶罐,银罐本身价值昂贵,远远超出茶叶的价格,并已构成整个货品的基本特征,因此应按银制品归入税目7114.1100;又如,装有糖果的成套装饰性瓷碗应按瓷碗归类而不是按糖果归类。

规则五(二)实际上是对规则五(一)的补充。当包装材料或包装容器不符合规则五(一)条件时,如果通常是用来包装某类货品的,则应与所装货品一同归类。但本规则不适用于明显可以重复使用的包装材料或包装容器,如装有压缩液化气体的钢瓶应按钢铁制品和液化气分别归类。

(三) 应用举例

【例7-12】特殊形状的塑料盒,盒内装有一块指针式石英铜表——9102.1100。

【分析】本货品为装有石英铜表的塑料盒,属于适合于供长期使用的包装容器。由于塑料盒本身只是物品的包装物,无论是从价值或者是从作用来看,不构成整个物品的基本特征,因此该塑料盒应与手表一并归类,故应归入9102.1100。

【例7-13】装有绿茶的银质罐子(包装重2千克),如何归类。

【分析】银罐子相对于绿茶来说比较贵重,无论是从价值或者是从作用来看,已构成整个货品的基本特征,因此不能与绿茶一并归类,需分别归类。故绿茶归入0902.1090,银罐子归入7114.1100。

【例7-14】装着玻璃杯子的纸板箱——7013.1000。

【分析】装着杯子的纸板箱属于明显不能重复使用的包装容器。这些容器都是货物的一次性包装物,当向海关报验时,它们必须是包装着货物的。当货物开拆后,包装材料和容器一般不能够再做原用途使用了。由于该产品具有明显不可以重复使用的特性,所以应与玻璃杯子一并归类,归入 7013.1000。

六、规则六

（一）规则内容

货品在某一税（品）目项下各子目的法定归类,应按子目条文或有关的子目注释以及以上各条规则来确定,但子目的比较只能在同一数级上进行。除了《协调制度》条文另有规定的之外,有关的类注、章注也适用于本规则。

（二）规则解释

（1）以上归类总规则,规则一至规则五在必要的地方加以修改后,可以适用于同一税（品）目下的各级子目。

（2）规则六中所称"同一数级"子目,是指同为 5 位数级或同为 6 位数级的子目。据此,当按照规则三（一）规定考虑某一物品在同一税（品）目项下的两个及两个以上 5 位数级子目的归类时,只能依据有关的 5 位数级子目条文来确定哪个 5 位数级子目所列名称更为具体或更为类似。只有在确定了列名更为具体的 5 位数级子目后,而且该子目项下又再细分了 6 位数级子目时,才能根据有关 6 位数级子目条文考虑物品应归入这些 6 位数级子目中的哪个子目。

（3）"除了条文另有规定的之外"是指类、章注释与子目条文或子目注释不一致的情况。如第 71 章注释四（二）所规定的"铂"的范围,与第 71 章子目注释二所规定的"铂"的范围不相同。因此,在解释子目号 7110.11 及 7110.19 的范围时,应采用子目注释二,而不应考虑该章注释四（二）。即类、章注释与子目注释的应用次序为子目注释—章注释—类注释。

（4）某个 5 位数级子目下所有 6 位数级子目的商品总和不得超出其所属的 5 位数级子目的商品范围;同样,某个 4 位数级税目下所有 5 位数级子目的商品总和也不得超出其所属的 4 位数级税（品）目的商品范围。

总之,规则六表明,只有在货品归入适当的 4 位数级税（品）目后,方可考虑将它归入合适的 5 位数级或 6 位数级子目,并且在任何情况下,应优先考虑 5 位数级子目后再考虑 6 位数级子目的范围或子目注释。此外,规则六注明只有属同一级别的子目才可以作比较并进行归类选择,以决定哪个子目较为合适;比较方法为同级比较、层层比较。

（三）应用举例

【例 7-15】氧化铅含量为 20% 的铅晶制玻璃花瓶——7013.9900。

【分析】铅晶制玻璃花瓶属于玻璃制品,归类时应按玻璃材质归入第 70 章,并按室内装饰用的玻璃器皿归入税（品）目 70.13。本例货品可以按具体列名归入子目 7013.9000,也可以按其他玻璃制品归入子目 7013.9900,根据第 70 章子目注释规定,子目号 7013.91 所称"铅晶制玻璃"仅指按重量计氧化铅含量不低于 24% 的玻璃。根据规则六,子目的法定归应按子目条文或有关的子目注释等来确定,故应归入 7013.9900。

【例 7-16】 羽毛球拍——9506.5900。

【分析】 羽毛球拍属于体育用品,归类时应按运动用品归入第 95 章,并按体育或户外游戏用品归入税(品)目 95.06,故应归入 9506.5900。

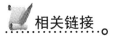相关链接

商品编码记忆口诀歌

自然世界动植矿,一二五类在取样;三类四类口中物,矿产物料翻翻五;
化工原料挺复杂,打开六类仔细查;塑料制品放第七,橡胶聚合脂烷烯;
八类生皮合成革,箱包容套皮毛造;九类木秸草制品,框板柳条样样行;
十类木浆纤维素,报刊书籍纸品做;十一税则是大类,纺织原料服装堆;
鞋帽伞杖属十二,人发羽毛大半归;水泥石料写十三,玻璃石棉云母粘;
贵金珠宝十四见,硬币珍珠同类现;十五查找贱金属,金属陶瓷工具物;
电子设备不含表,机器电器十六找,光学仪器十八类,手表乐器别忘了;
武器弹药特别类,单记十九少劳累;杂项制品口袋相,家具文具灯具亮;
玩具游戏活动房,体育器械二十讲;二十一类物品贵,艺术收藏古物类;
余下运输工具栏,放在十七谈一谈;商品归类实在难,记住大类第一环。

本章小结

1. 进出口商品归类是为了实施海关管理,对进出口商品进行类别划分,按照进出口商品的性质、用途、功能或加工程度等将其归入某一类别。

2.《协调制度》是世界海关组织制定的一部系统的国际贸易商品分类目录,所列商品名称的分类和编排具有一定的规律。我国海关自 1992 年起采用《协调制度》。

3.《协调制度》将国际贸易涉及的各种商品按照生产部类、自然属性和不同功能用途分为 21 类 97 章,我国在此基础上将进出口商品分为 22 类 99 章(其中第 77 章为空,以备以后使用)。

4.《协调制度》共分为三个部分:归类总规则、注释和《商品编码表》,具有完整、系统、通用、准确的特点,被称为"国际贸易的语言"。

5. 归类总规则位于《协调制度》的部首,共由 6 条构成,它们是指导并保证商品归类统一的法律依据。归类总规则的使用顺序为规则一优先于规则二,规则二优先于规则三,以此类推,必须按顺序使用。

第七章 进出口商品归类

📖 **本章知识点结构图**

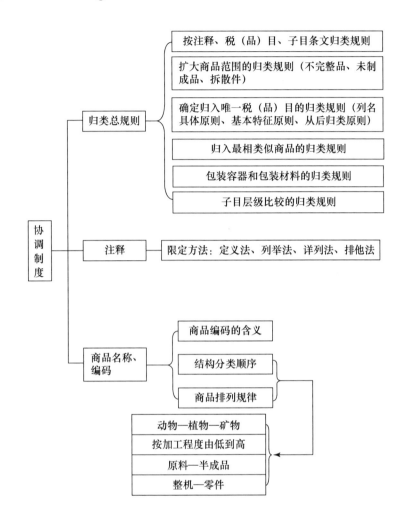

本章习题

一、单项选择题

1. 《协调制度》各类、章设有"兜底"作用的"其他"品目或子目,表现《协调制度》具有的优点是(　　)。
   A. 完整　　　　　B. 系统　　　　　C. 通用　　　　　D. 准确

2. 慎重使用归类总规则四的原因是(　　)。
   A. 类、章及分章的标题,仅为查找方便而设

B. 具有法律效力归类,应是品目条文

C. 类、章及分章的标题可以作为商品归类的法律依据

D. 具有法律效力归类,应是有关类注成章注确定

3. 我国正式加入《协调制度公约》的时间是( )。
   A. 1973年5月　　B. 1983年5月　　C. 1988年1月　　D. 1992年6月

4. 《协调制度》采用的商品编码是( )。
   A. 4位数　　　　B. 8位数　　　　C. 6位数　　　　D. 10位数

5. 《协调制度》共有类、章的数目分别是( )。
   A. 20类、96章　　B. 21类、97章　　C. 20类97章　　D. 21类、96章

二、多项选择题

1. 下列关于商品归类的表述正确的是( )。
   A. 商品归类是为查找进出口商品在《进出口税则》或《统计商品目录》《相关报关手册》中的编码
   B. 只有准确归类,才能正确征税和确定所需许可证件
   C. 报关人员的基本技能之一就是准确填写报关单上进出口商品编码
   D. 在电子通关系统中商品编码是海关通关的基础信息

2. 有关《协调制度》的表述正确的是( )。
   A. 《协调制度》是由商品名称和编码表两部分组成的
   B. 《协调制度》采用8位数编码
   C. 我国参加贸易组织后开始使用《协调制度》,目前使用2007年版《协调制度》
   D. 《协调制度》不列税率

3. 关于《协调制度》结构表述正确的是( )。
   A. 《协调制度》将进出口商品分成21类97章,下设品目、子目
   B. 《协调制度》注释是使用说明,具有法律意义
   C. 《协调制度》从类来看,它基本按社会分工(生产部类)分类的;从章来看,它基本是按商品的自然属性或用途(功能)划分的
   D. 《协调制度》子目编码按原料先于成品,加工程度低的产品先于加工程度高的产品,整机先于零件,列名具体的品种先于列名一般的品种的顺序排列

4. 第85章注释三"税目8509仅包括通常供家用的下列电动机械器具:(一)任何重量的真空吸尘器、包括干式或湿式真空吸尘器、地板打蜡机、食品研磨机及食品搅拌器、水果或蔬菜的榨汁器;(二)重量不超过20千克的其他机器。"此注释使用的限定方法是( )。
   A. 定义法　　　　B. 列举法　　　　C. 详列法　　　　D. 排他法

5. 税号8503.0030表示的含义是( )。
   A. 商品分类排列的顺序号　　　　B. 此税号在第八章

C. 8503 表示品目　　　　　　　　D. 8503.0030 是本国子目

6. 我国编制《进出口税则》与《协调制度》不同的是（　　）。
   A. 前 4 位编码不同
   B. 类注、章注、子目注释不同
   C.《协调制度》没有税率
   D.《协调制度》不设 7 位数级子目和 8 位数级子目

7.《协调制度》的三大组成部分是（　　）。
   A. 归类总规则　　　　　　　　B. 类注释、章注释和子目注释
   C. 商品编码表　　　　　　　　D. 品目或税目条文

8.《协调制度》的主要依据是（　　）。
   A.《进出口税则》《统计商品目录》
   B.《协调制度》归类总规则,类注、章注、子目注释,税(品)目条文、子目条文
   C. 海关总署下发的有关归类的决定,包括总署文件、归类问答书、预归类决定、归类技术委员会决议以及海关总署转发的 WCO 归类决定等。
   D.《海关进出口税则——统一目录商品及品目注释》

三、判断题

1.《协调制度》,是指原海关合作理事会在《海关合作理事会商品分类目录》的基础上,参照国际上主要国家的税则、统计、运输等分类目录制定的一个多用途的国际贸易商品分类目录。（　）

2.《协调制度》是一部结构性目录,它将国际贸易中的商品按类、章、品目、子目进行分类。《协调制度》共有 21 类,类基本上是按商品的属性或用途来分类的。《协调制度》由 97 章构成,章基本上是按社会生产的分工(或称生产部类)区分的。（　）

3.《协调制度》是各国专家长期共同努力的结果,它综合了国际上多种商品分类目录的长处,其主要优点是实用、完整、通用、准确。（　）

附录一　进出口商品编码目录

第一类　活动物；动物产品

第一章　活动物

第二章　肉及食用杂碎

第三章　鱼、甲壳动物、软体动物及其他水生无脊椎动物

第四章　乳品；蛋品；天然蜂蜜；其他食用动物产品

第五章　其他动物产品

第二类　植物产品

第六章　活树及其他活植物；鳞茎、根及类似品；插花及装饰用簇叶

第七章　食用蔬菜、根及块茎

第八章　食用水果及坚果；柑橘属水果或甜瓜的果皮

第九章　咖啡、茶、马黛茶及调味香料

第十章　谷物

第十一章　制粉工业产品；麦芽；淀粉；菊粉；面筋

第十二章　含油子仁及果实；杂项子仁及果实；工业用或药用植物；稻草、秸秆及饲料

第十三章　虫胶；树胶、树脂及其他植物液、汁

第十四章　编结用植物材料；其他植物产品

第三类　动、植物油、脂及其分解产品；精制的食用油脂；动、植物蜡

第十五章　动、植物油、脂及其分解产品；精制的食用油脂；动、植物蜡

第四类　食品；饮料、酒及醋；烟草、烟草及烟草代用品的制品

第十六章　肉、鱼、甲壳动物、软体动物及其他水生无脊椎动物的制品

第十七章　糖及糖食

第十八章　可可及可可制品

第十九章　谷物、粮食粉、淀粉或乳的制品；糕饼点心

第二十章　蔬菜、水果、坚果或植物其他部分的制品

第二十一章　杂项食品

第二十二章　饮料、酒及醋

第二十三章　食品工业的残渣及废料；配制的动物饲料

第二十四章　烟草、烟草及烟草代用品的制品

第五类　矿产品

第二十五章　盐；硫黄；泥土及石料；石膏料、石灰及水泥

第二十六章　矿砂、矿渣及矿灰

第二十七章　矿物燃料、矿物油及其蒸馏产品；沥青物质；矿物蜡

第六类　化学工业及其相关工业的产品

第二十八章　无机化学品；贵金属、稀土金属、放射性元素及其同位素的有机及无机化合物

第二十九章　有机化学品

第三十章　药品

第三十一章　肥料

第三十二章　鞣料浸膏及染料浸膏；鞣酸及其衍生物；染料、颜料及其他着色料；油漆及清漆；油灰及其他胶黏剂；墨水、油墨

第三十三章　精油及香膏；芳香料制品及化妆盥洗品

第三十四章　肥皂、有机表面活性剂、洗涤剂、润滑剂、人造蜡、调制蜡、光洁剂、蜡烛及类似品、塑型用膏、"牙科用蜡"及牙科用熟石膏制剂

第三十五章　蛋白类物质；改性淀粉；胶；酶

第三十六章　炸药；烟火制品；火柴；引火合金；易燃材料制品

第三十七章　照相及电影用品

第三十八章　杂项化学产品

第七类　塑料及其制品；橡胶及其制品

第三十九章　塑料及其制品

第四十章　橡胶及其制品

第八类　生皮、皮革、毛皮及其制品；鞍具及挽具；旅行用品、手提包及类似容器；动物肠线（蚕胶丝除外）制品

第四十一章　生皮（毛皮除外）及皮革

第四十二章　皮革制品；鞍具及挽具；旅行用品、手提包及类似容器；动物肠线（蚕胶丝除外）制品

第四十三章　毛皮、人造毛皮及其制品

第九类　木及木制品；木炭；软木及软木制品；稻草、秸秆、针茅或其他编结材料制品；篮筐及柳条编结品

第四十四章　木及木制品；木炭

第四十五章　软木及软木制品

第四十六章　稻草、秸秆、针茅或其他编结材料制品；篮筐及柳条编结品

第十类　木浆及其他纤维状纤维素浆；回收（废碎）纸或纸板；纸、纸板及其制品

第四十七章　木浆及其他纤维状纤维素浆；回收（废碎）纸或纸板

第四十八章　纸及纸板；纸浆、纸或纸板制品

第四十九章　书籍、报纸、印刷图画及其他印刷品；手稿、打字稿及设计图纸

第十一类　纺织原料及纺织制品

第五十章　蚕丝

第五十一章　羊毛、动物细毛或粗毛；马毛纱线及其机织物

第五十二章　棉花

第五十三章　其他植物纺织纤维；纸纱线及其机织物

第五十四章　化学纤维长丝;化学纤维纺织材料制扁条及类似品
第五十五章　化学纤维短纤
第五十六章　絮胎、毡呢及无纺织物;特种纱线;线、绳、索、缆及其制品
第五十七章　地毯及纺织材料的其他铺地制品
第五十八章　特种机织物;簇绒织物;花边;装饰毯;装饰带;刺绣品
第五十九章　浸渍、涂布、包覆或层压的纺织物;工业用纺织制品
第六十章　针织物及钩编织物
第六十一章　针织或钩编的服装及衣着附件
第六十二章　非针织或非钩编的服装及衣着附件
第六十三章　其他纺织制成品;成套物品;旧衣着及旧纺织品;碎织物

第十二类　鞋、帽、伞、杖、鞭及其零件;已加工的羽毛及其制品;人造花;人发制品
第六十四章　鞋靴、护腿和类似品及其零件
第六十五章　帽类及其零件
第六十六章　雨伞、阳伞、手杖、鞭子、马鞭及其零件
第六十七章　已加工羽毛、羽绒及其制品;人造花;人发制品

第十三类　石料、石膏、水泥、石棉、云母及类似材料的制品;陶瓷产品;玻璃及其制品
第六十八章　石料、石膏、水泥、石棉、云母及类似材料的制品
第六十九章　陶瓷产品
第七十章　玻璃及其制品

第十四类　天然或养殖珍珠、宝石或半宝石、贵金属、包贵金属及其制品;仿首饰;硬币
第七十一章　天然或养殖珍珠、宝石或半宝石、贵金属、包贵金属及其制品;仿首饰;硬币

第十五类　贱金属及其制品
第七十二章　钢铁
第七十三章　钢铁制品
第七十四章　铜及其制品
第七十五章　镍及其制品
第七十六章　铝及其制品
第七十七章　（保留为协调制度将来所用）
第七十八章　铅及其制品
第七十九章　锌及其制品
第八十章　锡及其制品
第八十一章　其他贱金属、金属陶瓷及其制品
第八十二章　贱金属工具、器具、利口器、餐匙、餐叉及其零件
第八十三章　贱金属杂项制品

第十六类　机器、机械器具、电气设备及其零件;录音机及放声机、电视图像、声音的录制和重放设备及其零件、附件
第八十四章　核反应堆、锅炉、机器、机械器具及其零件
第八十五章　电机、电气设备及其零件;录音机及放声机、电视图像、声音的录制和重放

设备及其零件、附件

第十七类　车辆、航空器、船舶及有关运输设备

第八十六章　铁道及电车道机车、车辆及其零件；铁道及电车道轨道固定装置及其零件、附件；各种机械(包括电动机械)交通信号设备

第八十七章　车辆及其零件、附件，但铁道及电车道车辆除外

第八十八章　航空器、航天器及其零件

第八十九章　船舶及浮动结构体

第十八类　光学、照相、电影、计量、检验、医疗或外科用仪器及设备、精密仪器及设备；钟表；乐器；上述物品的零件、附件

第九十章　光学、照相、电影、计量、检验、医疗或外科用仪器及设备、精密仪器及设备；上述物品的零件、附件

第九十一章　钟表及其零件

第九十二章　乐器及其零件、附件

第十九类　武器、弹药及其零件、附件

第九十三章　武器、弹药及其零件、附件

第二十类　杂项制品

第九十四章　家具；寝具、褥垫、弹簧床垫、软座垫及类似的填充制品；未列名灯具及照明装置；发光标志、发光铭牌及类似品；活动房屋

第九十五章　玩具、游戏品、运动用品及其零件、附件

第九十六章　杂项制品

第二十一类　艺术品、收藏品及古物

第九十七章　艺术品、收藏品及古物

第二十二类　特殊交易品及未分类商品

附录二 习题答案

第一章 海关概述

一、单项选择题

1. D 2. C 3. A 4. D 5. B 6. D

二、多项选择题

1. ABCD 2. BCD 3. AB 4. ABD 5. ABD 6. BCD

三、判断题

1. √ 2. √ 3. × 4. √ 5. √ 6. √ 7. × 8. √

第二章 报关概述

一、单项选择题

1. C 2. D 3. D 4. D 5. A 6. C

二、多项选择题

1. ABC 2. BCD 3. ABCD 4. BD 5. BC

三、判断题

1. × 2. × 3. √ 4. √ 5. √ 6. √ 7. √ 8. ×

第三章 我国对外贸易管制制度

一、单项选择题

1. A 2. D 3. B 4. D 5. D 6. A 7. A 8. B 9. A 10. B

二、多项选择题

1. BCD 2. ABCD 3. ABC 4. ABCD 5. ABCD 6. AD
7. ABCD 8. ABC 9. ABD 10. ABC

三、判断题

1. √   2. √   3. ×   4. ×   5. √   6. √   7. √   8. ×   9. ×
10. ×

第四章　进出口货物报关程序

一、单项选择题

1. C   2. B   3. C   4. D   5. B   6. B   7. B   8. B   9. C
10. B   11. B   12. B   13. C   14. D   15. A   16. C   17. D
18. C   19. B   20. A

二、多项选择题

1. ABC   2. ABD   3. ABC   4. ABD   5. CD   6. ABCD   7. ABC
8. ABCD   9. ACD   10. AB

三、判断题

1. ×   2. ×   3. ×   4. ×   5. √   6. ×   7. √   8. √   9. ×
10. ×

第五章　进出口税费

一、单项选择题

1. B   2. B   3. D   4. C   5. C   6. C   7. A   8. C   9. A
10. C   11. A   12. B

二、多项选择题

1. ABD   2. ABC   3. ABD   4. ACD   5. ABC   6. ABC   7. ABCD
8. ABCD   9. AB   10. ABCD   11. BD   12. ABCD

三、判断题

1. √   2. √   3. √   4. √   5. ×   6. ×   7. √   8. √   9. √
10. √   11. ×   12. √

第六章　进出口货物报关单填制

一、单项选择题

1. C   2. B   3. C   4. B   5. A   6. B   7. A   8. B   9. B   10. D

二、多项选择题

1. AB 2. ABCD 3. ABC 4. ABCD 5. CD 6. ABC 7. AD
8. ABD 9. ABCD 10. ABCD

三、判断题

1. √ 2. × 3. × 4. × 5. √ 6. × 7. × 8. √ 9. √
10. √

第七章 进出口商品归类

一、单项选择题

1. A 2. B 3. D 4. C 5. B

二、多项选择题

1. ABCD 2. ABC 3. ABCD 4. BD 5. ACD 6. CD 7. ABC
8. ABCD

三、判断题

1. × 2. × 3. √

参考文献

[1] 《中华人民共和国海关企业信用管理暂行办法》,2014年9月4日经海关总署署务会议审议通过,2014年12月1日起施行.

[2] 《中华人民共和国海关报关单位注册登记管理规定》,2014年2月13日经海关总署署务会议审议通过,自2014年2月13日起施行.

[3] 《中华人民共和国海关进出口货物报关单修改和撤销管理办法》,2014年2月13日经海关总署署务会议审议通过,自2014年2月13日起施行.

[4] 《中华人民共和国海关加工贸易货物监管办法》,2014年2月13日经海关总署署务会议审议通过,自2014年2月13日起施行.

[5] 《中华人民共和国海关进口货物直接退运管理办法》,2014年2月13日经海关总署署务会议审议通过,自2014年2月13日起施行.

[6] 海关总署关税征管司.2014年中华人民共和国进出口税则[M].北京:中国海关出版社,2013.

[7] 中国海关报关实用手册编写组.2014年中国海关报关实用手册[M].北京:中国海关出版社,2013.

[8] 海关总署政策法规司.中国海关通关标准化手册[M].北京:中国海关出版社,2014.

[9] 中国报关协会职教委.报关与国际货运专业英语[M].3版.北京:中国海关出版社,2014.

[10] 中国报关协会职教委.报关综合实训[M].3版.北京:中国海关出版社,2014.

[11] 中国报关协会职教委.报关实务[M].3版.北京:中国海关出版社,2014.

[12] 报关水平测试教材编写委员会.报关基础知识[M].北京:中国海关出版社,2014.

[13] 报关业务技能知识.报关水平测试教材编写委员会[M].北京:中国海关出版社,2014.

[14] 报关水平测试教材编写委员会.进出口商品编码查询手册[M].北京:中国海关出版社,2014.

[15] 杨昇.2013年报关员资格全国统一考试考点精讲[M].北京:电子工业出版社,2013.

[16] 李贺,李海君,姚磊.报检与报关实务[M].上海:上海财经大学出版社,2013.

[17] 徐艟.报关实务[M].合肥:合肥工业大学出版社,2012.

[18] 杨频,刘晓伟.报关实务与操作[M].北京:清华大学出版社,2012.

[19] 孙跃兰.海关报关实务[M].北京:机械工业出版社,2011.

[20] 王意家.海关概论[M].2版.北京:中国海关出版社,2011.

[21] 叶红玉.报关实务[M].北京:中国人民大学出版社,2013.

[22] 王艳娜.报关实务[M].大连:东北财经大学出版社,2012.

[23] 张慧如.商品归类重点提示及强化训练[M].广州:暨南大学出版社,2012.

[24] 武晋军.报关实务[M].2版.北京:电子工业出版社,2011.
[25] 谢国娥.海关报关实务[M].5版.上海:华东理工大学出版社,2011.
[26] 张援越,容瑾.进出口商品归类操作实务[M].2版.北京:中国海关出版社,2011.
[27] 童宏祥.报关实务[M].上海:上海财经大学出版社,2011.
[28] 刘笑诵.报关原理与实务[M].北京:中国人民大学出版社,2011.
[29] 郑俊田,张红.海关实务[M].北京:对外经济贸易大学出版社,2010.
[30] 俞学伟.报关实务教程[M].北京:化学工业出版社,2010.